我国食品安全风险交流法律治理研究

王虎　著

WUHAN UNIVERSITY PRESS
武汉大学出版社

图书在版编目(CIP)数据

我国食品安全风险交流法律治理研究 / 王虎著. --武汉：武汉大学出版社，2024.8. --ISBN 978-7-307-21110-0

Ⅰ.D922.164

中国国家版本馆 CIP 数据核字第 2024AZ1922 号

责任编辑:沈继侠   责任校对:鄢春梅   版式设计:马 佳

出版发行: **武汉大学出版社** （430072 武昌 珞珈山）

（电子邮箱：cbs22@ whu.edu.cn 网址：www.wdp. com.cn）

印刷:武汉邮科印务有限公司

开本:720×1000 1/16 印张:19.25 字数:313 千字 插页:1

版次:2024 年 8 月第 1 版 2024 年 8 月第 1 次印刷

ISBN 978-7-307-21110-0 定价:88.00 元

前　　言

　　根据世界卫生组织和联合国粮农组织在《食品安全分析——国家食品安全管理机构应用指南》一书中的界定，食品安全风险交流是指在食品安全风险分析全过程中，风险评估人员、风险管理人员、消费者、企业、学术界和其他利益相关方就某项风险、风险所涉及的因素和风险认知相互交换信息和意见的过程，其内容包括风险评估结果的解释和风险管理决策的依据等。目前，食品安全风险交流已经成为上述两个国际组织共同确定的全球食品安全风险分析框架三大构成要素之一，并在推动食品安全风险信息有效传播、提高消费者食品安全知识水平、弥合公众与专家食品安全风险感知差距、促进社会各界对食品安全风险评估与决策的沟通和理解等方面产生重要意义。因此，近几十年来，面对全球食品安全日益复杂的形势，国内外学界对食品安全风险交流相关理论进行了广泛而深入的研究。这些研究成果对全球食品安全风险交流实践活动的有效开展也起到了重要的指导作用。

　　尽管作为食品安全风险治理的一种新型工具和手段，食品安全风险交流已经彰显重要的价值和意义，但这并不意味着，食品安全风险交流可以被简单地理解为是"对食品安全风险信息的各种交谈"，并可恣意选择交流形式和内容，而无须接受规范性的制度约束。事实上，越来越多的学者已经意识到，只有将食品安全风险交流纳入法治化的轨道，方能着力提升食品安全风险交流的社会效果，实现食品安全国家与社会秩序的长期稳定与有序发展。

　　食品安全风险交流法律治理应当充分汲取当代社会科学繁荣发展的成果，从心理学、传播学、社会学、政治学、管理学和法学等不同学科当中寻找宝贵的理论源泉。这在根本上是由食品安全风险交流的形成机理和发展态势决定的。食品安全风险交流不仅涉及了风险社会中风险感知、风险评估、风险传播等各种风险的社会嵌构景象，同时还在公共政治生活领域中，充分体现出民主观念和民主实践从"代议制"迈向"审议制"的一次伟大转向。因此，它的背后必然深刻隐藏着丰富的心理学、传播学、社会学、政治学、管理学和法学等多学科知识。这就无疑意味着，食品安全风险交流的法律治理研究与实践，绝不能只立足于单一的学科视角，而须综合运用多学科知识，寻求更加多元广阔的理论基石。其中，风险规制理论、共识理论、治理理论、软法理论等都可以为我们提供重要的指导。

食品安全风险交流现象及其法律治理的产生背后还隐藏着深刻的时代性背景。它们主要包括从食物短缺到适度充足的经济性背景、从选举民主到审议民主的政治性背景、从人际信任到制度信任的社会性背景、从客观知识到主观建构的文化性背景、从传统媒体到网络媒体的技术性背景。这些时代背景在为食品安全风险交流的产生与发展提供历史契机的同时，也在一定程度上形塑了食品安全风险交流法律治理的形成逻辑与发展方向。因此，在上述时代特征的背景下，食品安全风险交流的法律治理必须要形成一个结构严密、逻辑清晰、内容完整、功能充分的有机体系。总体来说，它应当综合而系统地考量包括主体、信息、结构、目标、形式等在内的一系列形成要素。

对食品安全风险交流法律治理的制度框架进行理论设计是实现食品安全风险交流治理效果提升的根本路径。该框架应当贯穿于整个食品安全风险交流的运行过程，并形成有机整体。具体来说，它应当包括主体参与、程序引导、信息传递、物质保障和责任导向五个部分。它们在内容上相互分工、相互配合、彼此衔接、彼此依托，共同构成食品安全风险交流法律治理的整体制度框架体系。

近年来，伴随我国食品安全形势不断好转，网络舆论环境日益净化，我国食品安全风险交流法律治理事业也取得长足进步。但总体来看，在市场主体治理需求的满足和国家部门制度供给充分方面仍有一定的提升空间。其中，通过分析市场主体需求有助于发现其中可能对我国食品安全风险交流法律治理产生影响的因素；通过考查国家机关供给则有益于探寻我国食品安全风险交流法律治理在现实中存在的一些问题。通过将市场主体需求和国家机关供给相结合，找出两者之间的不协调之处，则可帮助我们把握我国食品安全风险交流法律治理未来应予完善的方向。

目前，包括世界卫生组织、联合国粮农组织、泛美卫生组织等在内的一系列国际组织，均在与食品安全直接或间接相关的风险交流治理上制定了规范性的指导文件。另外，美国和欧盟作为全球较早开展食品安全风险交流的国家和地区，也专门针对食品安全风险交流问题制定了相关规则。通过对这些国际规则和国外相关规范性文件的分析，总结其经验，凝练其教训，有助于对我国食品安全风险交流法律治理完善形成有益的参考。

在完成了上述理论建构、实践分析与域外总结的基础上，本书最终从法治目标、法治原则、法治模式和法律制度上对我国食品安全风险交流法治框架进行了整体性、系统性的建构与完善，并针对性地提出了一些具体建议和措施。它们包括：首先，从哈贝马斯的交往理性理论出发，建议我国食品安全风险交流法律治理应当明确基于"话语共识"的治理目标；其次，从人权保障的基本理念出发，建议我国食品安全风险交流法律治理应当树立以"保障公众生命与健康"为宗旨，以风险预防和社会共治为支撑的基本原则体系；再次，从软法与硬法的二元理论出发，建议我国应当根据不同类型食品安全风险交流所体现出来的差别性功能和目标，形成具有相对差异性的法律治理模式；最后，在构造我国食品安全风险交流法律治理的制度体系上，建议应分别从多元化主体参与、合理化程序引导、闭合性信息传递、常态化物质保障、公平性责任导向五个方面予以构建和完善。

目　　录

第一章 绪 论

第一节 研究背景及意义

一、研究背景

自1986年乌尔里希·贝克提出"风险社会"概念后,"风险"便逐渐成为人类社会文化和政治领域里的一个中心话语,并大规模渗透至社会变革的诸多领域。时至今日,"如何有效控制风险"已经成为现代社会行动实践的重要考量之一。由此,有关风险规制的理论、模式、制度与手段等问题,也自然成为当前学界应予关注的重大课题。

事实上,风险并非现代社会的独有产物。在哲学层面,风险构成人类的一种自在状态。① 自有人类历史以来,风险便一直以其相对独特的形式不断发展与演变。地震、海啸、洪水、火山,这些自然风险早在远古时期便与人类同在。正如卢曼从词源角度的考查所言,早在文艺复兴时期,作为拉丁术语的"riscum"(意为风险)已经被许多国家长期使用。② 在当时,"风险"特指客观危险的可能性,并排除了人的因素。然而,自工业社会后,风险的概念得到了发展。它不再被局限于自然领域,而是延伸至人类社会——人类的行为及其关系,都是导致"风险"产生的重要根源。因此,就此而言,现代社会话语中的"风险"更多的是强调一种观察世界的新方式——它被更主要地用以描述一种由"人为而致的世界无序

---

① 庄友刚. 跨越风险社会——风险的历史唯物主义研究[M]. 北京:人民出版社,2008:14.

② [澳]狄波拉·勒普顿. 风险[M]. 雷云飞,译. 南京:南京大学出版社,2016:6.

状态"，而非传统社会中的"自然所隐藏的含义或者神灵不可说的意图"。①

现代话语体系中"风险"寓意的改变为社会治理变革带来了挑战。当风险被褪去神明旨意背后那层可祈福不可忤逆的神秘面纱后，现代人类开始试图消除真正的非决定性，或者说，不确定性。"风险不能总是被消极对待，也要被积极规避。"②吉登斯一语不仅道破了人类试图驾驭风险的雄心，也拉开了现代社会风险规制的帷幕。自20世纪下半叶，许多传统意义上的行政机关开始接受立法指令，承担起更多的行政给付任务，同时，一大批诸如环保、产品质量、消费者权益保护等新兴社会性规制机构也渐渐成立。这都标志着，一个针对风险社会的风险规制时代来临了。

在现代社会所面临的诸多风险中，食品安全风险是一个重要问题。无论是20世纪欧洲的疯牛病事件，还是21世纪初美国的五大食品召回事件③，又或是近十几年来我国曾发生过的食品安全事件，无一不给现代人带来了令人尴尬的生存之殇："人类食物日益充足，但我们却不知可以吃什么"——公众对此无尽的忧虑正在不断鞭笞着每个国家加强食品安全的决心。

食品安全风险治理是一个世界性和世纪性难题。一方面，风险本身就隐藏着太多的不确定——科学不确定、人类行为不确定，这些本就给传统社会面向"确定性"的行政决策带来了挑战。另一方面，相对于其他诸如环境、交通、职业、经济等领域的风险而言，食品安全风险更具有日常性、全面性、难以自我防范性等特征，这使得食品安全比其他领域的风险治理难度更大。为应对这一全球性危机，联合国粮农组织(下文简称 FAO)和世界卫生组织(下文简称 WHO)于20世纪90年代提出了一个关于食品安全风险治理的重要原则性框架，即食品安全风

---

① Giddens, A. The Consequences of Modernity[M]. Cambridge：Polity Press, 1990：30.

② [英]安东尼·吉登斯. 失控的世界[M]. 周红云, 译. 南昌：江西人民出版社, 2001：32.

③ 这五大食品召回事件分别是2006年、2007年、2008年分别发生在加利福尼亚州的绿叶生菜召回事件、有毒菠菜召回事件、问题牛肉召回事件，以及2009年发生在佐治亚州的花生酱产品和2010年发生在爱荷华州的有污染鸡蛋召回事件。另外，据不完全统计，美国政府每年支付因食品安全问题引发的多种疾病的治疗费高达1520亿美元。参见李腾飞，王志刚. 美国食品安全现代化法案的修改及其对我国的启示[J]. 国家行政学院学报, 2012(4)：118-121.

险分析框架。这个框架由三部分组成，分别是风险评估(risk assessment)、风险管理(risk management)和风险交流(risk communication)。其中，风险评估是"一个以科学为依据的过程"，是对人类暴露于危害而产生的已知或潜在有害作用的科学性评价，包括危害识别、危害特征描述、暴露评估、风险特征描述等若干部分；风险管理是利益各方权衡风险决策方案的一个过程，该过程考虑风险评估和其他与消费者保护及公平贸易促进有关的因素，并在必要时采取适当的预防和控制措施。风险交流是指在风险分析全过程中，风险评估人员、风险管理人员、消费者、产业界、学术界和其他感兴趣的各方就风险评估、风险管理等方面的信息和看法进行互动式交流的过程。

FAO 和 WHO 所推出的这一框架对全球食品安全风险治理产生了重要影响，并推动了许多国家和地区在食品安全管理上的变革。例如，2002 年，欧盟食品安全局(EFSA)成立。自其成立后，欧盟食品安全局一直牢牢贯彻"风险预防"原则，并承担起对欧盟食品安全进行风险评估和交流的重任，而欧盟委员会则肩负风险管理的职责。[①] 2009 年，美国食品药品安全监督管理局(FDA)发布了《风险沟通战略计划》(*FDA's Strategic Plan for Risk Communication*)，以对食品安全风险决策体系进行更加标准化的完善。2011 年，美国《食品安全现代化法案》通过，这是美国 70 年来历史上最大一次食品安全治理改革。该法案的最大变化是改变了过去"以问题为导向"的事后补救型管理模式，转而引入了风险预防和风险控制体系。[②]我国在 2015 年《中华人民共和国食品安全法》(以下简称《食品安全法》)修订后，也在第三条树立了"预防为主、风险管理"的食品安全理念，并在第二十三条中补充了有关食品安全信息交流的规定，这也在一定程度上完善了我国的食品安全风险治理体系。

在食品安全风险分析框架三大内容构成中，风险交流的研究和实践起步较晚，在当下也最薄弱。国外对风险交流的最早研究大致可追溯至 20 世纪 70 年

---

① 刘毅，李鹏，王雅南. 欧盟食品安全风险防控体系的启示[J]. 价格理论与实践，2012(7)：52-53.

② 韩永红. 美国食品安全法律治理的新发展及其对我国的启示——以美国《食品安全现代化法》为视角[J]. 法学评论，2014(3)：92-101.

代①，前沿阵地是美国。早期学者主要从工具理性出发，将分析视角集中在对风险的科学评估及传播方面，形成了科学导向型的风险交流模式。其主要特征是风险交流被视作利益团体之间传播有关风险程度、重要性、意义，或风险管控决定、行为、政策等信息的行动，形式上体现为由上到下单向告知的线性过程，强调专家向非专家进行的单向信息输送，即风险评估（专家）—风险管理（政策制定者）—风险沟通（面向公众）。② 但是，自 1989 年开始，这一理念开始转变，风险交流研究的关注点开始聚焦于公众。"成功的风险交流应该是一个互动过程，它包含了个人、群体和机构之间对信息和意见进行交换的双向性流程。"③这种观念将风险交流从一种简易而单向的线性传播演变成了复杂而多向的系统交往，从而深化了对风险交流的研究。

在国内，学界有时也将"风险交流"称为"风险沟通"，因为两者均对应英语中的"risk communication"一词。风险交流大致在 21 世纪初开始被国内学界普遍关注。④ 有学者在对 CNKI 上的文献进行量化研究后指出，国内的风险交流研究，是从风险社会和危机传播研究中孕育的；同时，在 2005 年后，这一研究开始与社会学、心理学等学科相结合，呈现出交叉态势。⑤ 当前，经过十几年的积累，

① 沈岿. 风险交流的软法构建[J]. 清华法学，2015(6)：45-61.

② 林爱珺，吴转转. 风险沟通研究述评[J]. 现代传播，2011(3)：36-41.

③ National Research Council. Improving Risk Communication [A]. Washington：National Academy Press，1989：21.

④ 较早文献主要有李明光，陈新庚. 浅议环境风险交流[J]. 广州环境科学，2000(4)：1-4；谢晓菲，郑蕊. 风险沟通与公众理性[J]. 心理科学进展，2003(4)：375-381；谢晓菲，王惠，任静，于清源.SARS 危机中以受众为中心的风险沟通分析[J]. 应用心理学，2005(2)：104-109. 更普遍的研究直至 2008 年才开始有所增加，参见梁哲，许洁虹等. 突发公共安全事件的风险沟通难题——从心理学角度的观察[J]. 自然灾害学报，2008(2)：25-30；强月新，余建清. 风险沟通：研究谱系与模型重构[J]. 武汉大学学报（人文社会科学版），2008(4)：501-505；谢晓菲，李洁，于清源. 怎样才会让我们感觉更危险——风险沟通渠道分析[J]. 心理学报，2008(4)：456-465；王雅楠，刘一波，谢晓菲. 突发公共事件中的风险沟通[J]. 中国应急管理，2008(8)：22-25；郭小平. 风险沟通中环境 NGO 的媒介呈现及其民主意蕴——以怒江建坝之争的报道为例[J]. 武汉理工大学学报（社会科学版），2008(5)：771-776。自 2009 年后，学界在此方面的研究开始有了显著的增长，根据 CNKI 显示，每年的研究文献均保持在两位数以上。

⑤ 林爱珺，吴转转. 风险沟通研究述评[J]. 现代传播，2011(3)：36-41.

国内对风险交流的研究已逐步深入，并在环境、食品、药品、自然灾害、社会治安等许多领域取得了丰硕的成果。但是，相对理论界的蓬勃发展，国内的风险交流实践却一直处于相对落后的状态。首先，由于受文化传统和社会结构的影响，国内民众往往缺乏公共讨论的正确意识、态度和理念。其次，在风险交流制度建设上，我国也相对缺乏系统性建构。据有关学者的不完全统计，虽然我国各级部门颁布的规范性文件中，涉及风险交流或沟通的文件有 100 多部，① 但尚未有法律法规明确风险交流或沟通的含义。② 并且，在这些已颁布的法律法规中，其规定也并不详尽。这些都严重制约了我国食品安全风险交流活动的开展。

综上，在当今人类已全面进入风险社会的严峻态势下，风险规制和治理正在成为全球性的重大课题。风险交流是风险分析框架体系中最重要、最薄弱的一环，正在引起社会各界的广泛关注，食品安全风险在 21 世纪后也已迅速成为人类面临的重大危机之一，因此，加强对食品安全风险交流法律治理的研究，既能够以食品安全风险为例，进一步深化和丰富风险交流治理理论研究，同时也可维护和促进全球食品安全事业共同稳定与发展。这无论对于理论还是实践，均有重要的意义。

二、研究意义

如前所述，在风险日益具有普世性的今天，"对风险的控制"已逐渐被刻画成现代政治议程的核心。风险交流是实现风险控制的重要手段。食品安全风险交流作为食品安全风险分析框架的三大构成要素之一，具有起步晚、发展慢、牵涉面广的特点，因此极富理论研究的挑战性。同时，在我国近年来的治理实践中，有关部门也逐渐开始重视食品安全风险交流工作的开展，并不断尝试对其加以规范化和制度化建构。总之，加强我国食品安全风险交流法律治理研究在理论和实

---

① 沈岿. 风险交流的软法构建[J]. 清华法学，2015(6)：45-61.

② 例如，在 2015 年修订的《食品安全法》第二十三条中，仅规定了"县级以上人民政府食品药品监督管理部门和其他有关部门、食品安全风险评估专家委员会及其技术机构，应当按照科学、客观、及时、公开的原则，组织食品生产经营者、食品检验机构、认证机构、食品行业协会、消费者协会以及新闻媒体等，就食品安全风险评估信息和食品安全监督管理信息进行交流沟通"，但对于何谓风险交流(沟通)，如何开展风险交流(沟通)，并未明确规定。

践上均具有重要意义。具体表现如下：

1. 理论意义

（1）加强食品安全风险交流法律治理研究对完善食品安全风险信息的科学化传递、风险感知的理性化审视、风险决策的民主化建构均有显著促进作用。当前，囿于学科视角，绝大多数食品安全风险交流研究文献往往仅有问题意识，而欠缺更加宏观和系统的研究视野。例如，许多学者从各自不同的学科视角针对食品安全风险交流提出并尝试回答了诸如下列问题：公众的风险感知如何被建构？存在哪些影响因素？媒体如何设置并传播风险议题？风险社会放大效应如何呈现？如何解决风险交流中的信息不对称现象？如何弥合专家与公众的认知差距？如何重建风险交流中的信任机制？① 尽管对这些问题的研究无疑是有意义的，但却似乎仍然无法解释下列疑问：首先，这些通过不同学科视角所呈现出来的具体问题，它们之间存在何种逻辑关系？各自有着怎样的价值和意义？对食品安全风险交流治理又各自起到何种作用？其次，如果我们承认，风险确如贝克所言"是一种现代方式，通过这种方式可以预测与控制人类的行为后果，并通过有目的的预防以及相应的制度化努力来战胜种种（发展导致的）副作用"②，那么，作为风险规制重要组成的风险交流，自然也应当在现代化的法律治理框架中被尝试进行制度化的努力。但令人遗憾的是，这种制度化的建设思路在目前的研究中并未得到十分清晰的体现。因此，本书试图对上述这些问题尽可能作出回应，并期望在借鉴多学科研究视角和研究成果的基础上，对我国食品安全风险交流法律治理的规范化、制度化、体系化建设作出贡献。

（2）国内现有关于食品安全风险交流治理的研究文献一般最早借鉴环境风险议题，并多运用有关风险社会、风险治理、风险交流的一般性理论来进行研究，相对缺乏结合食品安全风险的不同成因对食品安全风险交流进行分类的精细化研

---

① 对这些问题的提出尽管可能来自不同的学科视角，但是，它们彼此之间的关系并不是完全独立和相互割裂的，有时其至是相互包含的。例如，对食品安全风险交流中的"专家与公众之间的认知差距"可能也会涉及"信任机制的断裂和重构"，对"媒体的议题设置并传播"也可能会涉及"风险如何被公众感知和建构"以及"风险的社会放大效应"，等等。

② 乌尔里希·贝克，约翰内斯·威尔姆斯. 自由与资本主义：与著名社会学家乌尔里希·贝克对话[M]. 路国林，译. 杭州：浙江人民出版社，2001：121.

究。在现有文献中，虽然也有学者开始尝试从领域分化的角度来研究食品安全风险交流，但这种分化主要集中在以下几方面：一是地域。例如，现有不少学者通过选择某一个或几个城市来实证研究公众的食品安全风险感知问题。二是媒介。这主要集中在食品安全风险传播领域，表现为学者们通过传统媒体、新媒体或者口传等不同的传播途径来研究食品安全风险信息的传播机理问题。三是产品。这方面的分类主要跟当时的食品安全社会热点问题有关，例如，有些学者分别选择了从乳制品、农产品、大米等某种具体食品来开展对食品安全风险交流的讨论。尽管这些角度划分对食品安全风险交流研究起到了一定的启发作用，但是，总体来说还很不够。食品安全风险问题往往具有复杂的成因，不同原因所引发的风险交流又可能在交流目标、手段、方法、策略等方面存在一定差异，因此，对食品安全风险交流进行相对的分类式研究对促进食品安全风险交流法律治理具有重要意义，而这是目前已有研究所相对忽略的。基于此，本书试图通过对食品安全风险交流进行功能性分类，来探讨食品安全风险交流法律治理模式的差异化构建，这对国内目前的研究能起到一定的补充和支撑作用。

（3）对食品安全风险交流理论的中国化研究视角进行一定的补充和完善。风险交流理论和实践均发轫于国外，在几十年的学术积累中，西方学界在关于食品安全的风险认知、风险传播、风险交流等相关问题上形成了较独立的知识体系，但是这些理论在一定程度上均是西方社会文化的镜像投射，因此在面对中国化语境时，存在是否应当予以"本土化"的问题。如果我们赞同著名人类学家玛丽·道格拉斯所说的"个人不会试图作出独立的选择，特别是关于重大的政治问题。当需要对可能性和可靠性作出评价时，他们就已经满怀能从文化视角学到的设想和权衡了"①这个观点的话，那么就应该意识到，不同的历史和社会文化对于食品安全风险交流法律治理的展开势必有着重要的影响。因此，本书的研究在一定程度上也可视为对国外相关理论的一种中国式检验和发展。

2. 现实意义

近二十年来，我国曾发生过一些令社会各界广泛关注的食品安全事件。但是，自 2014 年后，通过社会各界的不断努力，我国在食品安全建设上已取得了

---

① Douglas, M. Risk and Blame: Essays in Cultural Theory[M]. London: Routledge, 1992: 58.

长足进步。根据国家市场监督管理总局(以下简称市场监管总局)官方通告显示,2022 年上半年,全国四级市场监管部门对市场上销售的全部 34 大类食品,按法定程序和食品安全标准等规定组织食品抽样、检验,完成食品安全监督抽检 237 万批次,发现不合格样品 5.94 万批次,监督抽检不合格率为 2.51%。① 尽管抽检不合格率较 2021 年同期上升了 0.17 个百分点,但总体仍处于较低水平。而且,即使是在事故高发的 2005—2014 年十年间,我国食品质量国家监督抽查合格率也是一路攀升,从 80.10% 提高到了 95.72%,此后一直维持在较高水平。② 可见,总体而言,我国的食品安全形势大有好转。

然而,在这一历史同期,我国民众的食品安全满意度却未能得到匹配式提升。根据中国统计信息服务中心在 2017 年发布的《国民食品安全认知素养大数据研究报告》显示,当年约七成公众对我国食品安全现状持谨慎乐观态度,其中认为食品安全现状非常好的占 6.3%,认为还可以的占 25.8%,认为一般的占 38.1%。另外,据中国食品科学技术学会理事长孟素荷在 2016 年食品安全热点科学解读媒体沟通会上透露,从 2006 年到 2014 年,我国食品安全公众满意度一直呈下降趋势,此后才开始缓慢增长,但也仅是从 2014 年的 52.12%,增长到 2016 年的 54.55%。③ 自 2017 年后,尽管我国少有全国性食品安全公众满意度数据公布,但许多省市还是开展了相关的调查研究。例如,根据央广网 2023 年 1 月 3 日报道,北京市 2022 年食品安全群众满意度平均得分为 88.44 分。④ 但根据《新京报》2022 年 1 月 10 日报道,2021 年北京市食品抽检合格率却高达 98.52%。⑤ 这意味着,尽管近年来我国食品安全建设成效和公众食品安全满意度均有同向提升,但后者在提升幅度上仍然滞后于前者,显然,这只能通过不断加

———————————

①　光明网. 市场监管总局发布 2022 年上半年食品安全监督抽检情况[EB/OL]. (2022-08-29)[2023-03-18]. https://m.gmw.cn/baijia/2022-08/29/1303115358.html.

②　2013—2017 年的数据来源于国家食品药品监督管理总局官方网站报告,2005—2012 年数据来源于中国质量检验协会官方网站公布的数据。

③　陈海波. 我们吃得更安全了吗? 公众食品安全满意度开始缓慢增长[N]. 光明日报,2017-01-14.

④　央广网. 北京市 2022 年食品安全群众满意度较上年提升 2.16 分[EB/OL]. (2023-01-03)[2023-03-18]. https://www.sohu.com/a/624180156_362042.

⑤　刘欢,王思炀. 北京市市场监管局局长冀岩:去年北京食品抽检合格率 98.52%[N]. 新京报,2022-01-10.

强食品安全风险交流建设才能予以改善。因此，本书所开展的研究，对于提升人民群众食品安全满意度，提高和改善政府形象，稳定社会安全与社会秩序，都具有十分重要的现实意义。具体来说，主要体现在以下两方面：

（1）对国家有关部门加强食品安全风险交流工作可产生指引作用。目前，我国《食品安全法》虽然在第二十三条明确了有关食品安全信息交流的规定，但却并没有对应的具体制度设计。2014 年由原国家卫生和计划生育委员会颁布的《食品安全风险交流工作技术指南》虽然对食品安全风险交流作了较详细的规定，但是，作为一个部门的规章制度，其内容仍然略显单薄，并且也不足以支撑对食品安全风险交流所涉及的一系列制度进行有效协调。因此，本书试图在综合考虑我国食品安全风险交流所涉及的制度性问题的基础上，进行系统性研究，以对食品安全风险交流法律治理进行体系化完善，这对于国家有关部门开展食品安全风险交流的规范化、制度化、体系化建设具有一定的参考作用。

（2）对包括企业、机构、专家、个人和媒体等在内的相关主体有序开展食品安全风险交流可起到一定的指导作用。一切社会主体均有权参与食品安全风险交流。这种参与主体的广泛性在不断提升食品安全风险交流结果影响力和执行力的同时，也给食品安全风险交流法律治理带来难度。不同的社会主体往往有不同的角色、身份和地位，在食品安全问题上，他们可能有着不同的资源禀赋、利益衡量、知识体系和话语权力，因此，如果不充分重视食品安全风险交流制度建设，就极易导致食品安全风险交流出现信任断裂，由此造成更大的食品安全危机。本书正是试图通过制度化建构和体系化完善以引导和规范不同社会主体在参与食品安全风险交流时的行为，这对于我国食品安全交流法律治理完善具有一定的现实意义。

第二节　国内外相关研究综述

一、国外研究综述

国际上对风险交流的研究自 20 世纪 70 年代开始，主要发端于美国和欧洲，直到最近 30 年才开始蔓延全球。由于风险交流本身充斥着不确定性、主观性等变动不居的特征，因此，国外相关研究也在一定程度上呈现出复杂性态势，并表现出跨学科、跨领域、跨区域和跨结构等特征。在跨学科上，传播学、心理学、社会学、管理学、法学等许多学科领域的学者都在对风险交流展开研究；在跨领域上，自然灾害、环境保护、食品安全、药品安全、公众健康等许多领域出现了对风险交流的应用；在跨区域上，无论是发达国家和地区，还是发展中国家和地区，都在结合各自的经济与社会发展问题重视对风险交流的理论研究与实践应用；在跨结构上，风险交流常常既须和"风险评估""风险预警""风险感知""风险管理"这些人类有关风险行动的不同阶段和层次相结合，又须和"信息""信任""责任"等这些社会运转机制的不同结构和功能相结合。国外学界在风险交流研究上所呈现出来的上述"四跨"特征，使得对于相关的外文文献进行梳理变得十分困难。例如，以 SSCI-Web of Science 外文数据库为例，以 1990—2022 年为时间跨度，以"risk communication"为关键词，再结合其他关键词作为变量，所检索到的文献不仅数量庞大，而且内容也很庞杂（见表 1-1）。但是，值得注意的是，如果仅以"食品安全（food safety）"+"风险交流（risk communication）"来进行检索，得到的文献数量却并不是很多；如果再结合"治理（governance）"，则检索到的相关文献就变得更少。这在某种程度上意味着，风险交流在国外的研究已经日益成为主流，但是针对食品安全领域中的风险交流，特别是关于食品安全风险交流的治理，仍处在一个拓荒阶段。

表 1-1　　　　　　**SSCI-Web of Science 外文数据库文献分布情况**

查询范围	关　键　词	数量（个）
TITLE	risk communication	3597
	food safety + risk communication	78
SUBJECT	risk communication	112153
	risk communication + governance	1281
	food safety + risk communication + governance	76

尽管如此，通过对最近 30 年左右相关的主要外文文献进行分类和梳理，我们仍然可以总结出国外学界在研究风险交流这一问题时所呈现出来的某种时代性

特征及阶段性规律。也就是说，大致在不同的时代（或者阶段），国外学界对风险交流的研究在旨趣、内容以及方法上也相应呈现出较鲜明的差异性。总体而言，本书将它们大致分为两个阶段，即以21世纪初为分水岭，将从20世纪70年代到21世纪前十年划分为第一阶段，而将从2010年以后到目前为止的研究划分为第二阶段。① 国外学界这种阶段性研究趋势与规律的差异与变化，既可以被看作风险交流研究所呈现出的一种学术传承与发展，也可以被视为窥探其研究结构与脉络的一个十分有价值的线索，因此，本书对国外文献的梳理将以此阶段划分作为主线展开。

（一）20世纪70年代至21世纪初：风险交流研究的第一阶段

在这一阶段，国外学界对风险交流的研究尚处于起步和萌芽阶段。以美国为例，这一时期的标志性事件是1983年的熔炼公司坤排放事件。正是在该事件处理中，时任美国环境保护部部长的威廉·拉克尔夏（William Ruchelshaus）首次将风险交流作为监管决策过程中的核心要素并加以运用。1986年，美国环境保护部发起了首届关于风险交流的全国性大会，共有500多个代表出席会议；三年后，美国国家研究委员会出版了《改善风险交流》一书。此外，在学术界，这一时期美国比较有影响力的风险交流研究学者主要有保罗·斯洛维奇（Paul Slovic）、珍妮·X. 卡斯帕森（Jeanne X. Kasperson）、罗杰·E. 卡斯帕森（Rouger E. Kasperson）、詹姆斯·弗莱因（Jim Flynn）、豪沃德·昆莱泽（Howard Kunreuther）、比尔·弗洛伊登伯格（Bill Freudenburg）、阿尔文·穆斯卡德（Alvin Mushkatel）、巴鲁克·菲斯霍夫（Baruch Fischhoff）和大卫·皮扎卡等人。总体而言，在这一阶段，学者们对风险交流的研究多以基础性研究为主，研究内容主要集中于风险交流的基本功能与范式，研究方法主要为文献分析和理论探讨，研究领域一般集中在环境保护。具体可从以下两个方面予以归纳：

1. 风险交流的伦理性问题——功能与范式

"伦理"一词，无论是在汉语还是英语世界中，均具有十分复杂和模糊的含义，其概念的无公度性（conceptional imcommonality）、广泛的历史多样性（a wide

---

① 当然，由于学术研究自身的传承和演进的规律，这种划分只能是相对而非绝对的，中间并不存在完全泾渭分明的界限，只是根据研究主题和重心的变化而具有大致的阶段差异性。

variety of historical origins）等现象随处可见。① 但总体而言，伦理可理解为是由人类建构起来的对社会文化、生活方式的规则和规范的一种认同与遵循。② 它意味着一种理性的精神。珍妮·X. 卡斯帕森和罗杰·E. 卡斯帕森（2004）认为，20世纪80年代以前的最早一批学者在研究风险交流时，往往有将问题过分简化和特定化的倾向。他们将风险交流仅仅理解为一种公共关系，风险交流的任务被解释为是区分"目标群体"、设计"有效信息"，并使用"正确渠道"。此时的风险交流看起来和"兜售肥皂"没有什么区别。③ 由此可见，最早期的风险交流学者仅仅是从公共技巧和传播渠道的角度来理解风险交流，他们多以一种"技术伦理"的视角来对其进行直观解读，相对缺乏对风险交流背后所隐含的文化、政治和社会属性的深刻洞察。但是，自20世纪80年代中后期开始，由于第一代风险交流研究结果差强人意，这一现象得到改观。越来越多的学者开始敏锐地观察到，风险不仅具有客观性，也具有主观建构性。④ 伴随风险研究视野的这一转变，风险交流过程背后所隐含的人类"主观建构性"这一变量因素也开始得到重视，特定的文化、政治和社会背景被越来越多地用以考量风险交流的功能、价值以及由此所形成的范式。一种风险交流的"社会伦理"观认识由此而逐渐形成。具体评述如下：

---

① 麦金太尔. 谁之正义？何种合理性？［M］. 万俊人等，译. 北京：当代中国出版社，1996：5.

② 尧新瑜. "伦理"与"道德"概念的三重比较义［J］. 伦理学研究，2006（4）：21-25.

③ 珍妮·X. 卡斯帕森，罗杰·E. 卡斯帕森. 风险的社会视野（上）［M］. 童蕴芝，译. 北京：中国劳动社会保障出版社，2010：9.

④ 在20世纪80年代，社会科学领域中有关对风险的认识论方法存在着一系列的连续性转向。早期的认识论立场是基于一种科学技术的视角，从认知科学理论出发，认为风险是客观存在的损害、威胁或危险，是可以脱离社会和文化进程被测量的；后期逐渐转向一种不强硬的建构主义者立场，从批判结构主义的社会视角或者文化/符号的结构功能主义视角出发，认为风险是一个客观的损害、威胁或危险，必然通过社会和文化过程被调解，并且一旦脱离这些过程就无法被理解；同时在后期，还有一种强硬的建构主义立场，从治理性视角或者后结构主义视角出发，认为事物本身没有任何风险，我们所理解的风险都是基于历史、社会和政治的"观察方法"的产物。其中，不强硬的建构主义立场的代表性研究学者主要有乌尔里希·贝克、安东尼·吉登斯、玛丽·道格拉斯等人；而强硬的建构主义立场的代表性研究学者主要是米歇尔·福柯。详见［澳］狄波拉·勒普顿. 风险［M］. 雷云飞，译. 南京：南京大学出版社，2016：28.

（1）风险交流的功能——从单向传播到双向互动。早期学者把风险交流的功能主要理解为自上而下式单向线性传递信息的过程。例如，Shannon 和 Weaver（1949）、Witt（1973）、Shoemaker（1987）认为，风险交流的目标应当是建构对信息的合理化传递过程。在这个过程中，信息应当最大可能地实现从生产者（originator）向接收者（recipient）的顺利过渡。①②③ Fiorino（1989）认为，作为一种早期日常性实践，风险交流是政府管理人员和工业人士就如何最大化减少风险发生，而将风险评估结果和决定（例如可接受的原则、政策和管理）向公众进行通报的过程。它的目标就是明确、客观和劝导式地向不具备专业知识的大众展示这些结果和决定。④。总之，此时风险交流的功能和价值被认为是实现对信息自上而下的流动，大众仅被作为告知对象而处在信息传递的最末端。

然而，Scherer 和 Juanillo, Jr.（1992）认为，早期学者对风险交流单向传播功能的认识，是在解决复杂的科学和技术问题时，对政府和工业领域专家的一种严重知识和能力性依赖，然而，它却是建立在三个并不成立的假设基础之上的。⑤

首先，假设一是"科学和技术专家是风险信息的唯一正确发布源，相对更加注重经验和主观性的公众，他们被认为具备更多客观性和理性"。例如，Scherer（1990）认为，公众对复杂风险问题的反应经常是情绪化和非理智的，这样导致了他们经常把注意力集中在次要而非主要问题上。⑥ Fiorino（1990）进一步认为，公众缺乏科学素养，在面对风险的易变性时，公众总是缺乏时间、信息和动力去参

---

① Shannon, C. E., W. Weaver. The Mathematical Theory of Communication[M]. Chicago：University of Illinois Press, 1949：117.

② Witt, W.. Communication concepts for science and environmental communications[J]. J. Environ. Educ., 1973(5)：58-62.

③ Shoemaker, P. J.. Mass communication by the book：A review of 31 texts[J]. J. Commun., 1987(37)：109-131.

④ Fiorino, D. J.. Technical and democratic values in risk analysis[J]. Risk Analysis, 1989 (3)：293-298.

⑤ Clifford W. Scherer and Napoleon K. Juanillo, Jr.. Communicating food safety：Ethical issues in risk communication[J]. Agriculture and Human Values, Spring, 1992：17-27.

⑥ Scherer, C. W.. Communicating water quality risk[J]. Journal of Soil and Water Conservation, 1990, 45(2)：198-200.

与解决。① 但是，有些研究发现，公众对风险信息的反应并非经常不理性的，只是他们和专家的认识有所不同而已。例如 Sandaman（1987）认为，风险对于大众和专家的区别只在于问题构成的中心不同——风险对大众而言，意味着愤怒（outrage），但对专家而言，则意味着危险（hazard）。② Haynes（1991）认为，公众并不是没有能力去处理复杂的科学和技术问题，而只是缺乏接触这些知识和信息的渠道。因此，科学家们不仅应该让公众们接触这些信息，更有责任和义务去和公众交流这些信息。③ Covello，von Winterfeldt 和 Slovic（1986）则认为，严重依赖技术手段而对风险进行的科学统计与计算往往都是建构在社会整体性基础上的，它忽略了个体对风险的偏好。因此，当政府不能满足公众的个体化信息需求时，他们就处在了一个极不利的立场上。④

其次，假设二是"科学本身可以提供客观事实，科学结论是建构在严格推理基础上不带偏见的结果"。然而，Rip（1985）、Covello（1989）和 Ahearne（1990）认为，尽管大量的经验性数据支撑了风险评估的"客观性"和"理性"，但是，即使最好的科学研究也无法完全建立在毫无争议的事实基础之上。对事物性质认识的不足、分析的复杂性，对数据、模型和方法的综合性测量等都有可能严重影响风险评估的准确度、有效性和可信赖性。⑤⑥⑦ Slovic（1986）认为，风险评估都是通过理论模型建构的，而后者往往是建立在一定假设和主观判断基础之上的，存在

①　Fiorino, D. J.. Citizen participation and environmental risk: A survey of institutional mechanism[J]. Science, Technology, and Human Values, 1990, 15(2): 226-243.

②　Sandman, P. M.. Risk Communication: Facing public outrage[J]. EPA Journal, 1987, 13(9): 21-22.

③　Hayners, R. P.. Food safety: Perspectives of a philosopher[J]. Choices, 1991, 3(6): 32-33.

④　Covello, V. T., D. von Winterfeldt, P. Slovic. Risk communication: A review of the literature[J]. Risk Abstracts, 1986, 3(4): 171-182.

⑤　Rip, R.. Experts in public arenas[C]//H. Otway, M. Peltu (eds.). Regulating Industrial Risks-Science, Hazards, and Public Protection. London: Butterworths, 1985: 107.

⑥　Covello, V. T.. Informing people about risks from chemicals, radiation, and other toxic substances: A review of obstacles to public understanding and effective risk communication[C]// W. Leiss (ed.) Prospects and Problems in Risk Communication. Ontario, Canada, 1989: 71.

⑦　Ahearne, J. F.. Risk communication: Some common myths and unpleasant trealities[J]. E. N. D. Fall, 1990: 129.

着大量的先天不足。① Covello(1982)等人认为，风险并不仅仅是由实验过程和数理统计来决定的，它还具有哲学、社会、文化、行为和伦理等多元属性，因此，科学数据不应该和要去理解这些科学数据的公众截然分离。② Douglas 和 Wildavsky(1982)进一步认为，风险感知是一个社会性过程，因此，如果离开社会性层面来谈论风险的可接受性，必然是缘木求鱼。③

最后，假设三是"公众是风险信息的被动接受者，只要公众愿意去倾听或者学习有关风险的问题，他们就会理解和接受风险信息"。但是，Scherer(1990)认为，比过去任何时候，市民都更加要求成为作出政策决定的一部分。④ Allen(1987)则指出，在作出重要的政策决定的时候，公众总体上是不信任政府的。⑤ 因此，如果政策制定者越少地给予公众参与的空间，那么公众对信息的理解和掌握就会变得越少(Scherer，1990)。⑥

面对重重质疑和诘难，建构在技术伦理视角下主张风险交流单向信息传播功能的学者不得不进行自我反思，其他一些风险学家则开始从政治、社会、文化等多角度来考虑风险交流在利益相关者之间的沟通与互动功能。这大致可被称为一种社会伦理视角下的风险交流功能观。

在这个视角的观察下，Cannel 和 Otway(1988)认为，不同的个体会通过不同

---

① Slovic, P.. Informing and educating the public about risk[J]. Risk Analysis, 1986 (4): 403-415.

② Covello, V. T., J. Menkes, J. Nehnevajsa. Risk analysis, philosophy, and the social and behavioral sciences: Reflections on the scope of risk analysis research[J]. Risk Analysis, 1982, 2 (2): 53-58.

③ Douglas, M., A. Wildavsky. Risk and Culture [M]. Berkeley: University of California Press, 1982: 11.

④ Scherer, C. W.. Communicating water quality risk [J]. Journal of Soil and Water Conservation 45, 1990(2): 198-200.

⑤ Allen, F. W.. Towards a holistic appreciation of risk: The challenge of communicators and policymakers[J]. Science Technology, and Human Values 1987, 2 (3/4): 138-143.

⑥ Scherer, C. W.. Communicating water quality risk [J]. Journal of Soil and Water Conservation 45, 1990(2): 198-200.

的方式来阐释关于风险的观念。① Fessenden-Raden、Fitchen 和 Heath（1987）等人指出："社群或者群体对风险问题的反应可能受到政策、文化、社会阶层流动以及先前或正在经历的风险事件的影响。"② Fiorino（1989）则认为，对科学和技术专家来说，"科学评估和形式分析的理性、客观过程"，相对其他人而言，却可能是一种"更直观、体验式的文化评估和社会政治分析过程"。③ Krimsky 和 Plough（1988）认为，风险交流者的关键任务在于，培育一个使得信息和观点能以有意义的方式进行交换的环境，便于利益相关的参与者可以作出自己的评判和决定。④ 最终，作为风险交流社会伦理视角最集大成者，Kasperson（1988）和 Renn（1992）等人开创了风险的社会放大理论⑤⑥，并总结了风险交流所受到的一系列复杂社会因素的影响。与之相似的是，1989 年，美国国家研究院出版了《改善风险交流》一书，其中强调风险交流并非"从专家到非专家的单向信息传递"而是"在个人、团体、机构间交换信息和意见的互动过程"。⑦ 在这种风险交流模式中，公众被置身于和专家平等对话的地位，他们之间的关系被视为是一种双向的互动而非单向的传递。

（2）风险交流的范式——从技术导向到社会建构。Scherer 和 Juanillo，Jr.（1992）认为，早期对风险交流"单向信息传播"功能的认识，实际上体现的是一

---

① Cannel, W., H. Otway. Audience perspectives in the communication of technologica l risks [J]. Futures, 1988, 20 (5)：519-531.

② Fessenden-Raden, J., J. M. Fitchen, J. S. Heath. Providing risk information in communities：Factors influencing what is heard and accepted[J]. Science, Technology, and Human Values, 1987, 12 (3/4)：94-101.

③ Fiorino, D J.. Technical and democratic valuesin risk analysis[J]. Risk Analysis, 1989, 9 (3)：293-298.

④ Krimsky, S., A. Plough. Environmental Hazards：Communicating Risk as a Social Process [M]. Dover, MD：Auburn, 1988：12.

⑤ Kasperson, R. E., O. Renn, P. Slovic, H. S. Brown, J. Emel, R. Goble, S. Ratick. The social amplification of risk：a conceptual framework[J]. Risk Anal., 1988：(8)：177-187.

⑥ Renn. O., W. J. Burns, J. X. Kasperson, R. E. Kasperson, P. Slovic. The social amplification of risk：Theoretical foundations and empirical applications[J]. J. Soc. Issues, 1992(48)：137-160.

⑦ National Research Council (NRC). Committeeon Risk Perception and Communication. Improving Risk Communication[M]. Washington：National Academy Press, 1989：10.

种家长主义范式。它至少存在两个方面的困境：一是个体的意思自治未能受到应有的尊重；二是参与式的民主和对话未能得到很好的体现。因此，Scherer 和 Juanillo, Jr. 认为，应当有一个可供替代的选择性范式的存在。这种范式应该设计一种机制，以允许公众获得与其有关的风险信息，并有权决定在面对具体风险时，哪些问题应当得到优先澄清。这是一种"杰弗逊式"的范式，在这种范式下，风险交流被看作一个在不同利益相关者（例如技术专家、政府政策制定者、工业家、利益相关社会组织、一般公众）之间强调相互对话、相互理解以及相互交换信息的民主化过程。①

Jamie K. Wardman(2008)借助 Krauss 和 Fussel(1996)在社会心理学中提出的不同人际传播视角，以及 Foucault、Habermas、Bourdieu 和 Luhmann 等社会理论家的开创性工作，以"规范的"（normative）、"工具的"（instrumental）、"实质的"（substantive）等在风险交流中被必要而典型地使用的一些词语为横纵轴，将风险交流分为"风险信息""风险对话""风险场""风险管理"四种范式②。

风险信息范式侧重于对规范性中"通知"的强调，在这种范式下，风险交流所发生的环境可以与"自由市场"相比拟——信息如同商品，被生产、运输、购买和消费。Jaeger et al. (2001)认为，在这个市场中，风险信息将会遭受"市场测试"——那些能够被接收者很好解读的信息将会有效地占据市场，反之则会被淘汰。③ Fischoff(2005)认为，在这种范式下，风险交流的主要任务就是确保信息在发布者和接收者之间清楚、准确、有效率、无障碍地流动，同时也包括适当的反馈。④ 尽管风险信息范式是风险交流研究和实践中的主导范式（Jaeger et al.，2001）⑤，Krauss 和 Morsella(2000)也认为，冗余的信息提供也可能符合风险交流

---

① Clifford W. Scherer, Napoleon K. Juanillo, Jr.. Communicating food safety：Ethical issues in risk communication[J]. Agriculture and Human Values, Spring, 1992：17-27.

② Jamie K. Wardman. The constitution of risk communication in advanced liberal societies[J]. Risk Analysis, 2008, 28(6)：1619-1637.

③ Jaeger, C. J., Renn, O., Rosa, E. A., Webler, T.. Risk, Uncertainty, and Rational Action[M]. London：Earthscan, 2001.

④ Fischhoff, B.. Decision research strategies[J]. Health Psychology, 2005, 21(4)：S9-S16.

⑤ Jaeger, C. J., Renn, O., Rosa, E. A., Webler, T.. Risk, Uncertainty, and Rational Action[M]. London：Earthscan, 2001：11.

的战略并使得信息获得更好的解读，① 但是，O'Nell（2002）认为，大量广泛而透明的信息披露反而有可能导致信息传递过度并使接收者产生更多的不确定。② Renn（2006）也指出，有时候，风险信息已经传递得足够充分，特别是在新闻媒体中，但人们似乎仍然不能予以重视。③

　　风险对话范式把风险交流视为所有与风险相关的主体在一定历史情境下所进行的非正式对话。Fischoff（2005）认为，在风险对话中，参与者被视为平等的伙伴，这让他们有更大的责任来决定如何管理风险，并分享他们的经验，以为风险辩论作出实质性贡献。④ Krauss 和 Fussel（1996）认为，风险对话模型的一个显著特征在于风险交流被视为交互协作的概念。风险对话的参与者不仅要对直接的交流过程本身做出反应，还要对其他可能有信息需求、观点或见解的利益相关者做出反应。交流不是两个或两个以上的自主信息处理器的联合输出，而是参与者的一种流动性合作，他们共同完成了对风险的实质性理解。⑤ Jovchelovitch（2007）认为，虽然信息交换是沟通过程的一部分，但对风险的理解是通过主体间性来实现的。从这个意义上说，理解不是通过单纯的知识交换就能实现的，而是在参与者共同表达的不同社会现实中被重新塑造出来的。⑥

　　风险场范式把风险交流理解为不同社会行动者之间相互区分，并为了各自的利益，而对愿望和信仰进行相互竞争的行为。Covello et al.（1986）认为，风险交

　　① Krauss, R. M., Morsella, E.. Communication and conflict［C］//M. Deutsch, P. Coleman（Eds.）. The Handbook of Con-structive Conflict Resolution：Theory and Practice. San Francisco：Jossey-Bass, 2000：131-143.

　　② O'Neill, O.. A Question of Trust：The BBC Reith Lectures［M］. Cambridge：Cambridge University Press, 2002：9.

　　③ Renn, O.. Risk communication consumers between information and irritation［J］. Journal of Risk Research, 2006, 9（8）：833-850.

　　④ Fischhoff, B.. Risk perception and communication［C］//D. Kamien（Ed.）. Handbook of Terrorism and Counter-Terrorism. New York：McGraw-Hill, 2005：463-492.

　　⑤ Krauss, R. M., Fussell, S. R.. Social psychological models of interpersonal communication［C］//E. T. Higgins, A. Kruglanski（Eds.）. Social Psychology：Handbook of Basic Principles. New York：Guilford Press, 1996：655-701.

　　⑥ Jovchelovitch, S.. Knowledge in Context：Representations［M］. Community and Culture. London：Routledge, 2007.

流就是利益群体之间就健康和环境信息进行的有目的的交换。① Schinkel(2007)认为，风险交流是由场域活动中受到客观条件(金钱、知识)和社会地位(社会关系、社会声望)制约的行动者的行为选择决定的。② 在这种范式下，法律和信任是两个必须考虑的重要因素(Chess，2001；Holmstrom，2005)。③④

风险管理范式把风险交流重新界定为一项政治事业，在它的主导下，对风险的理解不是通过交往理性来实现的，而更可能是通过一种话语权力来把风险界定为"真理"。风险管理范式主要受到福柯"治理性"概念的启发，它更加注重主导行为的规则是如何被塑造的。在这种范式下，风险交流被隐含了"自由的家长主义"(Sunstein，Thaler，2003)观念。Fischoff(2005)指出，风险交流是通过教育或者通过更好地揭示环境来鼓励人们作出更好的风险选择。⑤

2. 风险交流的影响因素

早期研究在注重风险交流的功能和范式之余，也十分注意对风险交流的影响性因素进行分析。风险交流必须克服层出不穷的挑战，无论是事故发生前、发生时还是发生后，否则风险交流不能成功。⑥ 在学者们看来，这些挑战主要来自以下因素：

(1)信息。Stuart G.. Reid(1999)通过对专家和大众的风险感知差异进行定性和定量分析后指出，尽管专家可能认为这一差异来源于大众对待风险的不理性反应，但是，事实上，造成这一问题的实际原因是非常复杂的，并可归咎于三个方

---

① Covello, V. T., von Winterfeldt, D., Slovic, P. Risk communication: A review of the literature[J]. Risk Abstracts, 1986, 3(4): 171-182.

② Schinkel, W.. Sociological discourse of the relational: the cases of Bourdieu & Latour[J]. Sociological Review, 2007, 55(4): 707-729.

③ Chess, C.. Organizational theory and the stages of risk communication[J]. Risk Analysis, 2001, 21(1): 179-188.

④ Holmstrom, S.. Reframing public relations: The evolution of a reflective paradigm for organizational legitimization[J]. Public Relations Review, 2005(31): 497-504.

⑤ Fischhoff, B.. Decision research strategies[J]. Health Psychology, 2005, 21(4): S9-S16.

⑥ 罗杰·E. 卡斯帕森. 工业事故中风险沟通的考量因素及原则[C]//珍妮·X. 卡斯帕森，罗杰·E. 卡斯帕森编. 风险的社会视野(上). 童蕴芝，译. 北京：中国劳动社会保障出版社，2010：54.

面：不同的信息、冲突的信息、对给定信息的矛盾性评价。[1] Kasperson(1992)认为，整个风险交流过程就是一个关于发布者、接收者、信息、信息渠道、渠道密度、目标观众和信息超载等方面的信息系统。[2] 在这个信息系统的信息传播过程中，会存在信号的加强或减弱变化(De Fleur，1966)。[3] Kasperson(1988)还认为，信息量、信息受争议程度、信息的戏剧化程度，以及信息的象征性意寓是影响风险社会放大的主要信息性根源。[4]

(2)信任。Portes(1998)认为社会信任是指人们普遍信任的平均水平。[5] Flynn et al.(1993)通过对内华达州尤卡山核废料储存事件的分析得出结论——公信力的缺失是风险交流失败的主要原因。[6] Kasperson，Goldin 和 Tuler(1992)提出，社会信任包括承诺、能力、关注和可预测性。好的机构可以创造和维持对值得信任的行为的激励，并同时产生社会信任。[7] 学者们普遍认为，在包括风险交流在内的良好社会交往中，信任起着至关重要的作用，是影响人类行为的重要因素。

(3)媒体。许多学者都认为媒体在风险交流中扮演着重要的角色，但这种角色却有两面性。一方面，Goodman(2006)认为，媒体不仅传播风险信息，同时还按照易于公众理解的方式来转化和解释风险信息。[8] Nelkin(1987)认为，许多科

① Stuart, G. Reid. Perception and communication of risk, and the importance of dependability [J]. Structural Safety, 1999(21): 373-384.

② Kasperson, R. E.. The social amplification of risk: progress in developing an integrative framework of risk[C]//S. Krimsky and D. Golding(eds), Social Theories of Risk, Westpon, CT: Praeger, 1992: 153-178.

③ DeFleur, M. L.. Theories of mass communication[M]. New York: D. McKay, 1966: 23.

④ Kasperson, R. E., Renn, O., Slovic, P., Brown, H. S., Emel, J, etal. The social amplification of risk: a conceptual framework[J]. Risk Analysis, 1988, 8(2): 178-187.

⑤ Portes, A.. Social capital: its origins and applications in modern sociology[J]. Review of Sociology, 1998(24): 1-24.

⑥ James Flynn, J. Paul Slovic, and C. K. Mertz. The nevada initiative: a risk communication fiasco[J]. Risk Analysis, 1993, 13(5): 497-502.

⑦ Kasperson, R. E., Golding, D., Tuler, S.. Social distrust as a factor in sitting hazardous facilities and communicating risks[J]. Journal of Social Issues, 1992, 48(4): 161-187.

⑧ Goodman, J. R., B. P. Goodmand. Beneficial or biohazards? How the media frame biosolids [J]. Public Understanding of Science, 2006(15): 359-375.

学人士将媒体视为向公众传播科学信息的渠道。通过这种渠道,媒体可以在其编辑控制下,将科学发现准确地转换为易于消化、理解并可由公众据此行动的信息材料。① 但另一方面,媒体专业人员倾向于信息内容背后的新闻价值(Sandman,1999)。② 新闻价值观有助于媒体人士构建一套关于信息是否具有新闻价值的思想和假设。风险报道确实看起来是由新闻价值构成的(Palmer,1998)。③ Begley(1991)认为,为了使风险故事更具有新闻价值,记者可能会给案例带来更多的不确定性和争议。④

(4)情绪。Deng 和 Poole(2010)认为,情绪对消费者决策有重要作用。⑤ 情绪指的是认知、动机和关系结构,它的状态会随着人际关系的变化而变化(Mummalaneni,2005)。⑥ Damasio(1996)认为,评价风险决策过程中的不同选择,一定要考虑情感因素。情绪和理性必须相互作用,才能引导决策过程。⑦ Slovic(1999)认为,情感是一种"定向机制",人们更注重对威胁的"本能"反应,而非理性反应。⑧

除上述因素外,有学者还认为,风险偏好、风险分配的公平性、个体对风险的控制程度、个体的社会支持系统,等等,都可能对风险交流形成一定的影响

---

① Nelkin, D.. The scoop on science journalism[J]. The Scientist 1, 1987(10): 24.

② Sandman, P. M.. Mass media and environmental risk: Seven principles[C]//What Risk? Science Politics and Public Health. London: Butterworth Heinemann, 1999: 85-87.

③ Palmer, J.. News values[C]//A. Briggs and P. Cobley. The media: An introduction, ed., London: Longman, 1998: 377-392.

④ Begley, S.. The contrarian press: How the press decides which issues of environmental risk and food safety to cover[J]. Food Technology, 1991, 45(5): 245-246.

⑤ Deng, L., Poole, M. S.. Affect in web interfaces: A study of the impacts of web page visual complexity and order[J]. MIS Quarterly, 2010, 34(4): 711-730.

⑥ Mummalaneni, V.. An empirical investigation of web site characteristics, consumer emotional states and on-line shopping behaviors[J]. Journal of Business Research, 2005, 58(4): 526-532.

⑦ Damasio, A.. Descartes'error: emotion, reason and the Human Brain[M]. Macmillan, London papermac edition, 1996: 175.

⑧ Slovic, P.. Trust, emotion, sex, politics, and science: Surveying the risk assessment battlefield[J]. Risk Analysis, 1999(19): 689-701.

（Celio Ferreira，2006）。①

（二）21 世纪初至今：风险交流研究的第二阶段

不同于早期风险交流研究者的宏伟叙事和宏观视角，在进入 21 世纪后的这最近十年，风险交流学者们的研究取向开始发生些许细微的变化，表现在，研究旨趣开始转向注重风险交流的应用性层面，研究内容开始转向注重风险交流活动的技术性操作层面，研究方法开始转向注重量化分析和个案探讨，研究领域开始从环境保护转向包括食品安全、自然灾害、新技术应用等在内的更广阔空间。在这一阶段，聚焦于食品安全风险交流研究的文献开始变得丰富，并可主要分为以下几方面内容：

1. 关于风险交流模型的研究

这一时期，学者们从不同角度对风险交流模型展开了研究。Sylvain Charlebois 和 Amit Summan（2015）为帮助加拿大食品管理机构更加有效地开展风险交流活动，设计了一个理论模型与框架。该模型主要包括"风险情报""预防和减缓体系""事故风险交流平台""多层网络""持续的风险交流""危机型风险交流""媒介""全球化网络""消费者""利益相关者网络""对战略的综合反应"11 个元素，并分别针对危机型风险交流和持续的风险交流设计了不同的交流路径。② Susanna Hornig Priest（2009）在分析新技术应用过程中的公众风险交流问题时，提出了六种相互不同的交流模型。它们分别是：①知情同意模型，主要用来在医学和其他研究环境中给予个人选择特权的，其目的是用来解决人际交流障碍。②社区主权模型，它主要是为当地社区赋予自决权，是 EIS（环境影响报告）程序的基础。③职业安全模型，通过该模型，特定地点和职业的工人（根据联邦命令）获得与工作相关的具体风险信息。④营销传播模型，在这种模型中，个人主要被视为产品消费者和广告以及特定产品的风险信息的目标受众。⑤思想市场模型，这个模型希望作为民主社会公民的个人，如果得到充分的信息和完全的选择自由，就承认

① Celio Ferreira. Food information environments：Risk communication and advertising imagery [J]. Journal of Risk Research，2006，9(8)：851-871.

② Sylvain Charlebois，Amit Summan. A risk communication model for food regulatory agencies in modern society[J]. Trends in food science & technology，2015(45)：153-165.

并接受真理。⑥听证会模型。该模型是典型的美国联邦食品和药品监督管理局风格，即在全国范围内进行新药或新政策的公开听证会，但是该模型仍然是根据EIS或社区主权模型设计的。在这个模型中，能听到的声音可能会主要来自有组织的利益相关者群体，如果出现这种情况，就说明在某种程度上，后勤保障和出席成本对其他主体来说构成了障碍。①

2. 关于风险交流的指导性原则研究

D. P. Attey（2017）认为，风险交流应当遍及风险分析的整个过程，包括对风险、风险相关因素和风险感知进行的交流，它构成对风险评估结果的解释和风险管理决策的正当性基础。他还认为，在食品安全风险交流中，应当注意8个指导性原则，它们分别是"促进对风险分析过程中所发现的特殊问题的明确和理解""促进在形成风险管理意见时的一致性和透明性""为理解所建议的风险管理决策提供一个讨论的基础""提高风险分析的整体有效性和效率性""加强参与者之间的工作关系""形成公众理解的过程，以加强安全食品供应的信任和信心""在所有感兴趣方之间促进适当的参与""在兴趣方之间交换关于食品风险的信息"。②

J. Mcentire and A. Boateng（2012）认为，工业化实践给风险交流带来了严峻的挑战。在这种挑战下，风险交流应当注意11个基本原则，它们可以被归纳成5个部分，即准备性计划（制定即时反应计划、建设危机交流网络、接受不确定性）；负责任的交流（和公众合作、承认公众的忧虑、开放和诚实）；最小化危害（对媒体开放、表示同情、为自我保护提供建议）；评估计划和文化敏感性。

Artur Albach, Johannes Gamroth, et al.（2016）以转基因食品工业为例，提出了"负责任的风险交流（accountable risk communication）"这一概念。他们在Bovens于2007年将"负责任"界定为由七个相互关联部分组成的体系的基础上，提出了负责任风险交流所必备的"包容性""透明性""回应性"三个基本要素。③

Sylvain Charlebois 和 Amit Summan（2015）认为，食品安全的风险交流应当遵

---

① Susanna Hornig Priest. Risk communication for nanobiotechnology：To whom, about what, and why? ［J］. Journal of Law, Medicine & Ethics, Winter, 2009：759-769.

② D. P. Attey. Food Safety in the 21st Century［M］. Academic Press, 2017：53-68.

③ Artur Albach, Johannes Gamroth, et al. Trust-building risk communication in the Post-Trust Era［J］. Revista Lberoamericana de Truismo, 2016：103-146.

循如下核心原则：开放、透明、独立、及时反应、合法性、公众参与、信任的伙伴、利益相关者参与、有效的交流、理解公众感知，等等。[①] Luis González Vaqué 和 Isabel Segura（2016）认为，欧洲食品安全局（EFSA）在风险事故发生过程中对风险交流工作开展的指导性原则主要有：控制交流活动，即使在事实尚不确定的前提下；交流要快速地转向保护公众健康；识别需要交流的对象；工作是明确的和透明的；永远不要低估情况；合作。[②]

3. 关于风险交流的工具性研究

在最近的风险交流研究工作中，有些学者，特别是来自意大利的学者，开始逐渐关注食品安全风险交流的工具和手段。例如，S. Crovatoa, A. Pintoa et al.（2016）研究了一个意大利相关教育计划的执行情况。该计划设计了一款线上视频游戏"一个神秘的有毒物"，并向359个来自意大利四个不同省份的中学生进行开放，以用于向该年龄段学生传输有关牛奶食用的正确信息。结论显示，这款游戏能够改变青少年的食品安全风险认知和风险行为。[③] Giulia Mascarello a, Stefania Crovato et al.（2014）同样通过两个问卷调查，对来自意大利东北地区的327名学生，测试了网络媒体和纸质媒体两种不同的风险传播工具在和青少年交流食品中的化学风险时存在的潜能、有效性和局限性差异。[④] Tae Jin Cho, Nam Hee Kim et al.（2017）通过对日本福岛核事故发生后的当地食品安全问题进行研究，也对风险交流进行了工具性设计。[⑤] 另外，我国台湾地区学者 Chih-Wen Wu（2015）通过对台湾地区的 Facebook 用户进行调查后发现，Facebook 对风险交流的影响显著，当消费者具有较高的风险感知和积极情绪时，Facebook 的使用可以

① Sylvain Charlebois, Amit Summan. A risk communication model for food regulatory agencies in modern society[J]. Trends in Food Science & Technology, 2015(45)：153-165.

② Luis González Vaqué, et al.. Food risk communication in the EU and member states：Effectiveness, transparency and safety[J]. EFFL, 2016(5)：388-399.

③ S. Crovatoa, A. Pintoa et al.. Food safety and young consumers：testing a serious game as a risk communication tool[J]. Food Control, 2016(62)：134-141.

④ Giulia Mascarello, Stefania Crovato et al.. Communicating chemical risk in food to adolescents：A comparison of web and print media[J]. Food Control, 2014(35)：407-412.

⑤ Tae Jin Cho, Nam Hee Kim et al.. Development of an effective tool for risk communication about food safety issues after the Fukushima nuclear accident：What should be considered? [J]. Food Control, 2017(79)：17-26.

发挥其作为一种交流工具的全部潜力。①

4. 关于风险交流的目标性群体研究

有些学者以交流主体中特定的目标群体为对象对风险交流开展了研究。例如，Han Wena 和 Junehee Kwon（2017）针对美国的餐饮服务者在向有食物过敏史的消费者提供服务时的风险感知和风险交流问题进行了研究。结论显示许多餐饮服务者缺乏关于食物过敏的知识，并很少意识到，向消费者开展风险交流活动和警示消费者对食物过敏采取预防措施，是对有食物过敏史消费者的一种负责任表现。② Hans M Bosse et al（2010）对 69 个来自德国医学院校即将毕业的学生，进行了"同伴角色扮演"和"标准化病人"的两个随机分组实验，并通过此，研究了他们在和患者进行风险交流过程时的可接受性、现实的态度和行为以及可以察觉的效果。③ SC Green（2016）通过一项调查研究显示，仅有极少数的企业会把社交媒体的交流风险纳入他们组织的内部控制体系，并表明企业需要对此加以重视。④

5. 关于风险交流案例的研究

早在 1993 年，James Flynn, J. Paul Slovic, and C. K. Mertz 等人就已经针对内华达州尤卡山的核废料存储事件进行了风险交流案例研究。最近十年来，这种风险交流案例型研究变得越来越多。例如，Carolina García 和 Ricardo Mendez-Fajury（2017）梳理了哥伦比亚火山爆发事件中，从 1985 年到 2012 年长达 27 年的风险交流历程，并集中分析了四起火山爆发事件过程中的当地风险交流经验。⑤

---

① Chih-Wen Wu. Food risk communication in the EU and member states [J]. Journal of Business Research, 2015(68): 2242-2247.

② Han Wena, Junehee Kwon. Restaurant servers' risk perceptions and risk communication-4 related behaviors when serving customers with food allergies in the U.S [J]. International Journal of Hospitality Managemen, 2017(64): 11-20.

③ Hans M Bosse et al.. Peer role-play and standardised patients in communication training: A comparative study on the student perspective on acceptability, realism, and perceived effect [J]. BMC Medical Education, 2010, 10(27): 1-9.

④ SC Green. Risks associated with corporate social media communication — time for internal auditing to step-up [J]. Southern African Journal of Accountability and Auditing Research, 2016 (18): 73-91.

⑤ Carolina García, Ricardo Mendez-Fajury [C]. Advances in Volcanology, IAVCEI, Springer, 2017: 1-17.

Artur Albach 和 Johannes Gamroth et al. （2016）则从 20 世纪 90 年代开始，对孟山都公司的转基因食品风险交流案例进行了研究。[1] 另外，还有一些日本和韩国学者对 2011 年日本福岛核事故发生之后的食品安全风险交流案例进行了分析。其中，Nam Hee Kim et al.（2015）通过对 1208 个韩国消费者进行调查后发现，绝大多数消费者对放射性、环境辐射污染及其对健康的影响等方面的知识知之甚少，特别是对辐射的安全剂量限值和辐射的自然衰减过程都几乎没有什么概念。[2] Nobuyuki Hamada 和 Haruyuki Ogino（2012）认为日本在福岛核危机爆发后所采取的安全管理措施是有效的。[3] Tae Jin Cho，Nam Hee Kim et al.（2017）认为在福岛核事故发生后，应当为食品消费者设计、发展、评价和优化一个有效的风险交流工具。[4] Michio Murakami 和 Masaharu Tsubokura（2017）则从"轻推"理论出发，对福岛核事故发生后日本的风险交流措施进行了评价。[5]

二、国内研究综述

自世纪之交开始，风险交流作为一种重要的社会现象和风险治理方式开始被国内学界普遍关注。早期学者主要从心理学视角出发，系统研究风险交流中公众理性的形成及干扰因素、公众在危机事件中的社会心理支持体系、公众风险认知的结构及影响因素等问题。[6] 也有学者从传播学视角出发，对风险传媒、危机传

---

[1]　Artur Albach, Johannes Gamroth et al.. Trust-building risk communication in the Post-Trust Era[J]. Revista lberoamericana de truismo, November, 2016：103-146.

[2]　Nam Hee Kim et al.. Implications for effective food risk communication following the Fukushima nuclear accident based on a consumer survey[J]. Food Control, 2015(50)：304-312.

[3]　Nobuyuki Hamada, Haruyuki Ogino. Food safety regulations：What we learned from the Fukushima nuclear accident[J]. Journal of Environmental Radioactivity, 2012(111)：83-99.

[4]　Tae Jin Cho, Nam Hee Kim et al.. Development of an effective tool for risk communication about food safety issues after the Fukushima nuclear accident：What should be considered? [J]. Food Control, 2017(79)：17-26.

[5]　Michio Murakami, Masaharu Tsubokura. Evaluating risk communication after the Fukushima Disaster based on nudge theory[J]. Asia Pacific Journal of Public Health, 2017, 29(2S)：193-200.

[6]　这方面较有代表性的论著有：谢晓非，郑蕊. 风险沟通与公众理性[J]. 心理科学进展，2003(4)：375-381；谢晓非，王惠，任静，于清源. SARS 危机中以受众为中心的风险沟通分析[J]. 应用心理学，2005(2)：104-109；刘金平，周广亚，黄宏强. 风险认知的结构、因素及其研究方法[J]. 心理科学，2006(2)：370-372.

播与决策民主之间的关系进行探讨。① 此后，随着社会风险问题的积聚和大众风险意识的提高，以及群体性对抗事件的日益升级，越来越多的学者开始从不同学科展开对风险交流问题的研究。通过对中国期刊网期刊类数据库的查询，表1-2展现了自 1999—2022 年以来，相关主题论文的发表情况。

从表 1-2 我们可以看到，学界最早在研究风险交流（沟通）问题时，使用的是"风险交流"这个词语，并且在论文发表数量上，以"风险交流"为主题的论文也要超过"风险沟通"。另外，大致从 2009 年开始，学界对风险交流（沟通）的研究开始加速，并在此后直到 2016 年的八年间，产出颇丰。如果结合上述文献的研究主题来看，国内研究总体上可被划分为三个阶段。第一阶段大致为 2000—2008 年的起步阶段，此时的风险交流研究主要集中于传播学和心理学领域，研究的问题主要是大众风险感知、危机事件信息传播等；研究领域主要集中在环境和公共卫生类风险问题上。第二阶段为 2009—2013 年的发展阶段，该阶段对风险交流的研究开始逐步增多，并在学科视角上逐渐融入了管理学、社会学、文化人类学等学科视域；研究主题则向"风险形成机理""风险本质""风险交流方式""专家和公众之间的信任构建""媒体的风险传播功能和责任""政府在风险交流中的角色"等一系列问题上深入；研究领域也开始向药品、食品、医患、自然灾害、科技等更多的风险问题上演化。第三阶段为 2014 年至今的深化阶段，这一阶段对风险交流的研究更加深入，并开始逐渐融合法学视角。这意味着开始有学者思考如何把风险交流纳入法治化的体系和轨道，以实现对风险交流的制度化治理。② 同时，在这一阶段，越来越多的学者也开始关注转基因食品安全风险交流问题。具体而言，国内学界的相关研究可归纳为如下几个方面：

---

① 这方面较有代表性的论著有：郭小平，秦志希. 风险传播的悖论——论"风险社会"视域下的新闻报道[J]. 江淮论坛，2006（2）：129-133；郭小平. "怒江事件"中的风险传播与决策民主[J]. 国际新闻界，2007（2）：26-29.

② 这方面的文献主要有：金自宁. 跨越专业门槛的风险交流与公众参与——透视深圳西部通道环评事件[J]. 中外法学，2014（1）：7-27；杨建顺. 论食品安全风险交流与生产经营者合法规范运营[J]. 法学家，2014（1）：43-55；沈岿. 风险交流的软法构建[J]. 清华法学，2015（6）：45-61；曾睿，徐本鑫. 环境风险交流的法律回应与制度建构[J]. 江汉学术，2015（5）：51-59；杜建勋. 交流与协商：邻避风险治理的规范性选择[J]. 法学评论，2016（1）：141-150；詹承豫. 中国城市风险沟通决策的影响因素研究[J]. 治理研究，2019（5）：13-21.

表 1-2 1999—2022 年关于风险交流(沟通)的文章发表年限的时代分布(篇)

论文发表时期(年)	主题词(风险交流)	主题词(风险沟通)	论文发表数量总计
1999	1	1	2
2000	1	0	1
2001	3	0	3
2002	2	2	4
2003	9	3	12
2004	1	1	2
2005	8	2	10
2006	8	7	15
2007	13	11	24
2008	19	23	42
2009	32	36	68
2010	27	67	94
2011	51	76	127
2012	77	63	140
2013	87	69	156
2014	103	84	187
2015	139	86	225
2016	136	92	228
2017	80	89	169
2018	57	85	142
2019	47	94	141
2020	35	132	167
2021	29	124	153
2022	26	107	133
总计	991	1254	2245

1. 食品安全风险交流影响因素研究

食品安全风险交流究竟受到哪些因素的影响？针对这一问题，国内学界主要从以下几个方面进行了归纳与提炼：

（1）主体性因素。主体性因素主要是指，食品安全风险交流究竟应该覆盖哪些主体？它们彼此之间具有怎样的关系？公众在风险感知上受到哪些因素影响？鉴于国外学界的相关早期研究，已经对风险交流中政府、专家和公众的关系进行了梳理，并得出了基本成熟的结论，因此国内学界主要关注的是最后一个问题，即"影响公众风险感知的因素如何"这个问题。总的来说，主要探讨了以下一些因素：

①心理因素。刘飞（2014）认为消费者食品安全风险感知主要受到健康主义观念转变的影响，即从否定性身体到自恋性身体的情绪转变影响。[1] 郭雪松等人（2014）认为，城市居民感知到的大米风险可以简化为心理风险、时间财务风险、健康风险和性能风险四个主要因子。[2] 李佳洁等人（2016）则从风险的危害度、失控度、陌生度和激惹度四个方面归纳了我国公众对食品安全系统性风险的认知情况。[3] 黄河等人则通过对邻避项目风险沟通的实证研究认为，构建公众心智模型对风险认知差距的探寻与弥合具有至关重要的作用。[4]

②社会因素。在食品安全风险感知的社会因素上，国内学者也进行了一些研究。例如，张金荣等人（2013）通过对北京、长春和湘潭三地居民在关于 15 种风险因素的心理测量研究中发现，公众对食品安全的风险感知存在很大程度上的建构因素和放大效应。[5] 符国群、佟学英（2003）研究认为，家庭、参照群体的行为

---

① 刘飞.食品安全的风险感知与消费策略[J].华南农业大学学报(社会科学版)，2014(3)：107-114.

② 郭雪松.城市居民的食品风险感知研究——以西安市大米消费为例[J].北京社会科学，2014(11)：19-28.

③ 李佳洁.风险认知维度下对我国食品安全系统性风险的再认识[J].食品科学，2016(9)：258-263.

④ 黄河，王芳菲，等.心智模型视角下风险认知差异的探寻与弥合[J].新闻与传播研究，2020(9)：43-63.

⑤ 张金荣，刘岩，张文霞.公众对食品安全风险的感知与建构——基于三城市公众食品安全风险感知状况调查的分析[J].吉林大学社会科学学报，2013(2)：40-49.

将通过各种信息传播渠道影响受访者的感知与行为。① 这些研究都在一定程度上验证了"社会可以对公众的风险感知进行建构"的结论。

③个体体征因素。除了心理学范式下的个体认知因素和社会学范式下的主观建构因素外，王志刚(2003)通过对天津市个体消费者的实证研究发现，性别、学历和收入与食品安全风险感知呈正相关。② 王俊秀(2012)通过对全国50000多个样本进行分析后也发现，消费者对食品安全满意度存在包括性别、年龄和教育程度等方面在内的差异。③ 这些研究表明，除了个体认知和社会因素外，消费者的人口统计学特征也会对食品安全风险感知构成一定影响。

(2)介质性因素。在承认了公众风险交流的主体性地位，并归纳了影响其风险感知的具体因素后，接下来的重要问题就是：怎样才能够实现交流主体在风险议题上有目的、有诚意、有效果的交流？陈通(2018)认为，信息表达方式和信任是影响食品安全风险交流效果的重要因素。④

①信息。吴元元(2016)指出信息是治理的基础。倘若不能在主体与对象之间建立稳定可靠的信息流，那么信息不对称将对治理能力产生深度制约。⑤ 戚建刚(2011)认为，充分、可靠的食品安全信息，是有关部门制定风险政策、进行风险评估、实施风险沟通的基础。⑥ 吴林海等人(2011)指出食品信息的不对称和不透明是我国食品安全风险防范机制的严重缺陷。⑦ 由此可见，学界对信息在食品安全风险交流中的价值和作用已经达到了基本的共识。

②信任。食品安全风险交流的有序开展，不仅需要以"信息"作为硬介质，

---

① 符国群，佟学英. 品牌、价格和原产地如何影响消费者的购买选择[J]. 管理科学学报，2003(6)：79-84.

② 王志刚. 食品安全的认知和消费决定：关于天津市个体消费者的实证分析[J]. 中国农村经济，2003(4)：41-48.

③ 王俊秀. 中国食品安全满意度调查[J]. 江苏社会科学，2012(5)：66-71.

④ 陈通，青平，涂铭. 论断确定性对食品安全风险交流效果的影响研究[J]. 管理学报，2018(4)：577-585.

⑤ 吴元元. 食品安全共治中的信任断裂与制度因应[J]. 现代法学，2016(4)：60-72.

⑥ 戚建刚. 向权力说真相：食品安全风险规制中的信息工具之运用[J]. 江淮论坛，2011(5)：115-124.

⑦ 吴林海，刘晓琳，卜凡. 中国食品安全监管机制改革的思考：安全信息不对称的视角[J]. 江南大学学报(人文社会科学版)，2011(5)：116-121.

还需要以"信任"作为软介质。在社会互动中，信任被普遍认为是非常重要的。全燕（2013）强调，在风险社会中，信任是一种核心资本，一种道德资源，它由公众参与产生，可以通过良性循环创造，也可以被恶性循环毁掉。① 贾鹤鹏（2015）认为，信任是风险传播的主要机制之一。② 吴元元（2016）认为，信任对于食品安全共治须臾不可或缺。作为社会合作的重要形式，食品安全共治需要以信任为基石，唯有信任才能将原本离散分布的各方主体有效地聚合起来。③ 王建华（2021）认为要重塑牢固稳定的食品安全信任体系，必须要创造一个开放、包容的社会氛围。④

（3）制度性因素。学界在此方面的探讨主要集中在两个方面：一是制度性因素对食品安全风险交流的意义；二是制度性因素本身所包含的内容。

就意义而言，孙颖（2015）认为，风险交流受到一国法律法规的影响和规范。⑤ 沈岿（2015）认为，风险交流，尽管顾名思义可以简单理解成为一种信息沟通，但若由此而判断其可以率性而为，无须借助法律制度予以规范，则会产生不利后果。⑥ 张明华（2016）认为，规范性建设可以为食缘关系的良性运行提供坚实的机制保障。⑦ 宋世勇（2017）进一步认为，食品安全风险交流制度的实施可以让监管部门及时把握食品安全形势，让新闻传媒准确界定食品安全事件，让社会各界合理理解食品安全事件。⑧可见，学界已基本认同食品安全风险交流应受到规范性制约。

就内容来看，沈岿（2015）认为，食品安全风险交流规范主要应涉及主体、内

---

① 全燕. 信任在风险沟通中的角色想象[J]. 学术研究，2013（11）：58-62.

② 贾鹤鹏，范敬群，闫隽. 风险传播中知识、信任与价值的互动——以转基因正义为例[J]. 当代传播，2015（3）：99-101.

③ 吴元元. 食品安全共治中的信任断裂与制度因应[J]. 现代法学，2016（4）：60-72.

④ 王建华，沈旻旻. 食品安全治理的风险交流与信任重塑研究[J]. 人文杂志，2020（4）：96-103.

⑤ 孙颖. 风险交流——食品安全风险管理的新视野[J]. 中国工商管理研究，2015（8）：40-45.

⑥ 沈岿. 风险交流的软法构建[J]. 清华法学，2015（6）：45-61.

⑦ 张明华. 食品安全风险交流：食缘关系良性运行的机制保障[J]. 学术论坛，2016（2）：75-79.

⑧ 宋世勇. 论我国食品安全风险交流制度的立法完善[J]. 法学杂志，2017（3）：90-98.

容、形式和时机四个方面。① 金自宁(2012)认为，食品安全风险交流规范性建设应该解决"谁在说话""说什么""怎么说""谁在听"这几个核心问题。② 姚国艳(2016)认为，在食品安全风险交流中，无论是规范性文件制定，还是具体的交流实践，都需要明确食品安全风险交流的内涵和内容、强化食品安全风险交流的主体地位、注重风险交流的及时性和针对性等要素。③ 孙颖(2015)从法律和政策两个方面对食品安全风险交流的规范性建设提出了七个方面的建议，其中包括尽快出台和修订相关法律法规弥补《食品安全法》第二十三条的不足、政府各级部门尽快制定食品安全风险交流的工作指南、规章和规范等。④

2. 我国食品安全风险交流中存在的问题研究

尽管我国修订后的《食品安全法》在第二十三条明确了国家对开展食品安全信息交流的支持性态度，但是，我国食品安全风险交流在实践中仍存在很多问题与不足。国内学界对此主要从以下两个方面进行了归纳：

(1)公众需求与知识素养间有落差。杨发莲(2003)认为，公众食品安全认知水平较低，错误的食品安全观和片面的食品消费观已经形成。⑤ 钟凯、任雪琼、郭丽霞(2012)认为，很多人分不清食品添加剂正确使用、食品添加剂滥用和违法添加物之间的区别，这导致现代食品工业的灵魂——食品添加剂被"污名化"。⑥ 唐卫红(2016)认为，我国消费者的风险交流意识十分淡薄，这导致很难建立起我国的食品安全日常交流机制。⑦ 张星联、张慧媛(2016)通过调查研究表明，我国

---

① 沈岿. 风险交流的软法构建[J]. 清华法学，2015(6)：45-61.

② 金自宁. 风险规制中的信息沟通及其制度建构[J]. 北京行政学院学报，2012(5)：83-88.

③ 姚国艳. 论我国食品安全风险交流制度的完善——兼议《食品安全法》第23条[J]. 东方法学，2016(3)：96-105.

④ 孙颖. 风险交流——食品安全风险管理的新视野[J]. 中国工商管理研究，2015(8)：40-45.

⑤ 杨发莲. 云南成年人营养与食品卫生知识、态度和行为调查[J]. 中国健康教育，2003(6)：406-408.

⑥ 钟凯. 食品添加剂的"污名化"现象与风险交流对策探讨[J]. 中国食品卫生杂志，2012(5)：490-492.

⑦ 唐卫红. 基于消费者视角的食品安全风险交流研究[J]. 食品研究与开发，2016(20)：198-201.

广大消费者对于农产品质量安全的关注度虽然较高，但认知水平却较低。① 范敏（2016）认为，当前在食品安全风险交流的公众辩论过程中，存在"把交流目的变成压制对手而非与公众沟通"这样的错误倾向，同时，交流往往忽视了德性、善意这样的基本理念。② 庞祯敬（2020）认为，客观知识对转基因技术风险沟通不具有显著直接效应，而主观知识可精准地替代客观知识，对转基因技术风险感知有显著预测作用，因此，当前阶段转基因技术科普的核心是知识合法性的优先确立。③

（2）媒体议程对风险传播的误导影响。这一研究主要集中在新闻和传播学领域，并体现在以下几方面：第一，媒体在食品安全风险交流中的作用。王宇、孙鹿童（2016）通过对"福喜问题肉"的报道进行分析后发现，媒体是风险意识的核心，因此食品安全报道在很大程度上影响着社会公众对于食品安全风险的解读和反应。④ 廖志坤（2013）认为，大众媒介通过报道框架的选取建构了风险以及风险的社会意义，而受众正是基于媒介报道的异质性框架，才呈现出了不同的解读模式。⑤ 第二，传统媒体在食品安全风险交流中存在的问题。冯强、石义彬（2016）认为，媒体在食品安全问题报道中存在"结构性失衡"，表现在预防性报道和治理性报道之间的失衡、间接性议题来源和直接性议题来源之间的失衡。⑥ 邓利平、马一杏（2013）在对"老酸奶"事件的媒体报道进行分析后发现，媒体报道存在含糊事实、随意性强等不足。⑦ 郑欣（2013）研究发现，许多食品广告都存在夸

---

① 张星联，张慧媛. 消费者对农产品质量安全风险交流认知的地域差异化研究[J]. 中国食物与营养，2016（8）：40-45.

② 范敏. 修辞学视角下的食品安全风险交流——以方舟子崔永元转基因之争为例[J]. 国际新闻界，2016（6）：97-109.

③ 庞祯敬，蒋鼎汗. 客观知识的科技风险沟通作用真的失效了么——兼论转基因技术科普策略的选择[J]. 中国科技论坛，2020（12）：144-153.

④ 王宇，孙鹿童. 风险放大视野下的食品安全报道——以"福喜问题肉"报道为例[J]. 现代传播，2016（7）：38-42.

⑤ 廖志坤. 风险社会中的食品安全传播——以酒鬼酒塑化剂超标事件报道为例[J]. 新闻记者，2013（7）：44-48.

⑥ 冯强，石义彬. 结构性失衡：我国食品安全议题的消息来源与报道框架分析[J]. 现代传播，2016（5）：36-42.

⑦ 邓利平，马一杏. 老酸奶谣言中媒体呈现的反思[J]. 新闻界，2013（4）：26-29.

大其词、科技蛊惑与过分渲染的弊端，这些加深了消费者的食品安全危机意识。① 尹金凤、蔡骐(2014)认为，中国的食品安全媒体报道，在当前这一历史转型时期，存在着为利益集团代言、炒作个别事件、棒杀食品企业等错误的价值取向。② 第三，新媒体在食品安全风险交流中的作用和不足。韩蕃(2012)认为，新媒体能够与传统媒体互为补充，在促进风险交流、提高透明度和社会参与程度等方面发挥作用。③ 佘硕(2017)认为，新媒体的快速发展改变了食品安全风险信息的获取方式，但也会给食品安全信息传播带来挑战。④ 陈虹(2020)以自然灾害事件中的风险交流为例，认为社交媒体对于风险沟通具有跨空间、多层级、多主体等作用，可以在信息呈现上兼具工具性、情感性与价值性，能够既满足公众的信息需求又可以安抚其恐惧情绪，引导相关利益方合力应对风险治理与防范。⑤ 严三九(2011)认为新媒体存在易于削弱政府在风险事件中的舆论引导作用，易于加快风险爆发和传播速度，易于导致错误信息更大范围传播等问题。

3. 食品安全风险交流法律治理模式研究

目前，国内学界在食品安全风险交流治理模式上的探讨相对较少，但却具有巨大的启发作用。目前来看，其中一些篇名直接涉及关于食品安全风险交流治理特性或模式的文献，均不约而同地使用了"软"字。⑥ 这似乎意味着，当前学界在对风险交流治理模式进行研究时，都偏向于应当诉诸"软法"或者"软治理"的柔性模式。例如，沈岿(2015)认为，风险交流的制度化需求，不应该也不可能通过传统意义上具有法律渊源和法律效力的规范性文件来满足。也就是说，风险交流

---

① 郑欣. 舌尖上的广告：概念泛化、健康幻想及其传播伦理[J]. 中国地质大学学报(社会科学版)，2013(5)：77-83.

② 尹金凤，蔡骐. 中国食品安全传播的价值取向研究[J]. 江淮论坛，2014(3)：144-149.

③ 佘硕. 新媒体环境下的食品安全风险交流——理论探讨与实践研究[M]. 武汉：武汉大学出版社，2017：59-60.

④ 严三九. 全媒体时代我国媒介全景化生产格局探析[J]. 新闻记者，2011(4)：66-69.

⑤ 陈虹，潘玉. 社交媒体在自然灾害事件中的风险沟通——以飓风"厄玛"为例[J]. 当代传播，2020(3)：66-70.

⑥ 例如，主要有北京大学法学院沈岿教授2015年发表在《清华法学》第6期上的《风险交流的软法构建》，以及华中师范大学刘飞博士2014年发表在《学术研究》第11期上的《风险交流与食品安全软治理》。

不能通过法律、法规、规章等制定法和成文法规范来予以规制。但是，他也注意到，应当在"传统法律体系"下推动风险交流的规范性和制度化。① 刘飞(2014)认为，食品安全风险交流是食品安全软治理的制度性体现；硬治理不能解决食品安全问题，原因在于它易于形成并无法根除消费者对监管机构和科学社群的集体不信任。食品安全的硬治理模式只会使食品安全问题不断陷入"发生—报道—恐慌—治理—缓解—再发生"的恶性循环之中，因此，食品安全建设必须走软治理的道路。②

但是，孙颖(2016)认为，食品安全风险交流不是孤立的，而是一整套涉及政府监管体制、信息公开、信息获取、风险管理、风险评估、公众参与等在内的组织与程序化安排，是食品安全社会共治能否落实的关键因素与前提条件。因此，风险交流要求集中的监管体系、充分的信息公开、专业的风险评估、互动的交流机制、及时透明的管理程序，等等。③ 宋世勇(2017)认为，我国食品安全风险交流的重大不足是制度要素匮乏，法律责任不清。因此，这就意味着，食品安全风险交流治理不可能仅仅依赖不具有法律强制力的软法模式，而是要直接或间接、全部或部分地通过国家制定成文法来进行。

4. 我国食品安全风险交流治理完善的对策研究

针对我国食品安全风险交流实践中存在的上述问题，学界在如何完善方面也进行了大量的研究，并主要提出了如下的建议：

(1)加强与风险交流相关的制度性建设——从政府的角度。制度性建设对食品安全风险交流具有重大意义。钟凯(2012)认为，要想改善我国食品安全风险交流工作，从政府角度而言必须加强风险交流制度建设，建立覆盖风险交流的全套制度与机制，为日常风险信息交流、突发事件处理和回应热点关切提供制度保障。④ 李强(2012)认为，应当通过制度性手段确立食品安全风险交流的目标、策

---

① 沈岿. 风险交流的软法构建[J]. 清华法学，2015(6)：45-61.
② 刘飞. 风险交流与食品安全软治理[J]. 学术研究，2014(11)：60-65.
③ 孙颖. 社会共治视角下提高食品安全风险交流的制度建设[J]. 中国市场监管研究，2016(4)：50-54.
④ 钟凯. 中国食品安全风险交流的现状、问题、挑战与对策[J]. 中国食品卫生杂志，2012(6)：578-586.

略和流程。① 在具体内容上，国内学界主要从以下几个方面进行了关注：

①有关信息的制度建设。首先，政府应当通过各种制度性手段积极获取食品安全风险信息。戚建刚（2011）认为，食品生产和经营者具有信息优势，并且有集体沉默策略，必须予以打破。② 金自宁（2010）认为，在政府信息获取难度颇大的情况下，可以通过制度性手段鼓励和引导企业主动披露相关风险信息。③ 其次，政府在获取信息后，应当及时有效地公开信息，以促进公众了解与交流。孙颖（2016）认为，应尽快制定《信息公开法》，重构风险交流的法律基础。④ 戚建刚（2013）认为应当实行多中心的风险信息公开立法模式，制定与发布统一完整的风险信息标准，并定期评估和更新。⑤ 罗云波（2015）认为，我国急需构建高效的信息采集、分析、研判、发布及服务机制和食品安全风险预警防范体系，确保食品安全风险交流信息渠道畅通。⑥ 孔繁华（2010）认为，我国应当设立食品安全信息统一公布制度、构建纵横交错的食品信息公布网络、明确主动公开的食品安全信息内容。⑦ 最后，有些学者考虑到了食品安全风险信息公开的一些负面效应并提出了相应的解决方式，例如，杨建顺（2014）认为，食品安全相关信息的公开可能会涉及对企业知识产权和当事人隐私的泄露，必须通过建设和完善公平有效的利益均衡机制、及时准确的信息发布机制、客观公正的媒体报道机制来予以解决。⑧ 曾娜（2014）认为，向公众发布食品安全风险信息是一个重要的规制工具，

---

① 李强. 食品安全风险交流工作进展及对策[J]. 食品与发酵工业，2012(2)：147-150.

② 戚建刚. 向权力说真相：食品安全风险规制中的信息工具之运用[J]. 江淮论坛，2011(5)：115-124.

③ 金自宁. 作为风险规制工具的信息交流：以环境行政中 TRI 为例[J]. 中外法学，2010(3)：380-393.

④ 孙颖. 社会共治视角下提高食品安全风险交流的制度建设[J]. 中国市场监管研究，2016(4)：50-54.

⑤ 戚建刚. 论基于风险评估的食品安全风险行政调查[J]. 法学家，2013(5)：55-69.

⑥ 罗云波. 食品质量安全风险交流与社会共治格局构建路径分析[J]. 农产品质量与安全，2015(4)：3-7.

⑦ 孔繁华. 我国食品安全信息公布制度研究[J]. 华南师范大学学报(社会科学版)，2010(3)：5-11.

⑧ 杨建顺. 论食品安全风险交流与生产经营者合法规范运营[J]. 法学家，2014(1)：43-55.

但信息工具也有滥用的风险，应当通过行政内部和外部措施来予以控制。[1]

②有关信任体系的建设。国内学者针对我国食品安全风险管理中影响主体间信任关系的社会因素进行了量化分析，并试图通过这些分析来有针对性地推动我国食品安全风险交流中的信任体系建设。例如，刘媛媛等人(2014)通过对三聚氰胺事件进行研究后发现，政府信任变量(trustgov)和消费者的奶粉购买数量的恢复程度之间呈现紧密的正相关倾向；同时，消费者对三聚氰胺奶粉事件的最早了解渠道和消费者所居住的地区两者对政府信任变量又影响显著；除去年龄因素之外，消费者受教育程度、收入水平、性别、居住城市等变量对消费者的政府信任未发现有显著影响；家中是否有6岁以下的儿童和对政府的信任变量之间呈正相关性。[2] 吴元元(2016)认为，从制度因应的针对性来看，必须改善监管主体的执法信息基础、改进政府从事危机交流的方法、构筑科学社群的平衡约束机制、建立面向消费者的认知教育制度，如此方能重塑共治模式的信任纽带。[3]

③其他方面的制度建设。除了信息制度建设和信任体系建设以外，学界还针对食品安全风险交流中其他一些类型的制度性建设提出了意见。例如，宋华琳(2011)认为，应探索专家咨询制度，以适应我国食品安全风险规制的需求。[4] 王贵松(2013)认为，政府应建立食品安全风险公告制度。[5] 杜健勋(2016)针对邻避风险的规制，提出了应当建立基本制度和操作性制度，[6] 尽管该建议并非专门针对食品安全风险交流而提出，但也具有一定的借鉴意义。

(2)加强对风险交流公众参与的引导——从社会的角度。食品安全风险交流离不开公众的有效参与，而公众的有效参与又离不开公众素养的提高和对公众参与机制的保障。在公众素养的提高方面，钟凯(2012)认为，应当加强基础科学知

①　曾娜. 食品安全监管中的信息工具研究[J]. 学术探索，2014(3)：116-120.

②　刘媛媛，曾寅初. 风险沟通、政府信息信任与消费者购买恢复——基于三聚氰胺事件消费者调查[J]. 北京社会科学，2014(3)：52-62.

③　吴元元. 食品安全共治中的信任断裂与制度因应[J]. 现代法学，2016(4)：60-72.

④　宋华琳. 中国食品安全标准法律制度研究[J]. 公共行政评论，2011(2)：30-50.

⑤　王贵松. 食品安全风险公告的界限与责任[J]. 华东政法大学学报，2011(5)：28-38.

⑥　杜健勋. 交流与协商：邻避风险治理的规范性解释[J]. 法学评论，2016(1)：141-150.

识的宣传力度,多进行科普宣传和教育。① 应飞虎(2016)认为,应构建由政府主导、多主体参与、多层次的食品消费者教育制度体系。② 张明华(2016)认为,《食品安全法》在规定公众获取食品安全信息、监督评估、检举举报等参与方式的基础上,应当就监督权利、实现路径、时效程序等相关要求作出明确规定,让民众参与真正落地生根。③ 曹海军(2021)认为,应当通过对公众惯习再生产机制的塑造,来实现风险交流对风险防控行动的重要引导作用。④

(3)加强对媒体风险传播工作的引导——从媒体的角度。鉴于媒体在食品安全风险交流中的重要作用,钟凯(2012)认为,应当尽快培育"懂行"的记者队伍,提高媒体工作的专业化水平;同时,还要加强对媒体从业人员的职业道德和纪律性约束。⑤ 罗云波(2015)认为,应当增强媒体和政府、媒体和科学家之间的风险互动。⑥ 张星联、张慧媛(2016)认为,要加强对舆论的正确引导,重视并发挥舆论的正确性导向作用。同时,还应该有意识地去培养一些具有正确的价值观与丰富的专业知识的意见领袖。⑦

三、文献综述总结

综上所述,我们可以看到,风险交流作为现代日益凸显的一种社会新象,正在最近的半个世纪左右,成为国内外学术界十分关注的共同话题。从国外文献来看,他们的研究起步早、跨度大、领域广。早期的研究比较重视基础性理论,强

---

① 钟凯.中国食品安全风险交流的现状、问题、挑战与对策[J].中国食品卫生杂志,2012(6):578-586.

② 应飞虎.我国食品消费者教育制度的构建[J].现代法学,2016(4):36-48.

③ 张明华.食品安全风险交流:食缘关系良性运行的机制保障[J].学术论坛,2016(2):75-79.

④ 曹海军,薛喆.惯习再生产:风险沟通如何促成风险防控型集体行动[J].新视野,2021(3):45-52.

⑤ 钟凯.中国食品安全风险交流的现状、问题、挑战与对策[J].中国食品卫生杂志,2012(6):578-586.

⑥ 罗云波.食品质量安全风险交流与社会共治格局构建路径分析[J].农产品质量与安全,2015(4):3-7.

⑦ 张星联,张慧媛.消费者对农产品质量安全风险交流认知的地域差异化研究[J].中国食物与营养,2016(8):40-45.

调对学理体系的建构；后期的研究则更加注重实证，开始强调对风险交流的技术性环节治理。总体而言，国外研究在一定程度上形成了较清晰的学术脉络体系，具有一定的整体性、系统性和传承性，但美中不足的是，在对于不同理论的相互吸收与整合上，尚需进一步提高。从国内文献来看，当前对风险交流的研究主要集中在环境保护和食品安全这两个重灾区。但是，相对于环保领域风险交流的"危机-事件型特征"（即风险交流主要发生在邻避风险中的预防性环境群体事件以及重大环境污染事件中），食品安全风险交流则体现出更多的日常性、广泛性、立体性和复杂性等因素，并因此开始逐渐受到学术界更多的关注。

总的来说，当前国内学界对食品安全风险交流的研究已经日趋深化，并逐渐吸引了包括食品科学、传播学、社会学、管理学和法学等在内的一大批有相当知名度和影响力的学者来开疆拓土。经过二十多年的努力，学者们立足国情，从我国食品安全法治化道路的现实出发，对加强我国食品安全风险交流建设的必要性、我国公众食品安全风险感知及影响因素、我国当前食品安全风险交流的现状与问题、我国食品安全风险交流改革与完善的举措等许多方面进行了丰富而卓有成效的讨论，为我国食品安全风险交流实践作出了重要的理论性贡献，这是非常值得肯定的。但是，综合来看，当前的讨论仍有进一步深化拓展的必要，表现在：

（1）研究视角偏单一和同质化。学界当前主要注重从政府、公众和媒体的主体性分类角度来构思如何对食品安全风险交流治理进行完善。但是，食品安全风险交流治理是一个系统性工程，除了需要从主体的角度进行继续思考外，还需要考虑其他的一些维度，例如程序、责任，等等。

（2）理论探讨仍有深化的必要。例如，食品安全风险交流相对于一般的风险交流是否存在差异性？食品安全风险是否具有不同质性，是否可类型化，并是否可就此构建不同类型的食品安全风险交流法律治理模式？针对这些问题，理论研究还有进一步深化的可能。

（3）系统性研究尚需提升。当前围绕我国食品安全风险交流治理展开的研究，大多是问题-对策型研究，少有文献能够在整合现有理论研究成果的基础上对食品安全风险交流治理体系进行系统化构造与完善的。这非常不利于我国食品安全风险交流实践活动的开展。食品安全风险交流治理在制度建设中究竟应该包括哪些要素，要素之间应该如何关联，在要素整合的基础上应该如何进行体系化建构？对于这些问题的探讨仍有进一步深化的必要。

第三节　研究思路及研究方法

一、研究思路

首先，本书的主要研究目的是为我国食品安全风险交流法律治理的建设和完善提供理论支撑和实践指导。因此，要实现这个目的，必须首先汲取现代社会科学理论的宝贵资源，为针对这一问题的研究构建扎实的理论基础。

其次，接下来需要研究的是，食品安全风险交流法律治理有着怎样的历史产生背景和制度构成要素？一方面，要回应我国食品安全风险交流法律治理的时代命运，阐明其赖以产生的时代背景；另一方面，要在此基础上进一步研究，作为必备一定结构安排和合理内容的"制度体系"，它究竟应当包含哪些具体构成要素？

再次，要对上述研究中阐明的构成要素加以系统整合，从理论上建构我国食品安全风险交流法律治理的框架体系，并以此来进一步指导我国食品安全风险交流的法治完善。

复次，要对国内外的食品安全风险交流治理实践展开研究。一方面，要对我国食品安全风险交流的法治需求和法治供给进行现状分析，以发现存在的现实性问题；另一方面，要通过对一些国际组织和发达地区的食品安全风险交流规范文本和实践做法进行考察，从中凝练经验借鉴。

最后，在上述研究的基础上，对我国食品安全风险交流法律治理体系的建设和完善提出一些具体建议（具体可见图1-1）。

二、研究方法

（1）文献研究法。通过广泛收集国内外食品安全管理、风险治理、风险交流等相关文献，系统梳理食品安全风险交流的治理理论研究，并以此为指导，研究我国食品安全风险交流法律治理的目标、原则、模式、内容等。

（2）规范分析法。利用规范分析法研究国内外有关食品安全风险交流治理的法律、法规；整理与本书研究有关的全国人大立法说明、法律草案审议修改报

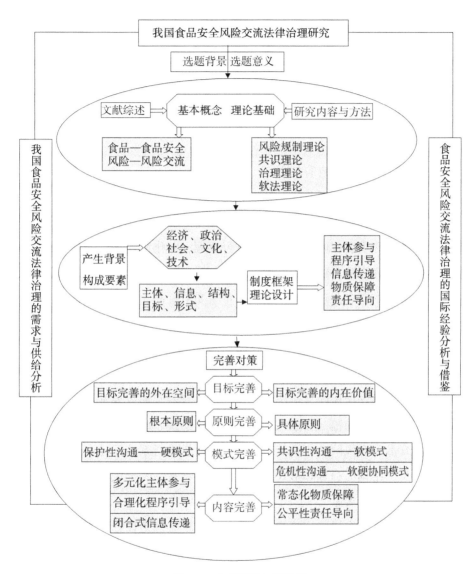

图 1-1　本书逻辑与思路图

告、有关法律执法检查情况报告等立法资料，在其中发现问题、分析问题。

（3）案例研究法。结合国内有关食品安全风险交流方面的案例进行研究，分析我国食品安全风险交流法律治理在实践运行中存在的一些问题。

（4）比较研究法。通过对国外食品安全风险交流治理的相关法律、法规或其他规范性文件进行比较分析，以对国内食品安全风险交流的法律治理完善进行借鉴。

第四节　研究内容及创新之处

一、研究内容

本书共分八章，主要内容如下：

第一章：绪论。这一章首先对我国食品安全风险交流法律治理的研究背景、研究意义进行分析；其次，对有关风险交流、食品安全风险交流、我国食品安全风险交流的治理等重要国内外研究文献进行梳理，并作简要评价；最后，对本书的研究框架、研究方法，创新点进行简述。

第二章：基本概念及理论基础。这一章主要对食品、食品安全、风险、风险交流等本书的核心概念进行界定；同时，本章还从政治学、管理学和法学等学科领域出发，借用风险规制理论、共识理论、治理理论、软法理论等当代社会科学研究的重要理论成果，构建食品安全风险交流法律治理的理论基础。

第三章：食品安全风险交流法律治理的产生背景及形成要素。这一章是本书进行理论研究的重要前提。在这一章中，首先从经济、政治、社会、文化和技术五个方面对食品安全风险交流及其治理的产生背景进行系统阐述；同时，本章还从主体、信息、结构、目标和形式五个方面来总结食品安全风险交流法律治理应当具备的系统性形成要素。

第四章：食品安全风险交流法律治理的制度框架理论设计。这一章是本书理论研究的核心。本章主要从主体参与、程序引导、信息传递、物质保障、责任导向五个方面论述食品安全风险交流法律治理的体系化制度构建。本章实际上是为食品安全风险交流法律治理的制度内容构成设计一个理论框架，同时也为后文研究我国食品安全风险交流法律治理的制度完善提供理论指导和支撑。

第五章：我国食品安全风险交流法律治理的需求与供给。这一章是本书"问题意识"的反映。在这一章中，首先，以食品生产经营者和消费者为例来分析市场主体对我国食品安全风险交流法律治理的需求状况；同时，又以立法环节、执法环节、司法环节为对象，分析我国食品安全风险交流法律治理的供给和运行状况。结合这两者，我们可以分析出我国食品安全风险交流法律治理在供需两端上的失衡之处，并找出我国应予完善的方向。

第六章：食品安全风险交流法律治理的国际经验分析与借鉴。这一章是本书对域外经验的探讨。本章主要以 FAO/WHO 颁布的《食品安全风险分析——国家食品安全管理机构应用指南》《食品安全风险交流手册》、WHO 颁布的《疾病暴发沟通指南》等为文本进行分析，同时也对美国 FDA 的《风险交流战略计划》和EFSA 的《食品安全风险评估交流指南》进行分析。通过本章的研究，一方面可以对域外食品安全风险交流治理规则进行归纳，另一方面也可凝练经验，以为我用。

第七章：我国食品安全风险交流法律治理完善的对策与建议。这一章是本书应用价值的体现。本章主要从明确基于"话语共识"的我国食品安全风险交流法治目标、强调"以保障人类生命与健康"为核心的我国食品安全风险交流法治原则、构建我国差异化食品安全风险交流法治模式和构造与完善我国食品安全风险交流制度内容体系四个部分着手，即依次从目标、原则、模式和内容四个方面对我国食品安全风险交流法律治理的完善提出对策和建议。

第八章：结论与展望。这一章主要是对本报告的最终结论进行梳理和总结，同时对未来需要继续深入研究的地方予以展望。

二、创新之处

本书可能的创新之处主要体现在以下两个方面：

（1）从理论上来说，首次尝试在借鉴与整合学界既有研究成果的基础上，从整体性、协同性、结构性、系统性的角度对食品安全风险交流法律治理的产生背景、形成要素、理论框架进行一定的分析与讨论。具体包括三点：①提出了食品安全风险交流法律治理的产生具有近时性特征，并论述了其背后所隐含的时代背景。②提出了食品安全风险交流法律治理在构建的过程中，应当综合考量包括主体、信息、结构、目标、形式等在内的一系列形成要素，并对它们进行了较具体的分析。③提出了食品安全风险交流法律治理的制度框架理论建构设想，认为它应当包括主体参与、程序引导、信息传递、物质保障和责任导向五个主要部分。

（2）从实践上来说，首次尝试在进行理论分析与建构的基础上，对我国食品安全风险交流的法律治理从目标、原则、模式和内容上进行相应的完善研究。具体包括四点：①从哈贝马斯的交往理性理论出发，提出我国的食品安全风险交流应当明确基于"话语共识"的法治核心目标。②从人权保障的基本理念出发，提出我国食品安全风险交流应当树立以"保障公众生命与健康"为核心的法治基本原则。③从软法与硬法的二元理论划分出发，提出我国食品安全风险交流应当针对不同类型的食品安全风险交流，构建具有相对差异性的法治实践模式。④提出我国食品安全风险交流法律治理，应当在制度内容构成体系上分别从多元化主体参与、合理化程序引导、闭合性信息传递、常态化物质保障、公平性责任导向五个方面予以构建和完善。

第二章 基本概念及理论基础

在社会科学的知识生产中，无论是基于归纳逻辑的质性研究，还是基于演绎逻辑的量化研究，概念都居于核心地位，扮演着对知识进行通约的角色。[①] 因此，本章将对本书的研究对象进行基本的概念界定，以避免研究过程中的混淆和误用；同时，本章还将对本书研究中所需运用的一些基本理论加以诠释，以为后文扎下坚实的理论根基。

第一节 基本概念

一、食品

尽管"食品"是一个日常概念，但要对其进行科学定义也并非易事。实际上，它的背后蕴含着丰富的物理学、经济学和文化学知识，需综合多种视角予以界定。

1. 食品的定义与分类

在我国古代典籍中，食品有专指"荤食"之义。例如，根据宋洪巽《旸谷漫录》："厨娘请食品、菜品资次，守书以示之，食品第一为羊头金，菜品第一为葱齑。"又如，宋陶谷《清异录·虚钉玲珑石镇羊》："游士藻为晋王记室，予过其居，知昨夜命客。问食品，曰：第一虚装玲珑石镇羊。"此两处所指食品似泛指荤食。而在现代汉语中，食品也有广义与狭义之分。广义的食品泛指一切可供食用

---

① 张海波. 风险灾害危机研究的概念体系[C]//童星，张海波. 风险灾害危机研究(第4辑). 北京：社会科学文献出版社，2017：6.

的物品，包括天然食品和加工食品。前者是指在大自然中生长的未经人类劳动改变其属性，但却可被直接食用的物品，如各种野菜、野生瓜果等；后者是指附加了人类劳动，经过一定的工艺进行加工生产，可被人类食用的产品。例如，根据《中华辞海》的解释，食品是指"可直接经口摄食的食物，包括可生食的和经加工后方可食用的食物。有时也泛指食物"。但是，狭义的食品则仅指加工食品。例如，根据在线《汉语大辞典》中的解释，食品是"商店出售的经过一定加工制作的食物"。

　　以上对食品的定义多来自建构于生活体验基础上的字典解释，那么，在我国所颁布的规范性法律文件中，食品又是怎样被界定的呢？具体可见表2-1。

表 2-1　　　　　　　　　　我国规范性法律文件中对"食品"的界定

实施时间	法律法规名称	对"食品"的界定
1994-12-1	国家标准 GB/T15901—1994《食品工业基本术语》第2.1条	可供人类食用或饮用的物质，包括加工食品、半成品和未加工食品，不包括烟草或只作药品用的物质
1995-10-30	《中华人民共和国食品卫生法》第五十四条	各种供人食用或者饮用的成品和原料以及按照传统既是食品又是药品的物品，但是不包括以治疗为目的物品
2009-6-1	《中华人民共和国食品安全法》第九十九条	各种供人食用或者饮用的成品和原料以及按照传统既是食品又是药品的物品，但是不包括以治疗为目的物品
2015-10-1	《中华人民共和国食品安全法》第一百五十条	各种供人食用或者饮用的成品和原料以及按照传统既是食品又是中药材的物品，但是不包括以治疗为目的物品

　　根据表2-1，我们可以看到，我国历年所颁布的规范性法律文件对食品的界定差别并不大，2009年版《食品安全法》甚至直接沿用了1995年《食品卫生法》的规定，而2015年版的《食品安全法》相关条文和前两者相比可以说也几乎只有一

字之差，即仅仅将前两部法律文件中的"药品"替换为"中药材"，但严格来说，这并没有什么实质性的变化。

在国外，根据美国联邦管理法规的规定，"食品通常是指消费者所消费的大数量作为食品的物质"，它"包括人类食品、从相关物质中迁移到食品中去的物质、宠物食品以及动物饲料"。[①] 国际食品法典委员会（CAC）颁布的《预包装食品标签通用标准》对"一般食品"的定义是："指供人类食用的，不论是加工的、半加工的或未加工的任何物质，包括饮料、胶姆糖，以及在食品制造、调制或处理过程中使用的任何物质，但不包括化妆品、烟草或只作药物用的物质。"

食品的种类繁多，依照不同的分类标准或判别依据，可以有不同的分类方法。GB/T7635.1—2002《全国主要产品分类和代码》将食品分为农林牧渔业产品，加工食品、饮料和烟草两大类。其中农林牧渔业产品分为种植业产品、活的动物和动物产品、鱼和其他渔业产品三大类；加工食品、饮料和烟草分为肉、水产品、水果、蔬菜、油脂等类加工品；乳制品；谷物碾磨加工品、淀粉和淀粉制品，豆制品，其他食品和食品添加剂，加工饲料和饲料添加剂；饮料；烟草制品五大类。[②]

原国家质检总局于 2008 年发布了《28 类产品类别及申证单元标注方法》，将要求申领食品生产许可证企业所生产的食品分为 28 类，分别为：粮食加工品，食用油、油脂及其制品，调味品，肉制品，乳制品，饮料，方便食品，饼干，罐头食品，冷冻食品，速冻食品，薯类和膨化食品，糖果制品，茶叶及相关制品，酒类，蔬菜制品，水果制品炒货，食品及坚果制品，蛋制品，可可及烘焙咖啡产品，食糖，水产制品，淀粉及淀粉制品，糕点，豆制品，蜂产品，特殊膳食食品，其他食品。

另外，原国家卫生部于 2011 年还曾经颁布《GB2760—2011 食品安全国家标准食品添加剂使用标准》，其中对食品的分类也可以作为一种参考。这个标准将食品分成乳与乳制品，脂肪、油和乳化脂肪制品，冷冻饮品，水果、蔬菜（包括

---

① 河北省出入境检验检疫局. 美国 FDA 对食品的定义［EB/OL］.（2012-06-27）［2017-08-07］. http：//www.heciq./hbjyjy/s319/201206/9759.shtml.

② 吴林海，徐玲玲，尹世久，等. 中国食品安全发展报告 2015［M］. 北京：北京大学出版社，2015：5.

块根类)、豆类、食用菌、藻类、坚果以及籽类,可可制品、巧克力和巧克力制品(包括类巧克力和代巧克力)以及糖果,粮食和粮食制品,焙烤食品,肉及肉制品,水产品及其制品,蛋及蛋制品,甜味料,调味品,特殊膳食食用食品,饮料类,酒类,其他类共十六大类食品。

综上可见,无论国内国外,在规范性文件中界定"食品"时,一般而言,均沿用了食品的广义概念。但是,这里必须指明两点:一是关于食品是否包括动物饲料的问题。根据前文美国联邦管理法规的有关规定,食品包括"宠物食品和动物饲料";另外,在我国 2002 年颁布的《GB/T7635.1—2002 全国主要产品分类和代码》中,"加工食品"也包含了"加工饲料和饲料添加剂"。但是,根据我国《食品安全法》、国际食品法典委员会所作的相关定义,以及国内其他有关食品的分类标准,"宠物食品""动物饲料"均不包含在食品范畴之类。这就导致了食品概念在内涵和外延上的第一个冲突。二是关于食品是否包括烟草及烟草制品的问题。按照我国 2002 年颁布的《GB/T7635.1—2002 全国主要产品分类和代码》,烟草也属于食品的一部分,但是,按照我国 1994 年颁布的《食品工业基本术语》和国际食品法典委员会(CAC)颁布的《预包装食品标签通用标准》的规则,烟草被明确排除在了食品之外。这就导致了食品概念在内涵和外延上的第二个冲突。鉴于《食品安全法》在国家食品安全管理法律体系中的特别法地位,本书在使用"食品"这一概念时,主要沿用该法的解释,即"供人类食用或者饮用的成品和原料"。因此,它不包含动物饲料,但可包含烟草及烟草制品。

2. 农产品与食用农产品

既然食品是指"各种可供人食用或者饮用的成品和原料",这无疑意味着,初级可食用农产品也应被涵盖其内。然而,我国目前在《食品安全法》以外,还有一部于 2006 年颁布的《中华人民共和国农产品质量安全法》(以下简称《农产品质量安全法》)。可食用农产品恰在两者共同涵盖范围之内。因此,必须界定"食品"和"可食用农产品"之间的关系问题。

按照我国《农产品质量安全法》中对农产品的定义,它是指"来源于农业的初级产品,即在农业中获得的植物、动物、微生物及其产品"。应该说,"农业"这一概念本身也比较复杂。按照《中华辞海》的解释,农业是指"栽培农作物和饲养牲畜的生产事业"。事实上,农业本身也有广义和狭义之分,广义上的农业包含了种植业、林业、畜牧业、副业和渔业；狭义上的农业则仅指种植业。受到农业定义的这一影响，农产品在界定时同样产生了广义和狭义之分，狭义的农产品仅指经种植业产生的"栽培物"，而广义的则包括所有"农林牧副渔"产品。我国作为一个以农耕文明为传统的国家，数千年来一直以种植业为主，种植品种包括粮食作物、经济作物、饲料作物，等等，并通常可用"十二个字"即粮、棉、油、麻、丝(桑)、茶、糖、菜、烟、果、药、杂来涵盖，其中，粮食作物的栽培和种植尤其占主要地位。

由于农产品既是食品同时也是许多工业品的重要来源，因此我们通常也可将农产品分为食用农产品和非食用农产品两大类。根据2005年4月我国商务部、财政部、国家税务总局所联合发布的《关于开展农产品连锁经营试点的通知》(商建发〔2005〕1号)附件中对"食用农产品范围"的注释，所谓食用农产品是指"可供食用的各种植物、畜牧、渔业产品及其初级加工产品"。

农产品与食品间的关系看似简单，实则复杂，在不同的国家或者国际条约中，此二者之间的涵盖关系有时是互相颠倒的。例如，虽然绝大多数国家把农产品作为食品的重要原料和组成部分包括在食品中，但是，在早期1986年启动的关税与贸易总协定乌拉圭回合谈判中，其农产品协议对农产品范围的界定却是包括食品。在我国，由于按照《农产品质量安全法》的规定，对农产品进行质量安全监督管理的主要是农业执法部门，而按照2009年《食品安全法》的规定，对食品安全进行监管的部门主要有质检、工商和食药监等多个部门，这就导致针对"在市场上直接流通的食用农产品"进行监管时，各部门存在究竟是应该按照《农产品质量安全法》的规定由农业行政部门来监管，还是按照《食品安全法》的规定，由工商部门来监管的争议。为解决这一问题，2015年《食品安全法》在修订时，在第二条第二款中补充规定了"食用农产品的市场销售……应当遵守本法的规定"。通过这一补充规定，食品和食用农产品在销售环节的安全监管上得到了一定程度的统一。

综上，就"食品安全"而言，"食品"与"农产品"在"食用农产品"环节上存在交叉。鉴于2015年修订后的《食品安全法》有关规定，本书在讨论食品安全风险交流时所指称的"食品"，也应包括直接进入市场销售环节的"食用农产品"。

二、食品安全

"安全"一词，按照《中华辞海》的解释，是指"没有危险、不受威胁、不出事故"。按照马斯洛的需求层次理论，安全是仅次于生理的人类基本需求。美国法学家博登海默认为，尽管"安全在法律秩序中的作用之一是具有从属性和派生性"，但是，"人民的安全乃是至高无上的法律"，"法律必须践履一种重要的安全功能，以确保今天所赋予的权利不会在明天被剥夺掉"。① 因此，对于人类安全的维护必须成为法律和制度所追求的价值目标之一。

食品安全是人类对安全进行追求的一个重要方面，是关系到一个国家和民族生死存亡、长治久安、社会稳定的头等大事。长期以来，人们对食品安全的关注和理解是随着科学技术的逐渐进步、生活方式的不断变化以及社会发展的不同程度而步步深入的。因此，对食品安全的内涵界定往往也带有较强烈的时代气息。

从国际上来看，"食品安全"这一概念的变化主要可划分为两个阶段，一是食品的数量安全阶段，即强调 food security 的阶段；二是食品的质量安全阶段，即强调 food safety 的阶段。例如，在 1975 年由世界粮农组织（FAO）发表的《1974年粮食和农业状态》（*The State of Food and Agriculture* 1974）的研究报告中，一共出现了 18 次"food security"字样，但这里的"security"是强调人类不存在粮食短缺或匮乏的风险。在 1978 年 5 月 24 日第三十一次世界卫生大会第十三次全体会议上，世界卫生组织（WHO）在 WHA31.49 号关于食品卫生（food hygiene）的决议中，提到了"同意所建议的世界卫生组织食品安全规划的政策和方向（Agreeing with the policy and orientation of the WHO food safety programme as proposed）"，这似乎是 WHO 在官方决议和文件中较早使用"food safety"来指称"食品安全"的体现。紧接着，在 1984 年，WHO 又发表了《食品安全在卫生和发展中的作用》（*The Role of Food Safety in Health and Development*），其中，明确指出食品安全是指"生产、加工、储存、分配和制作食品过程中确保食品安全可靠，有益于健康并且适合人消费的种种必要条件和措施"。但需要强调的是，该报告同时指出这一定义也适

---

① E·博登海默. 法理学——法律哲学与法律方法［M］. 邓正来，译. 北京：中国政法大学出版社，1999：293.

用于"食品卫生"。①　1996 年，WHO 在《加强国家级食品安全性计划指南》（*Guidelines for Strengthening a National Food Safety Programme*）一书中，将食品安全重新定义为"不至对消费者产生任何化学的、生物的或其他任何形式的危害，并具备应当有的营养成分"。并同时强调消费者保护和阻止食源性疾病传播是食品安全计划两个必不可少的组成部分。②　2003 年，联合国粮农组织和世界卫生组织（FAO/WHO）又联合发表了《确保食品安全和质量：加强国家食品控制体系指引》（*Assuring Food Safety and Quality*：*Guidelines for Strengthening National Food Control Systems*），并在该报告 3.1 部分对"食品安全""食品质量"以及两者之间的区别进行了界定。其中指出，食品安全是"所有那些可能对消费者健康造成食源性的危害，无论是慢性的还是急性的"，并特别强调这是"不容置疑的"；食品质量是"其他有可能影响消费者对产品价值认可的因素，例如，它可能受到食品的一些诸如腐烂、脏乱、变色、变味等消极因素的制约，也可能受到来自产地、色泽、味道、质地和加工方式等积极因素的影响"。这种对安全和质量的区分会影响公共政策，同时也会对一个国家决定自己食品控制体系的内容和属性，以匹配于国家的既定目标产生影响。③

　　在我国，早期的学者在研究"食品安全"时，有时是指食品的数量安全，即 food security，但有时又指食品的质量安全，即 food safety。例如，在 1998 年，两篇分别发表在《经济改革与发展》和《计划与市场》上的《我国的粮食自给政策和食品安全》《美国农业政策调整与我国食品安全策略》的文章中，作者均将"食品安全"直接等同于"粮食安全"。但是，随着我国人民群众生活水平的逐步提高，同时，也随着粮食安全危机的缓解和食品安全危机的积聚，越来越多的学者开始关注强调食品质量安全的"食品安全"，并逐渐将其与"粮食安全"区分开来。根据 CNKI 可以检索到的文献，20 世纪 80 年代，我国曾经出现过一些研究"安全食

①　世界卫生组织. 食品安全在卫生和发展中的作用[M]. 牛胜田，译. 北京：人民卫生出版社，1986：1.

②　World Health Organization. Guidelines for strengthening a national food safety programme [EB/OL]. （1997-12-11）[2023-10-23]. https://iris.who.int/handle/10665l/63592.

③　FAO/WHO. Assuring food safety and quality：Guidelines for strengthening national food control systems[M]. Joint FAO/WHO Publication，2003：3.

品"的文献，并曾经召开过一些以"食品安全"为主题的研讨会。① 而我国最早在篇名中出现"食品安全"字样的文献大概是 1988 年发表在《食品与发酵工业》第 3 期上的一篇名为《霉菌毒素——IFT 食品安全和营养专家组的科学总结》的论文；最早给"食品安全"作出了一些阐释的文献是 1996 年 4 月 15 日发表在《上海商业》上的一篇名为《论食品安全质量保障体系》的论文，文中提出食品安全就是要求食品"具有色香味的特色，有丰富的营养价值，而且无毒、无害、安全、卫生"。可见，在 20 世纪八九十年代时，许多学者对"食品安全"这一概念的使用是较混乱的。不过，自进入 2003 年以后，这一情况有所改善，此后国内关于食品安全的研究文献开始爆发式增长，并一直持续至今。自此以后，学界在使用"食品安全"这一术语时，基本上专指食品的质量安全。

在立法实践上，1995 年施行的《中华人民共和国食品卫生法》第六条规定："食品应当无毒、无害，符合应当有的营养要求，具有相应的色、香、味等感官性状。"考虑到如前文所述，早期 WHO 曾经在官方文件中将"食品安全"和"食品卫生"等同，因此，此处《食品卫生法》第六条的规定，大致可以解释成我国法律文件中最早对"食品安全"所作的界定。2009 年《食品安全法》第九十九条正式明确地规定了"食品安全"的定义，认为它是指"食品无毒无害、符合应当有的营养要求，对人体健康不造成任何急性、亚急性或者慢性危害"。2015 年修订后的《食品安全法》在第一百五十条完全沿用了此定义。不难看出，我国《食品安全法》对食品安全的定义，基本上是对上述 1996 年和 2003 年 FAO/WHO 官方文件的参照。

综上所述，"食品安全"是一个集聚"标准性、动态性、政治性、社会性、国际性"于一身的复杂概念。第一，自 20 世纪 80 年代开始，国际组织和包括我国在内的许多主权国家颁布了以"食品安全"为治理对象的规范和法律，以替代过去以卫生、质量等为内容的文件，这说明食品安全具有法律标准的内在要求。第

---

① 以"安全食品"为主题的文献主要从 1993 年开始增多，并多是研究出口食品的，例如仅 1993 年 12 月 27 日的《现代商检科技》分别刊登了《出口安全食品工程的研究》《出口花生仁安全食品的研究》《出口安全食品中的快速检测法》三篇文章。会议方面，主要有 1989 年 12 月 5 日至 9 日由 WHO 倡导并赞助的，由卫生部委托上海市食检所主办并在上海市卫生培训中心举行的"上海贝类食品安全研讨会"。

二，从早期强调食品数量安全，到后来强调食品卫生、食品营养和质量安全，这说明食品安全概念有着动态性特征。并且，即使在全球已经对"食品安全"的含义基本达成共识的今天，对于何谓"无毒无害"也仍可能会随着时代的发展而产生许多不同的理解。第三，无论是发展中国家，还是发达国家，对食品安全的承诺都是政府对民众应尽的义务，它具有政治性责任。第四，当前食品安全的成因和危害是一个复杂社会系统在结构功能和运行过程中所遭遇的突出性问题，涉及一个国家社会整体的稳定与发展。第五，由于经济全球化的影响，食品安全已经从一个国内问题演变为一个国际性问题，它需要世界各国的沟通与合作才能从根本上得到真正解决。因此，尽管我国《食品安全法》已经明确了食品安全的含义，但是本书在研究过程中仍然会以更加开放和前瞻的视野来综合考虑这些复杂的因素。

三、食品安全风险

1. 风险的界定

"风险"在我国是一个舶来词。① 在我国古代典籍中，并没有"风险"这个词组。根据《说文解字》的解释，"风，八风也""险，阻难也"。所谓八风，即来自四面八方的风，常有瞬息万变、捉摸不定之意，而所谓阻难，则常有艰辛阻隔、障碍困难之意。根据《现代汉语词典》的解释，风险是指可能发生的危险；而危险，则指艰危险恶，不安全，有可能会导致失败或灾难；有时也指处于险恶、险要之地。按照《辞海》的解释，风险，是指人们在生产建设和日常生活中遭受能导致人身伤害、财产损失及其他经济损失的自然灾害、意外事故和其他不测事件的可能性。总之可见，在现代汉语中，风险通常是指不可确定的危险。

在西方，"风险"一词最早出现于欧洲中世纪的文献中。吉登斯认为，"风险"一词可能来自西班牙语"risco"（意为"岩石"），其含义有三种：一是暗礁（reef）或礁石（rock）；二是危险、冒险；三是危险率、保险金。结合"风险"出现的时间、地域以及其词源含义，我们大致可以推断，早期人们对风险的最直观感受很有可能是源自公元14世纪左右地中海沿岸一带的海上贸易运输。当时，地

---

① 岳红强. 风险社会视域下危险责任制度研究［M］. 北京：法律出版社，2016：28.

中海东岸是东西方贸易的中转站，亚洲的瓷器、香料、丝绸等物品由阿拉伯人经印度洋、红海运到埃及，或经波斯湾运到黑海或地中海东岸，然后再由意大利的威尼斯人和热那亚人转销到欧洲各地。在这个过程中，地中海沿岸一带的商人通过海上贸易可以牟取巨大的利润。但是，海上贸易运输即使对于今天这样一个科技发达的时代来说也非易事，何遑当时。飓风、海浪、礁石、各种意想不到的恶劣天气，都使得海上贸易隐藏着极大的不安全。因此，在这种情况下，对"风险"的感知就出现了。商人们认识道："那些海洋之中或隐或现的'礁石'是'危险的'，海上货物运输也是'冒险的'工作，因此，需要去分担一些风险（购买'保险金'）。"如此，对"风险"的理解就完全地体现在了西班牙语"risco"的三层含义之中了。

随着时代的发展，风险的含义及其应用也发生了变化。在18世纪和19世纪，实现了早期现代化的欧洲国家试图有效控制人口，以应对大规模城市化和工业化所带来的社会动荡。概率和统计科学在这个阶段适时而生，以通过理性的计数和排序来治理社会的紊乱。[1] 因此，"风险"开始被科学化了，它被认为是"系统性造成的、可以从统计学角度予以描述的，并且可被预见的那些事件"。[2] 在这种意义上，风险被视为可以凭借概率理论来计算的客观实体（风险等于发生概率乘以损失程度）。[3] 例如，在流行病学和毒理学中，一些类似"生活方式和饮食习惯如何影响患病概率（如吸烟与癌症的关联）"，或者"某种新药物临床使用的治愈率"等这样的概率统计即被视为对风险的一种评估研究。因此，在这个阶段，风险，从纯粹技术意义上来说，与"不确定"是有区别的，因为它已经预设了"可能性是可以确定"这样的假设——"概率是可以统计并被计算的"。相比之下，"不确定"则是对无法确定"可能性"的一种描述。例如，这一时期的一些经济学家曾经指出，投资者的行为应属于受不确定性而非风险规律支配的范畴，因为支

---

① Hacking, I.. The taming of chance[M]. Cambridge：Cambridge University Press, 1990：181.

② Urich Beck. From industrial society to the risk society：Questions of survival, social structure and ecological environment[J]. Theory, Culture and Society, 1992(9)：99.

③ 詹斯·O.金，彼得·泰勒-顾柏.风险：一个跨学科研究领域[C]//彼得·泰勒-顾柏，张秀兰.社会科学中的风险研究.北京：中国劳动社会保障出版社，2010：19.

配投资者行为的"动物精神"在本性上是不以概率或风险分析为条件的。[1]

不过，自 20 世纪末期后，风险和不确定性之间的差别便逐渐消失了。20 世纪 80 年代，是一个哀悼的年代，1984 年的联合碳化物公司毒气泄漏事件、1986 年的挑战者号航天飞机失事、1986 年的切尔诺贝利核电站事故以及同样发生于 1986 年并肆虐欧洲 30 年的疯牛病事件，这些都给当时的社会带来了巨大的冲击。人们开始意识到，现代科技所造成的威胁和不确定性已经远远超出人们的想象，这些风险的性质和维度已经无法再通过概率来计算。一系列研究显示，管理制度在快速发展，它们试图控制住灾难，但却适得其反地扩大了灾难，因为复杂性反而带来了更多的不确定性。[2] 在许多领域，风险计算因不确定而不准确，有时不同的科学家对估算结果也会作出完全不同的解释。因此，在这个阶段，风险已经完全被视为一个人们无法掌控的"不确定性"了。

综上所述，作为一种复杂的社会和历史现象，"风险"一词的含义模糊而又丰富。由于风险的特性不同，因此很难有一个完全适合所有风险问题的定义，只能依据研究对象和性质的不同而采用具体性解释。[3] 总的来说，对风险的理解大致可以被划分为两个阶段，一是早期的传统社会或近代工业社会阶段，此时的风险主要意味着一种"灾害"或"危险"。尽管它也是一种"流动的可能性"，但却可以通过数理统计和分析来进行确定；二是现代社会阶段，此时的风险主要意味着一种"具有负面效应的不确定性"，它已经不能简单地依靠数理学来予以计算，是一种"不可能确定的可能"。因此，现代社会对风险的管理除了要继续依赖心理学、数理学等自然领域的知识外，还要更多地依赖传播学、社会学等社会领域的科学知识。

2. 食品安全风险的界定

国际食品法典委员会（CAC）认为，食品安全风险是指将对人体健康或环境产

---

① Sanjay G. Reddy. Claims to expert knowledge and the subversion of democracy: The triumph of risk over uncertainty[J]. Economy and Society, 1996(2): 229.

② Charles. Perrow. Normal accidents: living with high-risk technologies [M]. Princeton: Princeton University Press, 1984: 32.

③ 吴林海，徐玲玲，尹世久，等. 中国食品安全发展报告 2015[M]. 北京：北京大学出版社，2016: 11.

生不良效果的可能性和严重性，这种不良效果是由食品中的一种危害引起的。[①]
也有一些研究人员认为，所谓食品安全风险，就是对食品的安全性构成威胁或危
害的一些因子或因素，它们包括生物性、化学性和物理性危害。其中，生物性危
害主要指细菌、病毒、真菌等能产生毒素的微生物组织；化学性危害主要指农
药、兽药残留、生长促进剂和污染物、违规或违法添加的添加剂；物理性危害主
要指金属、碎屑等各种各样的外来杂质。[②] 按照 WHO 在 1984 年的报告，影响食
品安全的因素包括"食品系统""社会文化因素""食物链技术""生态因素""营养
问题"和"流行病学"。其中，食品系统即指生产加工、销售制备和消费食品的系
统，其类型与其所服务的社会的发展阶段、收入水平和社会文化特点有关。它包
括低收入农村系统、低收入城市系统和高收入系统三大类；社会文化系统是指文
化传统、宗教信仰、民族自尊等影响食品安全的一些"习惯"；食物链技术是指
食品的生产、加工、运输、消费等环节中的物质性条件；生态因素是指环境和气
候条件；营养因素是指保持和改善摄入品的营养质量；流行病学是指食源性疾病
的诱发因素。[③] 可见，在 WHO 看来，食品安全风险是一项系统性工程，它可以
由包括外在环境的"客观因素"、外在物质条件的"客观性主观因素"和内在文化
传统的"主观因素"共同导致，但是，很显然，后两个因素最终发挥作用仍然是
通过第一个因素，即"客观因素"来进行的。

　　与"食品安全风险"有密切联系的一个概念是"食品安全事故"。我国现行《食
品安全法》第七章专门规定了"食品安全事故处置"，并在第一百五十条将"食品
安全事故"界定为"食源性疾病、食品污染等源于食品，对人体健康有危害或者
可能有危害的事故"。就这个意义而言，"食品安全风险"与"食品安全事故"两者
之间似具有实质的相同性，即它们都强调"源于食品的危害或可能的危害"。但
是，二者之间也有差异，前者更多的是描述一种性状，是一种"过程意义上的"

---

　　①　FAO/WHO. Codex Procedures Manual（10th edition）[EB/OL].（1997-06-13）[2023-10-
24]. https://www.fao.org/fao_who-codexalimentarius/publications/procedural_manual/en/.

　　②　吴林海，徐玲玲，尹世久，等. 中国食品安全发展报告 2015[M]. 北京：北京大学出
版社，2016：11.

　　③　世界卫生组织. 食品安全在卫生和发展中的作用[M]. 牛胜田，译. 北京：人民卫生
出版社，1986：18-43.

强调，而后者更多的是描述一种后果，是一种"结果意义上的"强调。另外，对于前者，危害往往可能是更加不确定的，而对于后者，危害或者已经实际存在，或者虽然只是可能存在，但也至少已经有较明显的科学证据来证明这种危害是"极有可能"发生的。这种微妙的差异可能正是我国《食品安全法》在第七章中使用"食品安全事故处置"而非"食品安全风险处置"的原因所在。

最后，还需要强调的是，在国内的文献中，还存在"食品安全事件"这一概念。有学者认为食品安全事件是与食品或食品接触材料有关，涉及食品或食品接触材料有毒有害，或食品不符合应当有的营养要求，对人体健康已经或可能造成任何急性、亚急性或者慢性危害的事件。[①] 还有学者认为，食品安全事件有广义与狭义之分，狭义的"食品安全事件"等同于"食品安全事故"，而广义的"食品安全事件"则是在狭义的食品安全事件的基础上，还包括社会舆情报道的且对消费者食品安全消费心理产生负面影响的事件。[②] 实际上，"食品安全事件"，严格意义上来说并不是一个准确的学术性概念，它更多的是研究者为了方便而对某一类特定的社会现象所采取的一种描述或称谓，因此，它似乎可以泛指一切"与食品安全有关的现象"。

综上，食品安全风险目前并没有形成一个准确而一致的定义，但它的大致含义应该是"由食品摄入而对人体健康产生危害的可能性"。本书在研究食品安全风险交流时所指称的"食品安全风险"主要也是在这个意义上使用的。

四、食品安全风险交流

风险交流是一个源于风险认知和风险管理研究的调查领域，它的最终目的是"通过更好的交流提高风险决策的质量"。[③] 风险交流最早应用于环境保护领域，它最早的提出者是 20 世纪 70 年代的美国环保署首任署长威廉·卢克希斯

---

① 厉曙光，陈莉莉，陈波. 我国 2004—2012 年媒体曝光食品安全事件分析[J]. 中国食品学报，2014(3)：1-8.

② 吴林海，徐玲玲，尹世久，等. 中国食品安全发展报告 2015[M]. 北京：北京大学出版社，2016：405.

③ Heath, R. L., Bradshaw, J., Lee, J.. Community relationship building: Local leadership in the risk communication infrastructure[J]. Journal of Publish Relations Research, 2002(14)：317.

（William Ruckelshaus）。1983 年，美国国家研究委员会发布《联邦管理中的风险评估：管理过程》（*Risk Assessment in the Federal Government：Managing the Process*）这一研究报告，并在该报告中明确作出了风险交流是风险评估过程中重要元素的判断。1986 年 7 月，全美首届"风险交流全国研讨会"在华盛顿举行，自此以后，风险交流研究开始在美国兴盛起来。

早期的西方学者视"风险交流"为类似"风险信息发布"和"风险教育"这样的工作。1986 年，Covello 将其定义为"在利益团体之间，传播或传送健康或环境风险的程度、风险的重要性或意义，或管理、控制风险的决定、行为、政策的行动"。① 而在同年召开的"风险交流全国研讨会"上，保护基金会主席威廉·赖利（William K. Reilly）对"就风险问题的冲突或混乱（而言）……风险沟通者根本没有做好让自己的信息通过的工作"的一番批评也意味着，风险沟通者的"任务"就是让"信息"获得受众们的"理解和通过"。因此，对这个阶段的学者们来说，风险交流主要意味着一种风险信息（包括风险评估和风险管理在内）自上而下（从政府、专家到民众）的传播和流动，其目的是让大众理解政府的风险决策。

1989 年后，这一状况有所改变。在这一年，美国国家研究委员会出版的《改善风险交流》一书对风险交流作了全新的定义："个体、群体以及机构之间交换信息和看法的互动过程，这一过程涉及风险特征及相关信息的多个侧面。它不仅直接传递风险信息，也包括表达对风险事件的关切、意见及相互反应，或者发布国家或机构在风险管理方面的法规和措施等。"②显然，在这一定义中，风险交流不再只是一种"信息传播"和"说服教育"的工作，它是一个"双向、甚至多向互动"的过程，"了解和关切受众们的风险感知"和"向公众们传递风险信息"同样都是风险交流工作应有的内容。按照 Perlman 和 Oibrechts-Tyteca 的说法，这种交流应当形成一种"系统性的会聚"——"风险交流的最终目的是要在参与风险交流的各利益相关方之间出现'系统性的汇聚'，以增加交流成功的可能性，从而避免

---

① Covello, V.T., Slovic P., von Winterfeldt, D.. Risk communication: A review of literature[J]. Risk Abstracts, 1986, 3（4）：172.

② National Research Council. Improving Risk Communication [R]. Washington：National Academic Press, 1989：38.

危机事件的发生。"①（如图 2-1）

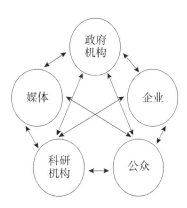

图 2-1　系统性汇聚的风险交流

为了更好地理解风险交流，雷吉娜·E. 朗格林和安德里亚·H. 麦克马金在《环境、安全和健康风险沟通指南》一书中对风险交流作了进一步的分类。他们认为，"对风险的管理往往以对风险的评估为开端"，而"风险评估的结果将作为风险管理者进行风险决策的主要依据"。随后，"风险决策将会与决策过程一起传达给那些已经或可能被风险影响的群体。有时，风险管理者以动员受众采取行动为目标（保护交流或危机交流）；有时他们会对受众进行风险教育从而使其掌握自主决策所需的信息（保护交流）；还有的时候，他们需要与受众一起就问题展开讨论，以便在风险管理上取得共识（共识交流）"②。（如图 2-2）

通过图 2-2 我们可以看到，保护交流主要针对的是那些现实中已经形成较大程度社会认同且容易被判断的常态化风险，例如针对烟草危害、极端气候、重大疾病、有毒有害工作环境等进行的风险交流。这时风险交流的主要目的是向受众不断警示并提供如何减少风险性行为的知识。共识交流主要针对的是那些受众和决策者必须在风险的评估和管理方面达成共识的风险交流工作，这些风险往往涉

---

①　Perelman C., Olbrechts-Tyteca. The New Rhetoric：A Treatise on Argumentation[M]. South Bencl：University of Notre Dame Press, 1969.

②　雷吉娜·E. 朗格林，安德里亚·H. 麦克马金. 环境、安全和健康风险沟通指南（第五版）[M]. 黄河，等，译. 北京：中国传媒大学出版社，2016：14.

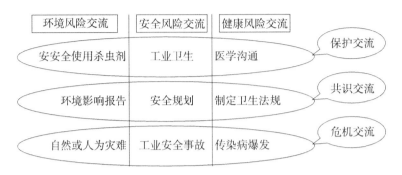

图 2-2 风险交流的三种类型

及安全的极不确定和知识的分歧，例如邻避性风险、转基因生物技术运用等。危机交流则主要应用于一些风险突发事件，例如核污染、重大流行病传播、严重产品缺陷等。在危机交流中，风险往往极易识别，但信息的有效传递在危机交流中显得异常重要。

2006 年，世界卫生组织（WHO）和联合国粮农组织（FAO）在《食品安全分析——国家食品安全管理机构应用指南》一书中明确地指出，"风险交流是在风险分析全过程中，风险评估人员、风险管理人员、消费者、企业、学术界和其他利益相关方就某项风险、风险所涉及的因素和风险认知相互交换信息和意见的过程，内容包括风险评估结果的解释和风险管理决策的依据"。① 总体而言，WHO/FAO 对风险交流的这一界定相对于 1989 年美国国家研究委员会所作的界定，除了主体更加明确、内容更加具体外，并没有什么实质性的变化；并且，更重要的是，这两个概念都同样强调了交流主体需要"相互交换信息"的过程，体现出了对风险交流不同参与主体共同的认同和尊重。

食品安全风险交流，是风险交流在食品安全问题领域的具体体现。国际食品法典委员会（CAC）将其定义为"食品安全风险分析中个人、群体和机构等利益相关方对有关风险的各种信息和观点的交流过程"。我国原卫计委在 2014 年颁布的《食品安全风险交流工作技术指南》中规定，食品安全风险交流是指"各利益相关

---

① WHO/FAO. 食品安全风险分析——国家食品安全管理机构应用指南[M]. 毛雪丹，等，译. 北京：人民卫生出版社，2008：50.

方就食品安全风险、风险所涉及的因素和风险认知相互交换信息和意见的过程"。另外，我国《食品安全法》虽然没有给"食品安全风险交流"作一个明确的定义，但是在其第二十三条却规定了食品安全风险交流的主体、原则、形式和内容，基本指明了对食品安全风险交流的认识。总而言之，有学者认为，食品安全风险交流应当包含三个要素：一是"主体"，即食品安全风险交流活动的参与者，包括政府——监管者、企业——生产经营者、个人——消费者、行业——媒体及其他社会组织等。这些主体必须同时参与，少了任何一方都难以达到最佳交流效果。二是"方式"，即食品安全风险交流活动的具体形式。食品安全风险交流不能只是采取"告知、传达、公布"等简单形式，而是要做到对意见的交换，这是一个有来有往，相互沟通并不断反馈的过程。三是"过程"，即食品安全风险交流活动的特征。食品安全风险交流不能只追求结果的公布，而是要注重一个动态化的交流过程。①

综上所述，食品安全风险交流是在食品安全风险分析框架中对风险交流理论、范式和规则的一种具体运用，它既兼具风险交流的一般原理，也应结合食品安全的具体特性而呈现出特殊规律。它不仅应当贯穿于食品安全的风险评估阶段，也应当贯通于食品安全风险管理的全过程。因此，本书在研究中将其界定为："一切机构、组织和个人在食品安全风险评估和管理过程中，就有关食品安全的各种信息、观点和态度进行交流的过程。"

第二节　理 论 基 础

食品安全风险交流是一个跨学科的研究领域。由于"风险"一词本身就糅合了许多现代性因素，因此社会学的理论和范式对其研究必不可少。同时，作为一种足以影响个体行为和社会决策的重要现象，如何通过有效的引导和干预来提升风险交流效果，从而实现社会整体在风险管理和决策上达成共识，也是政治学、管理学、法学等不可或缺的任务。因此，本书的理论研究基础将主要借助于政治

---

① 贾娅玲，王红，刘松涛．食品安全共治中的风险沟通——企业如何扮演沟通者角色[J]．食品与发酵工业，2016(11)：278-282.

学、管理学和法学的理论渊源。

一、风险规制理论

风险规制理论在传统上源于规制理论。规制具有多重含义，受到经济学、政治学、管理学、法学等学科的广泛关注。在经济学中，规制是弥补市场失灵时的一种资源配置方式。正如伯吉斯所说："规制是政府采取的干预行动。它通过修正生产者或消费者的行为来实现某个特定的目的。"①在政治学、管理学中，规制往往被理解为是制度和政策有目的地形成和实施过程。法学领域中的规制主要集中在行政程序以及对规制机构的司法控制上，它更多的是把规制作为一个限制性对象来研究其合法与合理性。尽管规制可以作为多个学科领域的研究对象，但是，由于现代社会中的风险更多的是强调从物质利益风险转向一种文化、道德、理论上的非物质风险，② 因此对风险规制的研究目前主要集中于政治学、管理学和法学领域之中。

1. 风险社会与风险规制理论——风险规制的正当性

风险规制的出现，与风险社会的产生密切相关。自 20 世纪中期以来，风险的现代性问题就已经吸引了学界的广泛注意，并形成了许多不同的理论流派，它们都对"风险"进行了着力的刻画。其中，贝克和吉登斯逐渐发展了风险社会的基本理论体系。他们认为，风险在当代被赋予了非同寻常的社会意义。"风险可以看作人为不确定因素中的控制与缺乏控制，是在认识和再认识中领会到的知识与无知，是知识、潜在冲击和症状之间的差异，是一个人为的混合世界，失去自然与文化之间的两重性。"③贝克这一对现代社会风险特征多样性的描述，隐含了他对风险最深刻的理解——风险是现代化"自反性"的产物：一方面，风险是受到各种社会结构约束的人们在现代化生产中制造出来的不确定因素；另一方面，

---

① 小贾尔斯·伯吉斯. 管制与反垄断经济学[M]. 冯金华，译. 上海：上海财经大学出版社，2003：4.

② 赵鹏. 风险规制的行政法问题——以突发事件预防为中心[D]. 北京：中国政法大学，2009：50.

③ Barbara Adam, Ulrich Beck, Joost Van Loon. The Risk Society and Beyond：Critical Issues for Social Theory[M]. New York：SAGE Pubulication，2000：211-229.

人们又要依赖社会风险控制结构来控制这种结构性风险。① 而吉登斯也认为，风险社会降临于自然的"终结"之时。所谓自然的"终结"并不是指客观物质世界的毁灭，而是指物质世界已经无力再继续"客观的"存在，它方方面面、无时无刻不受到人类活动的影响。② 他指出，传统社会中的风险是外在于人类的自然界固定状态；而现代社会中的风险，却更多的是人为风险，是人们努力创造出来的风险。正是这种转变，意味着风险社会的到来。

风险社会的理论兴起为风险规制的产生与发展奠定了良好的思想基础，它标志着行政功能的扩张步入了历史新阶段。自资本主义以来，行政功能一直是社会科学重要的研究对象。在早期资本主义阶段，与古典自由主义国家学说相匹配，行政功能被局限为经济的"守夜人"。在这个阶段，行政权受到法律保留的严格限制，行政主要是秩序行政。但是，随着经济危机不断爆发，人们对生存的渴望压倒了对自由的向往，他们不再满足于政府简单的"守夜人"角色，而是希冀它承担起更多责任。因此，在这一时期，国家背负起各种物质、程序和其他相关服务的给付义务。③ 这就带来了给付行政的发展。在给付行政下，行政不再受法律保留的严格局限，国家功能被进行更加积极的定位，私人的给付请求权日益彰显。给付行政的发展在一定程度上体现了福利国家的要义，并承载起维持社会稳定与发展的重任。

然而，社会发展永无止境。在经历了早期工业社会的秩序行政、现代工业社会的给付行政后，后工业与后现代社会的来临，给行政功能提出了新挑战。它表现在：首先，科技日益异化。凯文·凯利曾经判断："技术是继植物、动物、原生生物、真菌、原细菌、真细菌之后生命体的第七种存在。"④这意味着，科技的不断发展甚至已异化成为一种类似"生命"的存在。其次，知识分歧日渐明显。当科技带来越来越多的不确定性时，真理就变得难以统一。"为了处理文明风险

---

① 赵鹏. 风险规制的行政法问题——以突发事件预防为中心[D]. 北京：中国政法大学，2009：37.

② 安东尼·吉登斯. 失控的世界[M]. 周红云，译. 南昌：江西人民出版社，2001：22-23.

③ 张翔. 基本权利的受益权功能与国家的给付义务——从基本权利分析框架的革新开始[J]. 中国法学，2006(1)：21-36.

④ 凯文·凯利. 科技想要什么[M]. 熊祥，译. 北京：中信出版社，2011：46-57.

的问题，科学总要放弃它们实验逻辑的根基，而与商业、政治、伦理建立一夫多妻的联系。"①再次，全球化的挑战。当今社会，风险已成为全球性问题。"食品安全、空气污染、环境恶化、能源枯竭、恐怖袭击，这些无不显露全球效应。"②全球化带来的联动性和跨越性无疑增加了行政治理的难度。总之，后现代社会面临的这一系列挑战，是秩序行政、给付行政所无力应对的，因此，它意味着，现代行政的任务要更新，功能要扩张。一种以国家安全保护义务为己任，以宪法客观价值秩序保障为己任的新的政府行政功能正在产生——这正是风险社会所赋予风险规制的行政历史新使命。

2. 面向未来的规制——风险规制的理论景象

早期资本主义三权分立的思想和传统使得法律保留原则不容僭越，这导致行政自由裁量权被牢牢限制在法律的体系之中，无法逾越一步。在这种政治格局下，行政介入社会必须保持足够的审慎与克制。从时间节点看，此时的行政往往是"事后行政"，即必须在事件发生后，政府才能根据已有证据，确定自己是否有权介入。然而，与传统行政面向过去的规制方式不同，风险规制着眼于未来。现代风险无论在规模、范围还是破坏程度上，都是一种汇聚性风险，一旦发生往往就无法弥补。因此，过去完全依赖通过行政处罚或司法赔偿来追究个人责任的社会干预方式已经很难达到最佳效果，行政介入社会的时点必须前移，以对风险提前控制。这导致风险规制在理念、原则和方式上都呈现出一种不同以往的理论新象。

（1）面向不确定的规制——风险规制的新理念。传统规制所欲作出的行政决策基本定位于"面向确定性的"决策，因此，无论是抽象行政行为，还是具体行政行为，均被要求客观、准确。例如，传统行政法对行政行为合法性判断的主要根据在于：对事实的认定是否清楚、对证据的掌握是否足够、对法律的适用是否准确、对情节的裁量是否精当、对后果的判断是否符合正当理性，等等。然而，传统行政的这些基本理念在风险规制中却很难行得通。风险规制是对风险的规制，而风险是不确定的——风险是否真的会发生、会产生多大危害、能否被接

---

① 贝克. 风险社会[M]. 何博闻, 译. 南京: 译林出版社, 2003: 29.

② 伊丽莎白·费雪. 风险规制与行政宪政主义[M]. 沈岿, 译. 北京: 法律出版社, 2012: 5.

受、可否被控制、能被控制到什么程度，这些问题即使对于技术官僚而言，也难以预判。因此，这意味着，风险规制，即使不能完全颠覆传统，也至少应对传统进行诠释和发展。①

（2）风险预防——风险规制的新原则。相对于传统行政法所确立的法律保留和比例原则，风险规制更重视预防。预防原则是指在没有足够科学证据证明人类行为确实会造成损害的情况下，要求国家和社会采取预防措施，防止可能损害的发生。② 尽管也有一些学者对预防原则提出批评，并指出"最强形式的预防性原则在字面上是不一致的"③，但是，在风险时代中，由于既有知识无法对风险作出确定评估，因此预防仍然是许多国家和地区在风险规制中所运用的重要理念。预防原则最早采用是在20世纪70年代一些欧洲国家的环境法领域。当时这一原则要求在应对环境问题时，应预先评估损害发生的可能性和程度，并采取应对措施。此后，这一原则被广泛运用于自然灾害、公众健康，甚至反恐等许多领域，并伴随全球化的进程，逐渐成为一项国际性准则。例如，在1982年联合国颁布的《世界自然宪章》、1992年马斯赫里特《欧洲共同体条约》中，都明确出现了预防原则的身影。

风险预防若仅作为政策导向，是非常浅显的，但是，若要上升为法律，成为规范原则，却相当有挑战性。它可能面临以下争论：首先，何种层次的风险需要预防？风险威胁到人类的不同需求层次，例如生存、安全、尊严等，那么，何种层次的风险需要预防，何种层次只需补救？这就成为一个问题。其次，何种程度的风险需要预防？预防不可能是对已知损害进行消除，也不可能仅基于主观臆测就采取措施，因此，不确定的程度衡量非常关键。④ 最后，预防措施如何和比例原则相匹配。比例原则要求行政干预社会的手段和程度应当合理，行使自由裁量权必须建构在理性基础之上。从公平和正义理念出发，比例原则对行政规制仍有

①　王虎.风险社会中的行政约谈制度：因应、反思与完善[J].法商研究，2018（1）：22-29.

②　王灿发，于文轩.生物安全的国际法原则[J].现代法学，2003（4）：128-139.

③　凯文·R.桑斯坦.恐惧的规则——超越预防原则[M].王爱民，译.北京：北京大学出版社，2011：4.

④　赵鹏.风险规制的行政法问题——以突发事件预防为中心[D].北京：中国政法大学，2009：86.

可适用性。这就带来一个问题，面对风险，预防原则和比例原则应当如何协调，才能在风险预防效果和社会自由价值之间谋求一定平衡。对于这些问题，仍有深入研究的必要。

(3)科学与民主的对话——风险规制的新路径。传统行政是嵌入在科层制之中的。作为一种资本主义组织形式，科层制在马克斯·韦伯看来有六大优势，分别是例行的层级管理、等级的职务权威、专业的知识素养、脱离私人生活的职业活动和管理的普遍化。①在科层制中，政府通过专家形成知识理性，并借此完成社会控制。然而，在现代社会中，尽管风险评估仍然需要依赖专家完成，但现代风险所表现出来的强烈主观建构性，已使得对风险的控制不仅需要专家知识，还需要与大众沟通。因此，过去片面依赖专家理性而形成的规制体系在风险时代已左支右绌，公众参与在风险决策中的特殊意义已日显峥嵘。例如，在 2018 年国务院发布的《重大行政决策程序暂行条例》中就明确强调了公众参与是作出重大行政决策的必经程序，这就体现了风险规制时代科学与民主的对话统一。

综上所述，风险规制理论是继早期工业社会秩序行政、现代工业社会给付行政之后，在以风险为核心特征的后工业社会中规制理念和实践的一种新变化，它以预防原则为基础，以重视科学和民主的对话为路径来实现对社会的治理。风险规制理论对风险交流的治理具有重大的理论支撑价值：一方面，风险交流本身就是风险规制体系中的重要组成部分，它应当体现并发展风险规制的基本理论进路；另一方面，风险规制在涵盖风险交流的前提和基础上，其自身的思想基础、理论框架对于风险交流的治理而言也应当具有一般性的指导作用。

二、共识理论

自 1958 年以赛亚·伯林发表《自由的两种概念》以来，价值多元主义的思想观念就开始深入人心。价值多元主义的形成并非人类一厢情愿，而是由现代社会结构分化、功能分化带来的人类观念分化的产物。在传统社会那里，公共生活的空间被超越历史的真理进行了有效的整合，从而避免了社会的分裂和公共目标的

---

① 马克斯·韦伯. 经济与社会[M]. 上海：上海世纪出版集团，2010：1095-1097.

空置。① 但是，在现代社会中，"生活只有在不同的、充满差异性的视点和方面同时在场的条件下才会呈现自身，不同的个人总是处在不同的位置上来观察和倾听，它是以差异和多样为前提的，无法被还原到同一性的前定本质或先验原理"。② 现代生活的这种差异性和多元化必然使得"现代社会的秩序如何生成才能维持集体的生活"成为一个必须面对的问题。共识理论就是在这样一种背景下产生了。

长期以来，共识主要是西方社会学界孜孜以求的研究对象，在那里，共识常常和社会凝聚、社会整合这样的概念紧密相连，并在理论和实践的层面得到验证。相对而言，哲学和政治理论学界更加重视"同意"的概念。但是，这一状况自 20 世纪 70 年代后开始有所改变。在这一时期，西方国家在民主实践中开始遭遇一系列类似"虚假投票""用脚投票"的信任危机，以致出现一种思潮断言："一般情况下，民主投票和民主讨论都是不准确和无意义的。"③ 这些对民主的怀疑态度使得政治学家们开始更加关注作为同一概念同源词的"共识"，并在研究过程中赋予了它"强调平等对话、理性沟通来形成主体意见一致，促成相互理解"的含义。就此而言，共识概念的导入改变了过去政治哲学理论和民主实践过程只强调自我意识、个体反思的投票选举模式，并开始转而注重主体间协商与讨论的过程。应该说，这是民主理论对现代启蒙的一个重大贡献，自此以后，对共识的关注成为后形而上学时代理论家们的共同转向，④ 而民主的实践在现代社会逐渐从代议民主向协商民主进行过渡，则是对这一理论最富现实意义的最佳诠释。

1. 共识概念的政治学内涵

"共识"首先是一个日常用语，根据《现代汉语词典》的解释，它是指共同认识。西方学者乔治·J. 格雷汉姆在《社会科学概念：系统分析》中曾经逐一列举过部分英语词典中对"共识"的定义，大致与《现代汉语词典》中的解释并无二致，

①　王秀娜. 多元社会的共识理论研究[D]. 长春：吉林大学，2013：2.

②　阿伦特. 生活和私人生活[C]//汪晖，等. 文化与公共性. 上海：上海三联书店，1998：88.

③　格里·迈吉. 所有人都是说谎者：民主是无意义的吗？[C]//约·埃尔斯特. 协商民主：挑战与反思. 周艳辉，译. 北京：中央编译出版社，2009：68.

④　王秀娜. 多元社会的共识理论研究[D]. 长春：吉林大学，2013：5.

都是强调共识的角色、作用以及与集体性之间的关联性。① 而在政治学领域，共识这一概念具有规范性与描述性的双重维度，并分别体现在政治哲学和政治科学两个范畴中，前者强调对价值的负载，而后者注重对事实的阐述。②

在以柏拉图和亚里士多德为代表的古典政治哲学中，共识主要被理解为一种强调社会共享一致(shared social agreement)的观念或理念，它主要体现在：共同体是建立在共同的观念和对政治生活共享的信念基础上的，共同体成员们对共同体的组织维系与运转方式实现一致同意。③ 相对于古典政治哲学把"社会共享一致"当成既定的神授或自然现象加以维护，现代政治哲学则是把"共识"和"同意"视为人类思维的产物。埃德蒙·伯克将共识作为维系制度的协议，强调社会是建立在对目标和适当程序形成共识这一基础之上的。

政治科学视域中学者们对共识的理解多是建立在古典和现代政治哲学基础之上的。他们依照格雷汉姆的划分又可分为两类，第一类主要以麦克维尔、梅里安、卡纳文和弗雷德里希等人为代表，他们主要强调共识对价值的回应，即注重对共识所追求的目标和应予关注的内容方面的理解；第二类主要以麦克劳斯基、普洛斯罗和格里格等人为代表，他们主要注重共识的具体操作，即注重如何在技术上形成和确认共识。其中，美国政治科学家 V. O. Key 更是提出了普遍共识和具体共识的二元划分，并把后者分为了"支持性共识""许可性共识""决定性共识"这三大类，并认为只有将这些具体共识有效整合，才能真正在价值多元的民主政治中发展出以冲突为导向的普遍共识。④

2. 共识概念的基本维度

萨托利在《民主新论》中论述有关共识的对象时，谈到了三个方面：其一是信念，即有关基本观念、价值和目标的共识；其二是规则或者程序，即有关通约信念的架构的共识；其三是特定的政府及政策，即对信念或者规则所产生的实践结果的共识。伊斯顿又把这三个方面分别转换成为共识的三个层次，即信念共

---

① 王秀娜. 多元社会的共识理论研究[D]. 长春：吉林大学，2013：63.

② 王秀娜. 多元社会的共识理论研究[D]. 长春：吉林大学，2013：47.

③ 王秀娜. 多元社会的共识理论研究[D]. 长春：吉林大学，2013：51.

④ V. O. Key. Public Opinion and American Democracy[M]. New York：Knopf，1961：32-53.

识、程序共识和政策共识。这三者结合在一起，构成了共识的三个维度，对它们的理解将进一步使我们去深化辨析共识的基本指向。①

信念共识常被认为是保障民主制度得以有效运转的基本条件。从这个角度而言，它有些类似于罗尔斯笔下的"重叠共识"。爱德华·希尔斯曾对信念共识进行过深入探讨。他认为，在充满着异质性的现代社会中，信念共识扮演着重要的"社会整合者"角色。正是由于一个社会的公民能够实现最基本的认同和团结，并在最基本的政治问题上有着基本相同或相似的信念，这个社会才能够凝聚而不分裂、稳定而不崩溃。而罗尔斯在《政治自由主义》中所表达的"重叠共识"理念，主要也是强调在价值多元的社会中，各自不同但却又各自合理的完备性宗教学说、哲学学说和道德学说之间，就政治的正义观念达成具有重叠性的共识，以此实现社会的稳定与发展。② 因此，可以说，信念共识是民主社会"重叠共识"中最基础和核心的"共识"。

程序共识一般被理解为一种对"游戏规则的共识"，它的主要功能是在制度层面保障民主制度的运行。在民主社会中，程序共识常常要优先于其他受到民主保护和鼓励的分歧，是对于不同意见者的强制共识。③ 就社会的稳定性而言，程序共识对制度层面的程序共识的认同或分歧程度将有着决定性的影响。

政策共识，在本质上是有关异见的共识，也就是说，在民主社会中，政策的产生是异见不断被达成共识的结果。④ 因此，如果我们把"程序共识"理解为一种对民主制度的运行设计"游戏规则的共识"的话，那么，"政策共识"就可以被看作当我们运用这种游戏规则来处理实际问题时，我们能否对结果和实现结果的过程达成共识。

当前，尽管"共识"已日趋成为政治理论的核心概念，但对于它的研究仍然需要不断深化，否则就既有可能陷入海德格尔所说的"闲言"处境，也有可能落入格雷汉姆所分析的"模糊"境地。⑤ 但无论如何，冲突与分歧是我们在日渐多元

---

① 王秀娜. 多元社会的共识理论研究[D]. 长春：吉林大学，2013：65.
② 孙莹. 罗尔斯"重叠共识"理念研究[D]. 长春：吉林大学，2015：1.
③ 王秀娜. 多元社会的共识理论研究[D]. 长春：吉林大学，2013：67.
④ 王秀娜. 多元社会的共识理论研究[D]. 长春：吉林大学，2013：68.
⑤ 王秀娜. 多元社会的共识理论研究[D]. 长春：吉林大学，2013：1.

的现代社会中更加需要去面对的问题，而共识理论恰是对在现代民主政治生活与社会公共领域生活中，如何形成规范秩序、实现主体之间彼此理解与信任的一剂良药。当前我国食品安全风险交流中存在的很多问题，实质上即反映为在利益日渐多元化的现代社会中，不同主体在有关"食品安全"这一公共生活领域中，没有"共识"，也无法通过良好的制度来达成"共识"，从而导致了食品安全风险交流的混乱，并进一步影响了国家食品安全的法治建设和长治久安。就此而言，仔细研究并运用现代政治哲学和政治科学领域中的"共识理论"来指导我国食品安全风险交流法律治理的建设，必然是十分有益的。

三、治理理论

治理理论发端于 20 世纪 70 年代，是公共行政学引入治理概念，加以发展后形成的学科新范式。① 治理理论的产生与发展和全球社会形势的变化有着紧密关联。在 20 世纪 70 年代，西方国家陷入了严重的经济困境，滞胀阻滞了经济增长，全球化又带来了巨大冲击，资本主义面临重重危机。面对这一窘境，民众们的不满日益积聚。巨大的压力导致以传统官僚制为核心的公共行政陷入"终结的"衰落，新公共管理改革开始勃兴。然而，尽管新公共管理运动取得了一定的历史成就，但其对经济效率的片面追求，对市场化的过分推崇，仍然使得政府无法完全赢回信任。因此，在这种背景下，"治理"产生了。

"治理"最早是在 1989 年世界银行一份关于非洲问题的研究报告中出现的，该文首次使用了"治理危机"（crisis in governance）一词。此后，"治理"便成为公共管理研究的核心议题。1992 年，世界银行以"治理与发展"作为年度研究报告的主题。1996 年，经济合作与发展组织（OECD）和联合国开发署（UNDP）分别发布了两份名为"促进参与式发展和善治的项目评估"和"人类可持续发展的治理、管理的发展和治理的分工."的研究报告。1992 年，在 28 位国际知名人士倡议下，联合国"全球治理委员会"宣告成立，并在此后出版了《全球治理》刊物。这些国际组织对治理理念的不断推广，逐渐掀起了全球治理研究的热潮。

尽管"治理"受到了来自全球的关注，但这一概念本身却有很大的模糊性，

---

① 滕世华. 法律治理理论及其引发的变革[J]. 国家行政学院学报，2003（1）：44-45.

以致学界对其争论不一。总体来看，"治理"是一个可在多语境下使用，并极具模糊性的概念。它可被视为解释现代国家和社会结构关系变化的一套新框架和新范式，是继亚当·斯密市场理论和托马斯·霍布斯主权理论后，形成的第三条道路。它向我们描绘了一幅新的社会蓝图，在这幅图卷中，市场和政府之间的鸿沟似乎可以被"社会"弥合，两者之间过去相互对立又此消彼长的反复局面看似已终结。具体说来，治理理论主要包括以下内涵：

1. 治理主体的多元化

传统公共行政范式的主要理论基础是威尔逊、古德诺的政治与行政二分理念和马克斯·韦伯的官僚制理论。古德诺认为，政治是国家意志、公民利益的集中表达，表现为立法过程及政策制定；而行政是国家意志的执行、政策的实施过程。① 马克斯·韦伯则进一步通过科层制理论为这种思想扫清了实践上的行动障碍。在这种思想指引下，政府作为国家意志的象征性存在，就自然拥有了对国家和社会事务进行管理的垄断性权力。然而，后世许多学者发现，一个完全为了公益的政府是不存在的。最严重的诘难来自公共选择学派。公共选择理论把政治看作复杂交换的理想化概念。②他们认为，政治和市场没有根本性区别，本质都是利益交换。因此，经济学的分析工具和方法完全可以借鉴到政治领域中来。基于此种逻辑，公共选择学派把"理性人"这一著名经济学假设运用到了政府行为研究中来，并据此得出了"政府失灵"的结论。几乎与此同时，一大批以哈耶克、弗里德曼、罗伯特·诺齐克为代表的新自由主义经济学家也对政府权威开始发难。他们认为，自由是免于强制的自由，因此，对于作为集体事业性质的政府而言，必须对它持谨慎态度，并应该把市场还给自由的人们。

面对公共选择学派和新自由主义的挑战，政府作为公共事务垄断管理者的形象开始跌下神坛。人们意识到，政府并非万能，公共事务的管理需要多元化的主体，只有这样，才能保证利益相关体对管理事项的共同介入，使不同主体多元化的利益诉求得以呈现，并最终实现政策协调。因此，在主张"治理"的学者们看

① 王诗宗. 治理理论与公共行政学范式进步[J]. 中国社会科学，2010(4)：87-100.
② 李风华. 治理理论：渊源、精神及其适用性[J]. 湖南师范大学社会科学学报，2003(5)：45-51.

来，社会管理不一定必须依赖政府，也不一定完全依赖国家强制。相反，在许多领域，政府应该去权威化，应该以一种契约精神来和社会组织合作。治理的主体可以是政府、可以是社会组织、更可以是两者共同进行。另外，在制度安排中，正式的、官方的规则体系和非正式的、社会的规则体系应当受到同样的尊重。例如，2009 年诺贝尔经济学奖获得者埃莉诺·奥斯特罗姆在研究了 5000 多个小规模公共池塘资源案例后，提出了"多中心"的治理理论。她认为应当"通过社群组织自发秩序形成一个由多权力中心组成的治理网络"，这样可以在最大程度上遏制集体行动中的机会主义，实现公共利益的持续发展。①

2. 治理过程的社会化

传统的公共行政割裂了市场与政府之间的关系，过度地依赖市场调节和行政命令这两种手段，从而深陷在社会管理"一收就死，一放就乱"的泥潭之中，欲罢不能。在治理理论看来，公共领域和私人领域的界限并非泾渭分明，在公共事务管理中，政府需要广泛地依赖社会，与之进行密切的合作。表现在：第一，在治理的过程中，政府应该改变过去从国家到市场自上而下式的管理视角，转而从一种"国家—社会—市场"良性互动的角度来看待三者之间的关系。第二，在许多有条件实行社会自治的领域中，政府应当不断地把权力移交或部分移交给具有独立性和团体性的社会组织，并尽力支持其开展活动。第三，在具体的行政行为中，应当不断重视向社会进行信息公开。治理应当是开放而透明的，需要十分重视对公民知情权的保护。密尔曾经指出："把政府的行为公布出来，迫使其对人们认为有问题的一切作出充分的说明和辩解；谴责那些应受责备的行为，并且，如果他们滥用权力，或者履行责任的方式同国民的舆论明显相冲突，就将他们撤职，并警告其继承人。"②第四，在一些关系到社会重大利益的行政决策过程中，应当鼓励社会的广泛参与。治理不仅是开放的、透明的，也应当是包容的、合作的；不仅要重视对政府行为的公开透明，还要重视对政府决策的兼容并包。一个负责任的政府应当是一个深切关注并体察民情的政府，是一个允许民意充分表达

---

① 张克中. 法律治理之道：埃莉诺·奥斯特罗姆理论述评[J]. 政治学研究，2009(6)：83-93.

② J. S. 密尔. 代议制政府[M]. 汪瑄，译. 北京：商务印书馆，1984：80.

且鼓励其融入行政过程的政府。这也正是现代社会协商民主理念对政治与行政过程所提出的一个根本性要求。因此，广泛而有效的公民参与也是治理的重要特征之一。第五，治理还应当具有社会回应性。治理不仅要重视政策在制定、实施过程上的公开、开放，同时还应注重积极反馈对政策的社会评价。治理不是割裂僵化、充满排斥和敌意的，而是联动沟通、充满善意和具有融入感的一种社会组织和运作的新方式。因此，治理不仅要开放，还要回应，要增加主体之间的互动与交流，并最终促进信任和理解的产生。

3. 治理方式的网络化

传统公共行政往往依赖等级森严的科层制来实现社会管理的序列化，并最终构建起规范秩序。但是，在治理理论看来，这种社会管理的线性形态已经不能适应社会复杂多样的新形势。社会利益主体的分化和社会结构的多元化使得政府、组织、公民等社会多元主体需要保持持续的互动和良性的沟通，同时，在社会管理结构上也需要一种既能保持相对独立又能实现资源共享、相互依赖的多层次网络状新形态。这被认为是治理变革的一个重要特征。罗茨(Rhodes)认为网络式结构是与政府、市场相区别又介于两者之间的第三种治理结构形式，是政府与民间、公共部门与私营部门之间建立在非等级的协调之上的，通过资源依赖而形成的一种组织彼此相连的集群和联合体，其参与主体经过对资源的相互依赖和经常性的互动，培养出共同的价值观，形成一套解决问题的方式。[①] 当前在治理学界对治理网络的研究主要有三种进路，分别是政策网络的进路、组织网络的进路和管理网络的进路。尽管这三种进路视角不尽相同，且彼此互有争论，但总体上，它们仍然有着基本的共识，例如，它们都强调治理的"特定环境下相互依赖的行动者""复杂的互动""制度特性""对互动的引导和管理"这些基本要素。[②] 尽管治理的网络化构造十分复杂，但在本质上大致可被理解为是"运用网络的结构方式来对治理的资源进行有效的配置"。它旨在重构不同行动者的互动过程，以追求对合作共赢目标的实现。因此，对于网络化治理而言，其最核心的理念在于如何

① R. A. W. Rhodes. The new governance: Governing without government[J]. Political Studies, 1996 (144): 652-667.

② 埃里克汉斯·克莱恩，基普·柯本让. 治理网络理论：过去、现在和未来[J]. 程熙，郑寰，译. 国家行政学院学报，2013(3)：122-127.

实现主体之间的良性协调。同过去的管理相比，网络化管理很少采用传统行政工具，它更加依赖一些软性的治理手段，例如，参与者的吸引方式、沟通的技巧、实现团体凝聚力的引导，等等。在这个过程中，许多关注网络化治理的研究者都认为，"信任"尽管不是网络的内在特性，但是却可能在网络化治理中扮演重要角色。

综上，治理是继公共行政、新公共管理之后发展起来的一种政治学、管理学的新范式，它被看作一剂治疗市场和政府双重失灵的社会良药。作为当下一个十分突出的公共领域问题，我国食品安全风险交流在传统社会管理进路中遭遇着一系列瓶颈，需要引入治理的理论予以应对，这是因为：首先，食品安全问题的成因十分复杂，它本身作为一个现代性社会现象就管窥了市场和政府的双重失灵状况，因此，对食品安全风险交流的强调也就暗含了食品安全建设必须在市场和政府之外寻找新的社会资源的逻辑假设，这与治理理论强调的多中心合作理念是吻合的。其次，由于食品安全风险不仅具有客观不确定性，同时还有强烈主观建构性，因此食品安全风险交流法治构建的核心旨趣，即在于通过主体之间的良性互动来实现彼此的理解和信任，从而在食品安全法治建设上最终实现公共理性的最大共识。这与治理理论所倡导的治理过程社会化也是暗合的。最后，我国食品安全风险交流中存在的很多社会问题，本质而言，也恰是社会治理的网络化模式在食品安全风险交流法律治理建设上的缺陷和不足所致，也就是说，当前我国的食品安全风险交流法律治理缺乏能够实现引导主体良性互动的制度建设，以致当出现预期差异时，社会管理者和行动者往往在各自封闭的状态下采取行动，阻碍了社会互动效果，导致政策失败。因此，治理理论中的网络化治理思想对于我国食品安全风险交流的法治建设无疑具有强烈的启发意义和指导作用。

四、软法理论

软法（soft law）是一个既富魅力又充满争议的概念。它最早起源于西方国际法学，在某种程度上意味着"自我规制""合作规制""准规制""软规制""软治理"等含义。在 20 世纪 80 年代，欧盟用软法来解释治理过程中产生的大量不具法律强制性的规则。进入 21 世纪后，软法开始被用于解释国家与社会的某种关系变迁，并逐渐成为法学领域用以分析社会规则体系的一个重要范式和工具。同时，在政治学和管理学领域，软法和治理也紧密联系起来，成为理解社会管理理念、过程和方式变化的一种制度性分析框架。①

自 2005 年北京大学成立软法研究中心以后，软法在我国的探讨开始日渐深入，并对拓宽我国法学研究的视野、领域和方法等起到了重要作用。② 在软法概念的提出过程中，也有学者表示过反对。例如，有学者认为，总体而言，国内对软法的认识并不统一，并且相互矛盾。③ 也有学者认为，软法概念有可能导致学科紊乱和理论争鸣的烽烟四起。④ 还有学者指出，对软法不适当的提倡可能会给法制建设带来负面影响，导致民众诉权被剥夺，硬法权威被化解。这是因为，软法理论存在重大缺陷，表现在如何确定其范围、如何理解与其他非法律社会规范之间的界限、如何在国家法内部对硬法与软法进行区分、谁有权区分它们等方面这些问题都是目前的软法理论不能回答和解释的。⑤ 尽管这些质疑在一定程度上都对软法理论提出了挑战，但是，它们也启发了软法倡导者的思考，督促他们进一步修正和发展软法的基本理论。总体而言，国内学界目前赞成软法者不在少数，甚至，有学者认为，法律治理就是"通过软法的治理"。⑥

长期以来，受马克思主义法学理论的多年影响，"阶级意志性""国家强制性"一直是我国法学界刻画法本质的最基本要素。这一点也成为软法反对者的核心理由。因此，软法理论要想证成，必须回答三个问题：第一，何谓软法？第二，软法的范围是什么？第三，软法的功能有哪些？事实上，对这三个问题的回答过程，也就是塑造软法理论体系核心的过程。

1. 何谓软法

何谓软法？这是一个极难回答的问题，因为软法本身是一个非常模糊的概

---

① 王虎．风险社会的软法治理[J]．自然辩证法研究，2018(3)：33-37.

② 罗豪才，周强．软法研究的多维思考[J]．中国法学，2013(5)：102-111.

③ 赵春燕．对"软法"概念的冷思考——兼谈对卢曼法社会学理论的正确理解[J]．河北法学，2010(12)：41-47.

④ 田成有．中国法治进程中的软法问题及软法现象分析[J]．昆明理工大学学报(社会科学版)，2007(3)：16-23.

⑤ 杨海坤，张开俊．软法国内化的演变及其存在的问题——对"软法亦法"观点的商榷[J]．法制与社会发展，2012(6)：112-120.

⑥ 翟小波．"软法"及其概念之证成——以法律治理为背景[J]．法律科学，2007(2)：3-10.

念，即使在软法的发源地——国际法领域，想要推导出一个能统率所有软法文献、单一而明确的定义，也是勉为其难的。① 然而，在习惯了分析哲学的学术传统以后，如果一个事物总是无法通过语言被准确清晰地界定，那么似乎就意味着人们对它的认知尚缺乏理性，它对人类的价值自然也大打折扣。因此，许多学者都尝试给软法一个清晰的描述。例如，国外有学者认为，"软法"是指那些不依靠具有约束力的规则或正式制裁制度，而同时又暗示着某种规范性义务的规制手段和治理机制。② 也有学者认为软法是"原则上没有法律约束力，但是却有实际效力的行为规则"。③ 在我国，罗豪才教授认为，软法是不具约束力或约束力比传统法律要弱的准法律性文件。④ 也有学者在再造法概念的基础上提出，软法是指由共同体成员协商一致同意制定的，由成员的自我约束来保证实施的行为规范。⑤

综上可见，当前，在何谓"软法"这一问题上，学者们主要从"软法"和"硬法"的二元划分角度来进行阐释。硬法通常是指由国家机关所颁布的具有强制性效力的规范性文件，即我们通常意义上所谓的国家强制法。由于硬法根深蒂固的本质属性即为强制性，因此，相对应地，学者在阐述软法时，也常以"虽不具强制力，却仍有拘束性"来概括其本质。总的来说，这种方式较好地描述了软法的这样一种特征属性，即软法虽无形式上的"外在强制性"，但却具备实质上的"内在自省性"，并且，通过一定方式，后者也可能进一步转化为一种形式上的"社会约束性"，从而使其也能符合行为规范不可或缺的重要特性。显然，这一理解对把握软法的内涵是有益的，但是，从软法理论的进一步发展来看，也是应当进一步深化的。这是因为，仅以"是否具备强制性效力"为唯一绝对标准来区分硬

① 加贺见一彰. 软法次要规则的经济学视点：以会计和审计制度为素材[C]//罗豪才，毕洪海. 软法的挑战. 北京：商务印书馆，2011：288-289.

② 安娜·迪·罗比兰特. 软法的谱系[C]//罗豪才，毕洪海. 软法的挑战. 北京：商务印书馆，2011：2.

③ 姜明安. 软法在构建和谐社会中的作用[C]//罗豪才. 软法与法律治理. 北京：北京大学出版社，2006：88.

④ 罗豪才，毕洪海. 通过软法的治理[J]. 法学家，2006(1)：1-11.

⑤ 程迈. 软法概念的构造与功能[C]//罗豪才. 软法的理论与实践. 北京：北京大学出版社，2010：18.

法与软法，尚显不够全面。就像有学者所指出的，目前对软法的界定，集中于对规则在效力层面上的差异性进行比较与归纳，并未能够对软法规则的识别与其规则的具体内容、规则的产生方式之间建立直接关联。① 这种对软法概念的争议和期待深化的渴望本身也说明，软法在理论研究上仍有极广阔的空间。

2. 软法的范围

既然对"何谓软法"目前尚无法释清，那么对"软法的范围"自然也会引起争议。当前，存在着一种倾向，就是认为"硬法之外皆软法"，这就把道德、政策、纪律、标准、章程、宣言、操作守则、工作指南等一系列非由国家机关制定，或虽由国家机关制定却不具有普遍性效力的社会规范被统统纳入了"软法"的范畴。有学者忧虑，这是一种危险的"软法泛化"倾向，它模糊了法与非法的界限，降低了软法的价值。"软法"首先是"法"，其次才是"软"法。作为法，它必须要有明确的制定主体，以及可重复的适用性和约束力。② 美国有学者在研究国会颁布的法律时指出，软法律主要表现为国会所颁布的简单决议案和共同决议案，它尽管没有经过严格的立法程序，但仍是法律。③ 因此，在这些学者们看来，软法首先必须是国家立法，因此，类似道德、纪律之类的规范不应被统摄进来。应该说，这种观点相对更加明确，也有一定道理，但似乎又过于狭隘，过分限制了软法的成长，削减了软法对治理可能有的更大贡献。也有另一些学者从制定主体的角度来进行考虑，他们认为软法应当包括国家软法、社会软法和国际软法三大类。国家软法是由国家机关制定的缺乏强制力的规则；社会软法是由社会性组织制定的自我约束的规则；国际软法则是国际组织制定的具有示范性和指引性的规范性文件。前两者也可合称为国家软法。④ 从某种意义来说，这种认识具有一定合理性。无论是从狭义的国家主体，还是从广义的包括国家和社会在内的泛组织

① 邢鸿飞，韩轶. 中国语境下的软法治理的内涵解读[J]. 行政法学研究，2012(3)：3-8.

② 韩姗姗. 中国公域软法之兴起及背景解析[C]//罗豪才. 软法的理论与实践. 北京：北京大学出版社，2010：48.

③ 雅各布·E. 格尔森，埃里克·A. 波斯纳. 软法：来自国会实践的经验[C]//罗豪才，毕洪海. 软法的挑战. 北京：商务印书馆，2011：97-102.

④ 韩姗姗. 中国公域软法之兴起及背景解析[C]//罗豪才. 软法的理论与实践. 北京：北京大学出版社，2010：49-50.

性主体来说，它们均强调，软法必须是由一定组织或团体制定的，这就使软法剥离了道德的属性，彰显了法的形式。但是，在这种理论之下，国家软法和社会软法之间的关系如何就成为一个必须要解决的问题，否则我们就难以释清软法的体系，也难以像制定法那样为软法设计一个类似"法律体系"这样的结构编排，显然，这会大大影响软法的理论价值。

3. 软法的功能

如果说"软法"仅仅是用来统称那些设定"多元治理的运作机制中众多行动者共同关系"①的规则的话，那么"软法"又何必被称为"软法"？这个问题就涉及"软法"概念的价值和功能指涉。学界对于软法的观察一直存在两个不同视角，一是法律视角，一是政治视角。仅从政治视角来看，"软法"概念似乎意义不大，看起来不过是"皇帝的外衣"，或者是"装了旧酒的新瓶"，是法学家们摆弄的又一个文字游戏。例如，Richard Bilder 就认为，"用软法一词来描述显然不具有法律形式且实质上也不产生法律效力的文件没有什么意义"。② Lichtenstein 也认为，规范的软硬划分根本无关紧要，重要的不是法律渊源，而是实际效果。③ 对于此种质疑，借助于工具性立法和商谈性立法的二元划分，并从软法在规范和技术层面的适当性这一角度，罗豪才等学者进行了回应。他们认为，有以下几个理由可以解释为什么需要"软法"这个概念：第一，从法律角度重构社会规范体系的必要。长期以来，由于政治体制和社会结构的原因，我国的社会规范体系常常混乱不堪、界限不明，这在相当程度上造成了法律适用的困难。"软法"概念的提出将有利于解决这一局面。第二，完善法治建设的必要。2014 年，党的十八届四中全会审议通过了《中共中央关于全面推进依法治国若干重大问题的决定》，该决定重申了依法治国的理念，提出了要完善社会主义法治体系，建设社会主义法治国家。在这一历史背景下，"软法"概念的提出，有助于解决党内规范、团体规范和国家法律之间的衔接和融合问题，为依法治国的战略铺平道路。第三，完善依法行政的必要。法律治理所倡导的"善治"理念对依法行政、法治行政等提

---

① 蓝剑平. 全球治理的新动力——关于软法的研究综述[J]. 中共福建省委党校学报，2011(2)：24-28.

② 转引自罗豪才，毕洪海. 通过软法的治理[J]. 法学家，2006(1)：1-11.

③ 转引自罗豪才，毕洪海. 通过软法的治理[J]. 法学家，2006(1)：1-11.

出了要求。"软法"这一概念，对于行政机关在行政实践过程中如何切实尊重、理解并接纳其他一些类型的社会规范具有一定理论指导作用。这都体现了软法理论在当前法治中国建设中的重要价值与意义。

综上所述，软法理论是我国当前法治建设中一个十分重要的思想源泉，尽管它尚不十分成熟，但却在我国法治进程中表现出了一定的可塑空间。软法理论对于食品安全风险交流治理具有重要的启发意义。当前，在我国食品安全风险交流中，存在着较严重的制度性不足问题。这导致在食品安全风险交流具体开展时，常出现"行为缺乏指引""过程缺乏引导""效果缺乏评价""责任缺乏处理"等一系列问题，严重影响了食品安全风险交流的实际效果。然而，要加强食品安全风险交流的制度性建设，并非易事。由于食品安全风险交流本身就是对不确定性问题的交流，因此在构建客观标准，认定法律责任等问题上存在一定困难。另外，交流通常是一种语言行为，而言论自由又是公民宪法基本权利的体现，因此，对言论进行问责，在法律上本身也争议颇大，这些都为完全通过国家强制法来治理食品安全风险交流带来了一定困难。然而，软法概念由于更多的是强调一种"对话式"的立法思路、一种"协商式"的执法进路，一种规则对主体行为约束"内在的自省力"，因此，它将有助于在国家强制法之外，为食品安全风险交流法律治理提供一种理论上的制度新资源。这对我国食品安全风险交流法律治理完善无疑具有重大意义。

第三章　食品安全风险交流法律治理的
产生背景及形成要素

食品安全风险交流是一个具有浓厚时代气息的问题，因此，食品安全风险交流法治建设也不可能脱离于时空而机械地存在，它的产生必然是嵌入在一定的历史背景之中。事实上，食品安全风险交流的法治化是一个由经济、政治、社会、文化和技术各个社会子系统在运转过程中相互碰撞而产生的具有一定共时共振效应的问题，它关涉社会构成和运转的方方面面，具有高度的复杂性。因此，食品安全风险交流在法治化构造上也不可能是单一的、独立的和割裂的，而应当是一个由一系列要素有机组成，并具有一定内在逻辑联系的统一整体。

第一节　产　生　背　景

食品安全风险交流的产生具有特定的时代背景。也就是说，当前语境下的食品安全风险交流，并非在人类历史上的任何阶段都能构成突出的社会性问题。以我国为例，我国现行《食品安全法》颁布于 2009 年，且其中并未规定有关信息交流的内容，直到 2015 年《食品安全法》修订以后，相关内容才在第二十三条有所体现。另外，直到 2014 年，原国家卫计委才颁发了《食品安全风险交流工作技术指南》作为我国第一部对食品安全风险交流进行专门规范的法律文件。从国外来看，在美国，第一部与食品安全直接有关的法律是 1906 年的《纯净食品和药品法》，但直到 2007 年和 2009 年 FDA 才分别成立了"FDA 风险沟通咨询委员会"和出台了"FDA 风险沟通战略计划"。在欧洲，欧盟食品安全局（EFSA）的成立是 2002 年，且直到 2012 年才开始发布欧盟食品安全风险交流评估指南。世界卫生组织 WHO 和世界粮农组织 FAO 是在 1984 年才第一次在官方文件中出现了"食品安全"的字样，并且也是直到近年来才开始陆续出台一些与食品安全风险交流有关的指导性文件。通过对这些国内外食品安全及食品安全风险交流的立法史来看，食品安全问题仅仅是在最近几十年才成为全世界普遍关注的一个共同话题，而由其派生出来的食品安全风险交流，则更是直到最近十年左右才受到足够的重视。

食品安全风险交流的近时性特征无疑意味着，这一问题的产生与现代社会的变迁有着十分紧密的联系。也就是说，一定是现代社会发展日积月累的某些因素影响和促进了食品安全风险交流成为当下全球均日觉重要并普遍规制的一个重要问题。因此，探寻并挖掘出这些时代背景的变化，并对其加以有效地总结和凝练，将有助于我们更加深入地去理解食品安全风险交流产生的必要与可能，从而也能够在这个基础上，真正深入地去提炼我国食品安全风险交流法治建设在形成过程中应当去予以重点考量的因素。

一、从食物短缺到适度充足——经济背景

从某种意义上说，人类文明史的一部分就是食物史。在太古之世，原始人类为了裹腹，过着茹毛饮血、饥即求食、饱即弃余的流亡生活。后来，人类学会了钻木取火，开始对狩猎得来的食物进行加热处理。进入新石器时代后，随着生产工具的改进，原始农业开始出现，人类才终于过上了耕种养殖、依地而食、居有其屋的田园生活。此后，人类不断跨越，实现了从农业文明向工业文明和后工业文明的飞跃，并逐步进入现代性社会。人类历史几千年的征程，足以说明，食物是文明不可分割的部分。"我国自大禹揭善政养民，及洪范农用八政，食货为先，重农足食，遂为历代施政之纲要。国用所资，私人所需，亦莫不取给于农。"①可见，在中国历朝历代，统治者都非常重视食物问题。

在历史长河的几乎所有时期，人类对食物的关注主要是对粮食供应数量的关注。由于生产力的不发达、科学技术的落后，再加上农业自身的脆弱性，饥饿一直是世界人民记忆深处的梦魇。因此，食物能否进行充足的供应，是每一个主权国家政府和有关国际组织共同关注的问题。不过，自"二战"结束以后，国际经

---

① 冯柳堂. 中国历代民食政策史[M]. 北京：商务印书馆，1934：1.

济与政治新秩序得到确立，和平与发展逐渐成为主旋律；另外，自 20 世纪 70 年代以来，第三次科技革命的爆发和经济全球化进程的加剧，也使得世界农业有了长足的发展。因此，在多重因素的叠加下，全球粮食危机得到了一定的缓解。根据 FAO 在 2017 年发布的《世界粮食安全和营养状况》的报告显示，自 2000 年到 2014 年，全世界食物不足人数从大约 9 亿人下降到了 7.77 亿人，食物不足发生率从大约 14.7% 下降到了 10.6%。以我国为例，自 2003 年至 2015 年全国粮食总产量实现了十二连增，从 43070 万吨增长到了 62144 万吨，仅在 2016 年小幅下滑后，又在 2017 年转头向上，截至 2022 年已达到了 68653 万吨。根据中国农业科学院发布的《中国农业产业发展报告》预测，到 2035 年我国可确保"口粮绝对安全，谷物基本自给"的底线要求，主要畜产品和水产品的自给率可保持在 90%以上。[①] 可见，无论是在全球，还是在我国，食物短缺问题已经逐步得到缓解。因此，在满足了对食物的温饱需求之后，人们自然开始重视起食物的"口感""营养"和"副作用"等这些更高层次的问题，公众舆论对食品的拷问也就自然从"数量不够"转移到"质量不足"上了。

对食物的需求不仅是个体生存的需要，也是人权保障的对象。早在 1948 年通过的《世界人权宣言》第二十五条，食物权就首次被涵盖在了适当生活水准权中。1966 年，联合国又通过了《经济、社会及文化权利国际公约》，其中的第十一条再次强调了足够的食物是人人有权为自己和家庭获得相当的生活水准的应有之义，也是政府应予承担的责任和义务。可见，早期国际人权组织是把食物权当作个体的基本生存权来加以保护的，这一时期对食物权的界定主要是强调对食物的充足供应。但是，当社会发展到了一定的阶段以后，还仅仅从生存权的角度来保障人的生活需要显然是不够的，人权的理念必须要得到进一步的提升。1986 年 12 月 4 日，联合国大会通过了《发展权利宣言》，这标志着发展权开始作为新一代人权被正式确认。发展权是所有个人和全体人类应该享有的自主促进其经济、社会、文化和政治全面发展并享受这一发展成果的人权。它是社会生产力发

---

① 胡璐，董峻. 到 2035 年我国可确保"口粮绝对安全，谷物基本自给"[N]. 农民日报，2018-06-28.

展到一定阶段的产物，也是主体的内在素质不断外化的结果。①

综上所述，如果说食物充足是对人权中生存权进行满足的话，那么食品安全就是对人权中发展权的张扬。在发展权这一人权位阶下，人们所拥有的食物不仅应该能满足温饱，也应该能实现对幸福生活的追求，对发展共享的向往。因此，从食物数量的短缺供应到适度充足，这是建立在经济增长基础上食物问题的时代性变化，它为食品安全风险交流及其法律治理的产生带来了历史条件和契机之一。

二、从选举民主到审议民主——政治背景

20 世纪的最后十年，西方民主理论最伟大的转向就是庄泽克所谓的"审议转向"，这种转向的重要性在于"审议的理念正在重塑我们关于民主的想象"。② 审议民主理论的核心是主张通过自由而平等的公民讨论来进行决策。它在 20 世纪 80 年代中期由丹麦首先发展出来，其后逐渐在欧洲、美国和我国台湾地区开始实践。近年来，在我国政治学界，也有不少学者开始着力介绍和推动有关其理论。2018 年 5 月 31 日，国务院发布了《重大行政决策程序暂行条例》，其中第五条明确落实了民主决策的原则，强调"作出重大行政决策应当贯彻落实群众路线，充分听取社会各方面的意见，保障人民群众通过多种途径参与决策"。同时，第六条还规定，作出重大行政决策，要依法履行公众参与、专家论证等程序。这可以被看作审议民主理念在我国行政实践中开始落地生根的一种表现。

有学者认为，审议民主理念的发展仅仅是代表了一种复苏，而非创新。③ 早在公元前 5 世纪的雅典，公民就被认为是各种公共事务公正的评判者，关于公共问题的讨论被看作任何明智之举必不可少的前提。尽管雅典式的民主也导致了诡辩学的产生，并在实践中出现了参与讨论人数不足和参与讨论的人自说自话的缺憾，但是，无论如何，它具有了审议民主的某些形式，并启蒙了人类对民主的追求。

---

① 汪习根. 论发展权的本质[J]. 社会科学战线, 1998(2)：230-241.
② 谈火生. 审议民主理论的基本理念和理论流派[J]. 教学与研究, 2006(2)：230-241.
③ 约·埃尔斯特. 协商民主挑战与反思[M]. 北京：中央编译出版社, 2009：2.

　　雅典式的民主在公元前 322 年走向了消亡。大约 2000 年后，结合自由主义与个人主义的民主制度再次出现，但这次是以选举的形式。在数百年前的欧洲，代议民主的产生无疑具有革命性的意义。它以"自由平等""主权在民"等思想为武器，打破了桎梏和压迫人类 1000 多年"君权神授"的政治观念，实现了资本主义文明对封建专制状态下人的彻底解放。从此，以投票为主要形式，以立法、行政、司法三权分立为基本构造的西方选举式民主，就成为资本主义世界政治文明的集中表现。但是，在文明世界中，选举式民主尽管有着巨大的聚合性优势，却也在实践中受到了一些质疑。早在 18 世纪末，西方社会就已经出现了通过选民会投票选出来的代表已经很难再受到选民们控制的局面。到了现代，选举程序本身更成为一种政治目的而非公民参政的过程，民主沦落为数字统计游戏。因此，18 世纪末的法国政治家西耶斯就对公共投票的过程提出了质疑，批判它"缺少协商和商讨的因素"。在 19 世纪，约翰·斯图尔特·密尔提出了"经由讨论的统治"，强调协商对于人类政治过程的必要性。进入 20 世纪，以罗尔斯、哈贝马斯、庄泽克、费希金、巴伯等为代表的一大批西方学者开始更加深化对审议民主理论的研究，并分别形成了麦加菲（Noelle McAfee）认为的"以偏好为基础的审议民主模式""理性的程序主义审议民主模式""综合的审议民主模式"三种不同的理论流派。①

　　尽管不同审议民主者的主张不尽相同，但其共同宗旨都是强调要对代议民主下"公民参与的不足"进行矫正。在费希金看来，审议民主的核心在于通过有效的制度，使公民能自由、平等地参与对公共事务的讨论，并经由自我表达和听取意见的过程，去除各种可能的偏见，形成合理化决策。② 而卡斯·桑斯坦、甘贝塔和费伦等人则认为通过审议民主下的公民讨论，至少能够有九点好处，分别是"可以揭示私人信息""减少或克服有限理性所带来的影响""促成一种对各种要求进行辩护的模式""赋予最终选择以合法性""作为合意""促进决策的帕累托最优"

---

　　① Noelle McAfee. Three models of Democratic Deliberation [J]. Journal of Speculative Philosophy, 2004, 18(1)：44-59.

　　② Fishkin, J. S.. Deliberative democracy [C]//R. L. Simon (Ed.). Social and Politic Philosophy. Oxford：Blackwell Publishers, 2002：221-238.

"促进基于分配正义的最好决策""达成共识""提高了参与者的素养或知识"。①可见，在审议民主的理念和语境下，有效的公众参与是解决许多社会难题的一剂良药。

事实上，在卡斯·桑斯坦看来，在风险管制的情况下，协商优于聚合。② 这也在一定程度上暗示了，协商民主理念的发展与风险社会有着不谋的暗合。在早期的工业社会中，由于风险所带来的不确定问题并不突出，政府只要恪守法律保留原则和比例原则，就可以循规蹈矩地完成议会交付的行政任务，维护"法治国"的良好形象，因此，选举民主在工业社会中有着适足的生存空间。但是，风险社会给公共行政带来了"面向不确定性的治理"，在这种情况下，单纯依靠严格的法律保留行事，对政府和社会而言，都会带来治理不足的问题，因此，面对风险，政府必须有所作为。然而，政府的理性也是有限的，不足以完全依赖自我的能力去应对不确定的风险，这就导致，在风险决策中重视审议民主的功能，成为风险社会一种历史发展的必然。食品安全风险正是人类在风险社会中所面对的一种重要的不确定风险，因此，加强食品安全风险交流及其法治建设，在某种意义上也是在食品安全风险规制中依法实现审议民主的一种体现。就此而言，从选举民主向审议民主的历史转向，也就成为时代赋予食品安全风险交流及其法律治理产生的又一契机和条件。

三、从人际信任到制度信任——社会背景

从某种意义上说，人类社会发展的动力最终存在于对个人能动性、对探索和创新的自由抱有的信心之中。这种自由，深知其后果、义务和局限性，简言之，深知其责任，即自负其责的能力。然而，信心从何处来？它并非凭空产生，而是根植于一个社会的信任体系之中。"在我们看来，对他人持信任还是怀疑态度，尽管表现形式极不相同，却是对发展起决定性影响的文化、宗教、社会和政治行为的精髓。"③信任既在一定程度上制约着一个国家经济和社会发展的方向和前

---

① 约·埃尔斯特. 协商民主挑战与反思[M]. 北京：中央编译出版社，2009：13.
② 约·埃尔斯特. 协商民主挑战与反思[M]. 北京：中央编译出版社，2009：12.
③ 阿兰·佩雷菲特. 信任社会[M]. 邱海婴，译. 北京：商务印书馆，2005：7.

景，也在一定意义上受到这个国家民族文化的影响和牵制。法国思想家阿兰·佩雷菲特在考察人类不同的民族发展史时提出过一个问题，那就是：为什么有些社会奋力前行并不断超越，而有些社会却一成不变停滞不前？为此，他提出了"品性学"这个概念。他认为，由人类不同族群各自的行为和观念所形成的品性，特别是在交易、文化流动性、地理流动性以及创新等方面所构成的激活与抑制因素，决定了发展的动力或障碍。① 在比较了自 16 世纪时荷兰、英国以及北欧诸国与法国在发展历程上的不同后，他提出了"疑忌社会"与"信任社会"的两种概念划分。他认为，疑忌社会是畏首畏尾、输赢不共的社会，这种社会的共同生活是零和甚至负和博弈，倾向社会嫉妒和自我封闭；而信任社会是扩张共赢的社会，这种社会团结互助、开放而包容。无独有偶，20 世纪美国著名的社会学家弗朗西斯·福山认为，信任，是经济的更是社会与文化的主题。他在考察了中国、法国、意大利、韩国、德国和日本等不同国家的工业化发展模式之后，把人类社会分为了高度信任和低度信任两种类型，并分析了不同的信任结构对两种社会的工业发展所带来的影响。② 当然，作为受西方意识形态浸淫熏陶的学者，他们的理论在马克思历史唯物主义哲学看来颇值商榷，但是，他们对信任与社会生产和发展关系的看法仍有一定可取之处。

信任作为一种普遍的社会资本，在中国的社会发展中也意义非凡。尽管弗朗西斯·福山把以中国为代表的华人社会定义为低信任社会，并用林语堂笔下的"一盘散沙"来进行描述③，但是，也有学者借用哈佛大学肯尼迪政府学院诺利斯（Pippa Norris）教授提供的"Shared Global Indicators Cross-national Datebase"（1980—2001 年）数据库，证明中国大陆的信任度为 53.6%、远高于日本和韩国的 38.8% 和 33.1%。④ 虽然对当代中国社会的信任度认识存在一定分歧，但学界普遍认为，伴随现代中国社会向城市化和工业化的转型，中国社会的信任结构和

---

① 阿兰·佩雷菲特. 信任社会[M]. 邱海婴，译. 北京：商务印书馆，2005：7.

② 弗朗西斯·福山. 信任：社会美德与创造经济繁荣[M]. 郭华，译. 桂林：广西师范大学出版社，2016：7-50.

③ 弗朗西斯·福山. 信任：社会美德与创造经济繁荣[M]. 郭华，译. 桂林：广西师范大学出版社，2016：74.

④ 马得勇. 信任、信任的起源与信任的变迁[J]. 开放时代，2008(4)：72-86.

模式也在发生翻天覆地的变化。卢曼曾经在信任的测量上，将信任划分为人际信任与制度信任。其中人际信任以人与人之间的情感为纽带，常生长于具有亲疏远近的关系纽带之中，符合费孝通先生所谓的差序格局特征；而制度信任往往是对法律、政治等社会系统的信任，它以认同为基石，具有非人格化的特征。[1] 一般认为，受到传统农耕文明以及儒家文化的影响，中国社会长期依赖的信任结构主要是人际信任。[2] 但是，自中国开启现代化进程以来，中国传统的农业社会正在加速解体，道路通向了城市。根据 2021 年 5 月 11 日国家统计局发布的《中华人民共和国第七次全国人口普查公报》显示，截至 2020 年 10 月 31 日，全国大陆总人口 1443497378 人，其中城镇常住人口达到了 901991162 人，占 63.89%，比 2010 年提高了 14.21 个百分点。急剧而大规模的城市化浪潮给中国在经济、政治、社会、文化等一系列方面等带来了巨大的冲击，其中，就包括信任的变化。城市不同于农村，它是一个陌生人的社会。在城市巨大而雄伟的建筑群落中，人们对生产资料、生活资料的获取都将完全依赖于与我们没有任何人身关联和情感依靠的人。城市的生活方式、运转结构也不再像农村那样隐匿于浓浓的人情背后，根植在祖辈们深以为系的土地之中。在城市化的生产和生活方式的引导下，人们只能越来越多地依靠社会系统所提供的各种环境，依靠制度所形成的各种机制来降低社会交往的复杂性，获得"带有保障性的安全感"。[3] 就此而言，在工业化和城市化的社会进程中，制度信任将和人际信任同心协力，一起构筑社会信任的基石和大厦。

当代中国社会信任结构和模式的变化，在一定程度上也决定了我国食品安全风险交流法律治理的产生和构建。首先，如本书第一章所述，国内外学界一致认为，信任是构成食品安全风险交流的重要影响因素，因此，一个国家的信任结构和信任模式对于该国食品安全风险交流的特征、状况，以及食品安全风险交流法律治理的侧重与倾向也都具有重要的意义。其次，社会信任状态的变化也对食品

① 何可，张俊飙，等. 人际信任、制度信任与农民环境治理参与意愿[J]. 管理世界，2015(5)：75-88.

② 马俊峰. 当代中国社会信任问题研究[M]. 北京：北京师范大学出版社，2012：27.

③ 陶芝兰，王欢. 信任模式的历史变迁——从人际信任到制度信任[J]. 北京邮电大学学报(社会科学版)，2006(2)：20-23.

安全风险交流法律治理提出了要求和挑战。一方面，中国社会从人际信任向制度信任进行转向的过程，意味着在分工日益细化、食品供应日益社会化的今天，只有不断加强包括食品安全风险交流法律治理在内的一系列食品安全制度性建设，才能提高人民群众对食品安全的信任感，满足人民对美好生活追求与实现的向往；另一方面，在当前，中国社会信任的根本问题不是信任度高低的问题，而是信任度下降过快的问题。① 但是，如何提振我国社会的信任水平呢？有学者认为，传统社会是"面对面"的社会，交往人数少，且交往经常重复，情感信任易于形成；而现代社会是"背靠背"的社会，交往人数多，交往流动性强，情感信任弱化，认知信任增强。② 可见，"面对面"的重复性交流不够，是引起我国社会情感信任弱化的重要原因。这就意味着，信任势必要通过人与人之间不断的沟通与理解，才能在根本意义上得到提升。由此，在食品安全问题上，通过加强风险交流法治建设来提高我国食品安全风险交流的水平和效果，自然也成为增进我国食品安全社会信任的必由之路。综上可见，从人际信任到制度信任的社会变迁，是时代赋予食品安全风险交流及其法律治理形成的又一个重要契机和条件。

四、从客观知识到主观建构——文化背景

长期以来，在风险究竟是客观现象还是人类主观建构这一问题上，学界有过激烈的争论。纵观风险研究的历程，大体经历了四个阶段："第一阶段主要集中于核能安全和风险评估问题；第二阶段转向风险的比较及社会的承受力；第三阶段集中于对科技风险的分析以及从心理学层面对风险的感知机制的分析；第四阶段侧重于对风险的跨学科解析以及对风险的社会转型分析。"③在风险研究的第一阶段，也就是早期阶段，学界对风险持一种"个别化立场"。此时，风险研究的理论基础主要是概率理论、认知心理学理论和精算工程学理论，风险的唯一定义者是专家。在这些专家们看来，风险似乎无须社会与文化的脉络，而可被理解为是独立的变数。"风险是在自然中先天的存在，并且在原则上是能够通过衡量和

---

① 马得勇. 信任、信任的起源于信任的变迁[J]. 开放时代，2008（4）：72-86.

② 伍麟. 中国社会治理进程中的信任变迁[J]. 中国科学院院刊，2017（2）：157-165.

③ 刘路. 风险社会的政府话语[M]. 北京：中国国际广播出版社，2017：8.

计算来进行鉴别并运用这些理论来控制的。"在这个时候,风险被视为是客观而普遍的。普通人受到轻蔑,他们被描述为是"用低劣的知识或直觉来非科学地应对风险"。①

但是,随着时代的发展,人们对风险的研究也开始发展。以人类学家玛丽·道格拉斯及其追随与合作者为代表的文化符号视角和以贝克和吉登斯为代表的风险社会学派把对风险的研究推向了第二阶段,也就是社会文化视角阶段。在这一阶段,风险被放置于特定的社会文化背景中来予以理解和商谈。其中,玛丽·道格拉斯提出,风险都是"建构"的,风险在当代的凸显是一种文化现象,现代的实际风险并没有增加,而仅仅是人们的感受增加了。这是一群处于边缘的有影响力的社会成员强烈声称真实的风险正在增加所造成的。② 贝克则指出,风险陈述既非纯粹的事实主张,亦非完全的价值主张;风险既是"现实的",又是由社会感知和结构"建构的",它是一种"想象的现实"。在这些风险理论家们的推动下,人们逐渐意识到,风险,不仅仅是统计学意义上的一种客观知识,它同时还是受到一定社会和文化条件制约的人们的主观建构。风险一部分是客观威胁,一部分是社会及文化体验的产物。风险包括了能量、事件、信息或社会和价值体系中的混乱持续或突然释放而导致的物理环境或人类健康的变化。因此,公众的风险体验既是一种生理损害的经验,也是个体和团体借以解读风险的文化和社会进程的结果。③ 这种观点和认识也进一步推动了风险学者们对风险感知的关注和研究。

尽管西方风险理论研究的这一进路早在 20 世纪就已经开始了,但是,就我国的食品安全风险管理而言,仍然走过一段不小的弯路。在 2009 年我国最早颁布的《食品安全法》中,立法部门已经意识到了食品安全风险的问题,并在第二章以专章形式对食品安全风险的监测和评估进行了规定。该法第十六条第一款强调,食品安全风险评估结果是制定、修订食品安全标准和对食品安全实施监督管

---

① 狄波拉·勒普顿. 风险[M]. 雷云飞, 译. 南京: 南京大学出版社, 2016: 15.

② 张文霞, 赵延东. 风险社会: 概念的提出及研究进展[J]. 科学与社会, 2011(2): 53-63.

③ 罗杰·E. 卡斯帕森. 工业事故中风险沟通的考量因素及原则[C]//珍妮·X. 卡斯帕森, 罗杰·E. 卡斯帕森. 风险的社会视野(上). 童蕴芝, 译. 北京: 中国劳动社会保障出版社, 2010: 58.

理的科学依据。第十三条第四款强调，食品安全风险评估应当运用科学方法，根据食品安全风险监测信息、科学数据以及其他有关信息进行。同时，该法在第七条、第八条、第九条都强调了要"加强宣传、普及食品安全法律、法规、标准和知识"。这意味着，在早期的食品安全法立法理念中，已经非常重视对食品安全风险中科学知识，也就是客观知识，加以监测、分析、评估和传播。但是，正如前文中所指出的，该法并涉及关于食品安全风险交流的内容。这也就意味着，此时的《食品安全法》立法者主要还是把风险作为一种客观性而非主观性来予以规制。也就是说，一方面加强对食品安全风险的客观评判和控制，另一方面通过加强对这种经过"客观评判和控制"后产生的信息向民众进行"宣传和教育"，从而治理风险。这种状况，直到 2015 年《食品安全法》修订后，有关食品安全信息交流的内容在第二十三条得以体现，才有所改变。

实际上，和现代社会很多其他风险一样，食品安全风险也有着强烈的主观建构性。例如，尽管世界卫生组织的科学试验一再证明，烟熏炙烤类食品会产生一种叫作苯丙芘的致癌物质，有诱发胃癌、食道癌和结肠癌的风险，[1] 但是，据中国饭店协会与美团联合发布的《2022 年中国烧烤行业消费发展报告》显示，国人对烧烤类食品的偏爱一直有增无减。仅 2021 年，烧烤总线上消费年同比涨幅高达 48.3%，且消费者主动搜索"烧烤"等相关关键词的次数也同比再创新高，同比增长了 29.8%。[2] 可见，即使针对这种客观风险已经比较明确的食品，国人在风险行为上依然表现出了强烈的主观建构性。因此，这就意味着，食品安全风险治理仅仅依靠客观的科学知识来进行评估和传播是远远不够的，我们必须要学会倾听并相互交流对风险的感受，在理解的基础上共同管理食品安全风险行为，唯有如此，才能取得良好的效果。就此而言，充分认识到食品安全风险的主观建构性，也是加强食品安全风险交流及其法律治理形成的重要契机和条件。

---

[1] 李锦龙. 浅谈烧烤肉食品的有害物对人体的危害[J]. 中国动物检疫，2003(9)：16.

[2] 石谢新. 烧烤品类线上订单强劲 北串南下成新趋势[J]. 中国食品工业，2022(13)：66-67.

五、从传统媒体到网络媒体——技术背景

自 1946 年世界上第一台计算机 ENIAC 在美国宾夕法尼亚大学诞生以后，现代电子通信技术就开始以迅雷之势席卷全球，使人类走进一个全新的信息时代。在我国，近年来，互联网用户，特别是以手机为代表的移动互联网用户，正在日渐增多。2019 年 8 月 30 日，中国互联网络信息中心（CNNIC）发布了第 44 次《中国互联网络发展状况统计报告》。该报告显示，截至 2019 年 6 月，我国网民规模达到 8.54 亿人，较 2018 年底共计新增网民 2598 万人，增长率为 1.6%。互联网普及率为 61.2%；截至 2019 年 6 月，我国手机网民规模达 8.47 亿人，较 2018 年底增加 2984 万人，手机上网的比例由 2018 年底的 98.6% 提升至 99.1%。①

网络信息技术的迅猛发展使得媒介技术环境发生了根本性变化，从过去以"单向传播模式"为核心的"传统媒体时代"转变为以"双向去中心交流模式"为体现的"网络媒体时代"。② 在传统媒体时代，信息资源高度集中，政府和媒体处于信息传播的上游，掌握着信息主动权，而公众则缺乏表达自己意见的集中场所，因此，只能处于信息接收者的地位，无法主动发布信息。此时的信息传播模式呈现出单向的线性特征。而在网络媒体时代，网络的交互性、即时性等特征，为现代人类营造了一个交流畅通的公共生活空间。人们可以在网络世界中自由发表对真实世界的看法，同时，每个接收信息的人，还可以将信息编辑后再转发，从而成为"自媒体"。如此，通过网络空间里的信息表达和传递，人们就更容易实现即时性的对话和交流。因此，相对于传统媒体，网络不仅改变了信息传播的介质，还在根本上改变了传播过程中各利益相关人之间的关系与互动方式（见表 3-1）。

---

① 第 44 次《中国互联网发展状况统计报告》［EB/OL］.（2019-08-30）［2023-09-11］. https://www.cac.gov.com/2019-08/30/C_//24938750. html.

② 周敏. 阐释·流动·想象：风险社会下的信息流动与传播管理［M］. 北京：北京大学出版社，2014：115.

表 3-1　　　　　　　　网络媒体的传播特性及其与传统媒体的比较

项　　目	传 统 媒 体	网 络 媒 体
信息数量	有限	无限
信息展现方式	元素独立呈现，线性文本	图文、声像并茂，超文本链接
信息内容	多为原创新闻，目的性强	原创新闻少，多为新闻信息汇集，目的性差
信息时效	受媒体日程所限	即时
受众特点	广泛	具有一定知识层次的群体
传受关系	传者主动，互动性弱	无明显受众，参与自由度高，互动性强
舆论形成方式	自上而下	自下而上
政府控制	可控性强	可控性差

　　网络媒体这些不同于传统媒体的特性对于食品安全风险交流起到了重要作用。第一，它充当了权威信息的传播工具。由于网络媒体具有信息无限、传递速度快、反馈迅速、图文声像并茂等特征，因此，现在许多权威部门在发布重要的食品安全信息时，也会使用微信、微博、门户网站等互联网媒体。第二，它提供了互动的平台。以 John Perry Barlow 和 Todd Lapin 为代表的第一代网络理论家认为，网络空间造就了现实空间绝对不存在的一种社会——自由而不混乱、有管理而无政府、有共识而无特权。① Barrie Gunter 指出，正是由于网络互动才使得网络使用者能够就网络新闻具体内容与发布形式等与编辑或记者发生直接的"观点对话"，互动的网民数量不受限制，任何人都可发表意见和观点。② 如果说前者是对网络空间社会交往美好理想的一种表达的话，那么后者的论述则揭示了网络空间对社会交往的实际意义。当前，伴随移动网络的普及，我国许多食品安全风险交流活动都是在互联网空间里完成的。第三，容易形成民间舆论领袖。网络大V、微信公众号往往由于拥有规模的关注群和用户群而具有较大影响力。相对于官方媒体，客户的忠实度较高使他们在舆论引导上具有优势。因此，在网络媒体时代，依靠这些舆论领袖，许多在传统媒体时代分散而无法捕捉的公众食品安全

---

　　① 方付建. 把脉网络舆情——突发事件网络舆情演变研究[M]. 武汉：华中科技大学出版社，2017：22.

　　② Gunter B. News and The Net[M]. Lawrence Erlbaum Associates, Inc., 2003：2-15.

意愿可以在这里被聚合起来，从而对食品安全政策形成有效的舆论压力。总之，网络媒体的出现，改变了传统媒体时代食品安全风险信息的传递方式，使风险信息真正地由单向传播开始变为了互动交流，从技术上为食品安全风险交流及其法治建设提供了重要的契机和条件。

第二节　形 成 要 素

如前所述，食品安全风险交流法律治理，应当是一个内在统一的有机整体。因此，如果我们要对它进行系统的研究和设计，就必须先要解析它的形成要素，使其内部关节与脉络呈现出来，然后再予以有效编排。一般而言，一个规范的治理体系应当是主体明确、信息充分、结构合理、目标得当、形式多样的，因此，我们可以从这几个方面来对食品安全风险交流法律治理的形成要素进行解析。

一、主体要素

作为不同于传统公共行政的社会管理新范式，治理的一个主要特征就是治理主体的多元化。在这个激变的时代，国家主义统治模式下退化为被治者的社会正在重新发出行动的呼喊，要求与国家及其政府一道开展治理行动。[①] 因此，依据共享的原则，将公共部门与私营部门的力量整合起来进行治理激励，将会有效地增进社会治理的效果。这一点，对于食品安全风险交流法律治理而言，也同样如此。

1. 公共部门

通常而言，公共部门是指经由宪法和法律授予特定公共权力，以社会的公共利益和价值为组织目标，全部或部分履行社会公共事务管理与公共服务职能的组织形态。有学者认为，公共部门和私营部门之间的界限很难被简单地划分清楚，这种差别是根植在文化与社会层面上的。[②] 由于人们对公共部门的内涵与外延在认定时存在差异，因此，公共部门在种类构成上往往也有不同划分。有学者根据

---

① 张乾友. 社会治理的话语重构［M］. 北京：中国社会科学出版社，2017：1.
② 马丁·冯. 公共部门风险管理［M］. 天津：天津大学出版社，2003：6.

公共部门运作资金来源和掌握的国家权力大小将公共部门分为了三类：第一类是拥有公共权力，运营经费全部来自国家财政拨款的国家政权组织系统，包括立法、行政、司法和检察机关；第二类是国家授权和委托的组织，它们从事公共服务，为社会提供公共产品，运营经费部分来自国家财政，部分来自提供公共服务时的收费，如图书馆、养老院、公办学校、公立医院等；第三类是国家投资组建的，以营利和国有资产保值增值为目的，并以企业方式运营的组织，即通常所指的国有企业。① 也有学者认为，公共部门主要包括政府公共部门和非营利性部门两类。其中，政府公共部门是最主要的构成，它包括政府机构实体及其工作人员；非营利组织不以营利为目的，是营利性组织和政府公共部门之外的公益性组织，它以执行特定公共事务为目的，代表政府行使某些社会管理职能，以促进社会和谐，经济发展以及维护社会公正等。②

　　由上述分类可见，尽管"公共部门"作为一个学术性概念已被广泛认同，但在实践中，对它的构成仍有争议。例如，对于"除行政机关之外的其他国家政权组织""国有企业"等是否属于公共部门，上述两种分类便有所不同。产生这一现象的根本原因在于"公共性"的模糊性。笔者认为，在食品安全风险交流的治理主体中，公共部门应当是广泛和多样的，它既包括了来自国家公权力的立法机关、行政机关、司法机关、检察机关，也包括了其他各种非营利组织。原因如下：

　　首先，就食品安全风险交流而言，能够参与其中的公共部门是广泛而且多样的，而参与者的自我管理和约束是治理的应有之义。一方面，根据笔者前述对食品安全风险交流的界定，它是指一切机构、组织和个人在食品安全风险评估和管理过程中，就有关食品安全的各种信息、观点和态度进行交流的过程。因此，它包括各种可能参与其中的公共部门组织和人员。另一方面，根据我国 2015 年《食品安全法》第二十三条的规定，能够参与食品安全风险交流的公共部门也是包括了政府部门和其他很多非营利性组织的。

　　其次，就食品安全风险交流法律治理而言，也必须动员社会的多方力量。食

① 韩青.公共部门人力资源和谐管理研究［D］.南京：江苏大学，2009：10.
② 李文彬，郑方辉.公共部门绩效评价［M］.武汉：武汉大学出版社，2010：40-41.

品安全风险交流是无法和其他社会问题相割裂而独立存在的，因此，如果我们把重点仅仅放在设计风险交流的原则、方式和程序等上面，是难以有效改善风险交流的现状的，必须从一个更加宽广的视野来提高整个风险交流的环境。① 事实上，食品安全不仅追求消费者个人利益的保护，还体现为对社会秩序的保障，因此，凡是以追求公共利益为己任的公共部门都有权参与对食品安全风险交流的法律治理。另外，食品安全风险交流，其最直接的表现形式就是在公共领域中，对生活世界所有的食品安全风险问题，表达自己的观点和态度，因此，它可能存在于任何一个生活场景之中。例如，每一起食品安全诉讼，都可以看作不同主体在司法审判这个公共空间里对食品安全的一种意见表达和交换，而裁判文书则可以看作司法部门对双方食品安全意见的一种采纳或驳斥的官方文本呈现，同时，判决本身还可以产生一定的社会辐射效应，从而进一步影响公共决策。同样，每一次有关食品安全的立法，无论是法律、法规还是规章，都会在立法流程中有专家咨询和发布征求公众意见稿的过程，这也可以看作立法部门参与食品安全风险交流法律治理的过程。通过立法草案和正式法律文件的对比，我们可以看到立法机关在不同的食品安全风险意见上做出了何种取舍，表明了何种态度。这也是对食品安全风险交流进行法律治理的一种体现。

在所有参与食品安全风险交流治理的公共部门中，政府处于重要的位置，这主要是由于政府在治理中的主动性所致。政府作为行政权力的拥有者，对每个监管环节进行风险交流是保障食品安全的外部助动力。相比于其他机构，政府在信息上具有优势，负责对外发布各种具有权威性的指导消息。政府发布食品安全信息的方式和渠道主要有五种：一是传统的信息发布，包括重大食品安全事件新闻发布会、日常性食品安全检验检测信息发布、食品安全预警信息发布等；二是通过食品安全投诉举报和征求意见的方式搜集食品安全信息，并对外公布；三是提供食品安全信息咨询；四是开展食品安全宣传教育活动；五是通过官方微博、微信公众号等新媒体形式传播食品安全信息。政府不仅对外通过信息发布的方式开展食品安全风险交流，同时，在内部也要通过部门合作的方式进行食品安全信息

---

① Chen Sirui Liu Zhihui. A reference-oriented study of the legal system of food safety risk communication[J]. China Legal Science，2015(3)：109.

交流网络建设。例如，对全国突发性食品安全事件的综合处置，需要不同层级的政府部门就突发事件的预防、准备、响应、处理等活动进行联合部署，建立交流网络；对日常的食品安全风险，也需要不同职能的政府部门进行有效的信息交流建设，保障内部信息通畅。目前我国已经构建了在食品安全委员会统筹协调下由国家市场监管部门、卫生部门、农业部门共同参与的食品安全监管体制，因此，多部门之间的信息沟通也是食品安全风险交流的重要体现。

相对于政府而言，非营利性组织参与食品安全风险交流治理具有专业性、灵活性和亲和性等优势。食品安全风险交流中的非营利性组织主要指各种产业协会、同业公会和其他群体性组织，例如消费者协会等。早在 2013 年，汪洋同志在全国食品药品安全和监管体制改革工作会议上，就明确提出要充分发挥包括公益组织在内的多元主体的积极作用，形成食品安全监管的社会共治格局。在许多西方发达国家，非营利性组织都是食品安全建设的重要参与力量，它们在推动食品安全立法和执法、为消费者提供咨询服务、进行信息披露、督促政府监管、评议政府监管效果、监督政府行为等许多方面都发挥着重要的作用。[1] 在我国，非营利性组织可以在食品安全风险交流法律治理中有效地弥补政府公信力不足的一些缺陷，利用其社会化组织的身份协助政府宣传，消除公众负面情绪，起到良好的上传下达和社会动员的效果。

2. 企业

企业，也称为私营部门，通常是指以追逐利润为目的的各种营利性组织。但英国经济学家查尔斯认为，利润只是企业存在的必要而非充分条件，营利只是手段，而不是目的，企业应当有自己的历史使命。[2] 因此，现代国家在注重企业营利性的同时，也十分强调其社会责任。在我国，2012 年 12 月，中央经济工作会议也明确提出要尽快加强大企业的社会责任建设。就食品安全风险交流而言，无论是从企业营利性角度，还是从社会责任角度，加强对食品安全风险交流的治理参与都是企业实现自我良好发展的重要前提。

---

① 陈刚. 发达国家公益组织参与食品安全监管的经验及启示[J]. 食品工业，2015(8)：236.

② 申霞. 私人部门参与公共服务的制度建构[J]. 中国行政管理，2007(4)：54.

首先，企业积极参与食品安全风险交流法律治理是实现营利的重要前提。对于企业来讲，通过积极的风险交流保持和恢复良好的信誉至关重要。国外许多关于风险感知的研究均证实，影响风险感知的因素包括对"新的"危险的感知，对相关危害严重性和潜在灾难的恐惧，以及媒体大规模报道导致的"可记忆性"。①因此，企业，甚至行业一旦出现食品安全风险事件，将会在相当长一段时间里使公众对其产品产生损害记忆，从而加强风险感知，影响产品销售。例如，当英国最大的三明治制造商GREENCORE宣称自愿从英国召回四种三明治产品，以作为对受李斯特菌污染食品的安全预防措施后，该公司销售额就遭受了7%的猛烈下跌。② 因此，企业在风险事件发生后，应当立即通过有效的食品安全风险交流来实现对信誉的恢复。

尽管企业出于对信誉的追求而有参与食品安全风险交流的动力，但是，出于对商业利润的考量，企业对待食品安全风险交流的态度是否值得信任呢？国外有学者认为，可信任的食品安全风险交流应当由五个因素来决定，分别是客观、忠诚、觉察能力、公平和一致性。这五个因素对不同类型的风险交流者而言也不同。③ 那么，对于企业来说，它们是否可能在食品安全风险交流中具备足够的客观和忠诚呢？答案是肯定的。Regester and Larkin认为，企业的天性是追求利益，它们也想要生产安全、无危害的产品，以持续获得消费者信任。因此，他们对产品风险的客观解释，也是他们的利益所在。如果可能，企业将最大化地降低潜在的损害。④ 由此可见，企业基于对营利所依赖的信誉的追求，使他们不仅有参与食品安全风险交流的功力，同时也使他们的交流有可能是负责任的。

其次，企业参与食品安全风险交流法律治理，也是承担社会责任的重要表

① 罗杰·E.卡斯帕森.有害物质填埋场选址与风险沟通中的社会不信任因素[C]//珍妮·X.卡斯帕森，罗杰·E.卡斯帕森.风险的社会视野(上).童蕴芝，译.北京：中国劳动社会保障出版社，2010：16.

② Frank O'Sullivan MVB MSc. Effective risk communication for the food industry [J]. Veterinary Ireland Journal, 2013(7)：609-613.

③ Artur Albach, Johannes Gamroth, Jonas Hirschnitz, Julian Jacobitz. Trust-building risk communication in the post-trust era[J]. Revista Lberoamericana de Truismo, 2016(5)：107-138.

④ Regester, M., & Larkin, J.. Risk Issues and Crisis Management：A Casebook of Best Practice[C]. London：Sterling, 2005：34.

现。企业社会责任是企业在谋求股东利润最大化之外所负有的维护和增进社会公益的义务。[①] 它是对消费者、员工、社会、环境的责任，包括遵守商业道德、保障生产安全、维持社会诚信、节约利用资源、友好对待环境，等等。自进入 21世纪后，企业承担社会责任的理念在全世界范围内被不断推广。在 2005 年我国修订《中华人民共和国公司法》时，第五条明确规定，企业应当承担社会责任。2013 年，在印度当年颁布的《公司法》中，第一百三十五条规定了企业应当承担强制性的社会责任，这使印度成为世界上第一个强制要求企业履行社会责任的国家。1997 年社会责任国际咨询委员会 SAI（Social Accountability International）负责起草了社会责任国际标准 SA8000，这是全球第一个可用于第三方认证的社会责任国际标准。它不仅适用于发展中国家，也适用于发达国家；不仅适用于各类工商企业，也适用于公共机构。SA8000 标准由九个要素组成，其中每一个要素又包含许多子要素，结合在一起形成了一个体系。这九个要素分别是：童工、强迫劳动、健康与安全、结社自由及集体谈判权利、歧视、惩戒性措施、工作时间、工资报酬、管理系统。[②] 其中管理系统包括政策、管理评审、公司代表、计划与实施、对供应商、分包商及下级供应商的监控、处理意见及采取纠正行动、对外沟通、核实渠道、记录。由此可见，"对外沟通"是企业在管理系统中对外承担社会责任的一种重要方式。因此，对于食品企业来讲，积极有效地参与食品安全风险交流活动，也是承担社会责任的重要表现。

3. 公众

公众是一个内涵和外延极复杂的概念，它通常指集合起来的人，是包含国家的一切生产者、建设者、保卫者、管理者、设计者在内的大众组合体。[③] "公众"常常和"公民""人民""大众""群众""群体"这几个概念联系在一起。在这几个意义相似的概念中，公民是一个法律概念，多强调个体意识；人民是一个政治学概念，往往注重法权属性上的权力正当性；"群众""大众""群体"这几个概念既没有明确的学科属性，也不具备道德和价值上的可评价性。例如，勒庞在《乌合之

---

① 崔开华. 组织的社会责任[M]. 济南：山东人民出版社，2008：139.
② 崔开华. 组织的社会责任[M]. 济南：山东人民出版社，2008：164-165.
③ 王振海. 公众政治论[M]. 济南：山东大学出版社，2005：11.

众——大众心理研究》一书中指出，群体并不是一群人聚在一起，而是一种心理上的群体。群体中的人更容易受到本能和激情的支配，更容易受到鼓动和暗示。① 公众这一概念，既具有政治属性，也具有法律属性，但是其政治属性弱于人民，法律属性弱于公民。严格来说，公众应是介于"公民和人民"以及"群众、大众、群体和人民"这两种不同主体划分之间的概念。首先，从公民和人民的划分角度而言，公众可看作公民的集合体，但又缺乏人民的政治正当性；从群众、大众、群体和人民的划分角度而言，公众一方面脱离了群众、大众、群体不自觉的政治意识，但同时又不具备人民那样高度的道德和理想意义。实际上，如果说公民是一个法律概念、人民是一个政治概念的话，那么，公众则应该是一个公共生活空间和领域中的概念。

长期以来，公众被排除在风险交流活动的主体范围之外，只是以受众的形式成为风险信息的传播对象。这在一定程度上是由"公众"概念的模糊性导致的。公众是谁？在日益膨胀和复杂的社会里，要确认谁是你必须面对的人群、你应该和谁展开对话，这并非易事。② 例如，在具体的食品安全事件中，究竟哪些人是值得关注的？是那些直接的受害者，是所有的消费者，是所有关心这一事件的人，还是所有人？这是一个难以解释的问题。另外，公众常常被认为是有"知识缺陷"的。"他们无法在与风险相关的问题上作出实质性的贡献，因为他们缺乏理性，其判断和行为往往被情绪、误解、偏见和无知所左右，他们甚至对什么是真正符合他们利益的都一无所知。"③在这种原因下，公众往往被排除在了风险交流活动的参与主体范围之外。

但是，政治学家们对公众的结构划分为公众对食品安全风险交流法律治理的参与提供了一种理论上的可能。美国著名政治学家阿尔蒙德在《公民文化——五国的政治态度和民主》一书中，把心理上远离民族——国家管理机构的居民定义

① 古斯塔夫·勒庞. 乌合之众——大众心理研究[M]. 冯克利，译. 北京：中央编译出版社，2000：23.

② 劳伦斯·萨斯坎德，帕特里克·菲尔德. 如何应对愤怒的公众[M]. 霍文利，译. 北京：北京联合出版公司，2016：11.

③ Klinke, A., Renn, O.. A new approach to risk evaluation and management: Risk-based precaution-based, and discourse-based strategies[J]. Risk Analysis, 2002, 22(6): 1071-1094.

为"地域民"，把屈从或只是被动地服从政府法令和规章的人定义为"臣民"，把那些不仅意识到政府机构的"输出部分"，而且还准备对政府机构的"输入部分"施加影响的人定义为"参与者"。① 而另一位美国政治学家达尔在《现代政治分析》一书中，按照是否介入政治和介入的程度，把社会公众更加明确地划分为无政治阶层、政治阶层、谋求权力者和有权者四类。② 我国学者王振海按照这种思路，进一步把公众依照政治意识和政治行为划分为非政治人、政治人和国家官员三大类。③ 可见，在政治学领域看来，公众尽管人数多、结构杂，但是真正能够对公共政策和政治动员产生影响力的，只是其中对政治有投入感的"参与者"。公众在这一政治学意义上的结构划分，对于风险交流中的公众参与具有启发意义。尽管，由于公众面貌的模糊性使得他们对风险交流的参与面临障碍，但是，如果把风险交流看作一种类似政治参与行为的话，那么，那些有着积极的风险交流参与意愿的公众就成为我们食品安全风险交流法律治理中重要的依托力量。他们不一定是食品安全事件的受害者，也不必须是食品的实际消费者，他们只须对食品安全风险交流有浓厚的兴趣，具备强烈的食品安全管理参与意识，就可以成为食品安全风险交流法律治理中公众的构成形式。

实际上，上述有着积极的食品安全风险交流参与意愿的公众，在风险交流理论中有时也被称为"利益相关者"。利益相关者是将受众以某种方式纳入风险的讨论、分析和管理之中。利益相关者参与风险交流的优势在于，受众可以亲身经历相关活动以确切地了解风险的已知情况、风险将会被如何管理以及决策是怎样作出的。由于利益相关者参与了风险决策，因此决策可能更易于被接受，作用也会持续更久。利益相关者参与正在迅速成为一些国家开展共识性交流和制订危机应对计划的优选方式。当前，美国总统/国会风险评估和风险管理委员会与美国国家研究委员会的风险评定委员会都主张，利益相关者参与应该贯穿于风险评估、管理和沟通的全过程。也有一些学者认为，公众可能更加支持有利益相关者

① 加布里阿尔·A.阿尔蒙德.公民文化——五国的政治态度和民主[M].马殿君，译.杭州：浙江人民出版社，1989.
② 罗伯特·A.达尔.现代政治分析[M].王沪宁等，译.上海：上海译文出版社，1987.
③ 王振海.公众政治论[M].济南：山东大学出版社，2005：14.

参与而达成的决策，即使其并未亲自参与其中。①

此外，上述政治学领域对公众的分类也给我们带来了另一个启示，那就是公众在实践中并非一个整体。尽管相对于政府或者国家而言，公众具有同质性，但是，在公众内部，往往存在着严重的异质性。具体到风险交流中来，这就意味着，我们必须要对公众进行进一步的划分。美国风险交流专家 T. L. 塞尔瑙就强调，在风险交流中应当鉴别多元受众。他具体地划分了普通公众和特殊受众两个类型，并指出，普通公众包括整个人类，或者至少包括正常的成年人；而特殊受众，仅指发言人在对话中所面对的单一对话者。② 而在研究风险感知的风险放大理论中，也十分强调分层方法，即要求处于不同分析层面的资料，这些资料可能聚焦于个体行动、态度或情感，也可以是搜集关于共同认识的信息。③ 可见，确认公众差异，并根据受众的不同特点进行分层，也是风险交流法律治理中十分重要的一环。

4. 专家

专家，本质上也属于公众的组成部分，但是由于其具有较强的特殊性，且在有关风险的事实和价值知识上与公众常常存在分野，因此应当单独讨论。需要指出的是，此处所谓的"专家"，主要是指在某一科学领域，掌握专业知识，并以中立的身份出现在公共决策过程中，为公共决策提供咨询、建议、论证以及其他知识和智力支持的人。④ 他不同于马克斯·韦伯"专家理性模式"里的"专家"。后者主要指在科层制内部，掌握某一方面专业知识，被训练成以定量方法进行风险评价和管理的人⑤，即专家型官员。因此，食品安全风险交流中的专家应该是指

---

① 雷吉娜·E. 朗格林，安德莉亚·H. 麦克马金. 风险沟通：环境、安全和健康风险沟通指南[M]. 黄河等，译. 北京：中国传媒大学出版社，2016：454.

② T. L. 塞尔瑙，R. R. 乌尔默等. 食品安全风险交流办法——以信息为中心[M]. 李强等，译. 北京：化学工业出版社，2012：26.

③ 格尼尼斯·M. 布瑞克维尔. 风险的社会放大与分层理论[C]//尼克·皮金. 风险的社会放大. 谭宏凯，译. 北京：中国劳动社会保障出版社，2010：70.

④ 王锡锌. 公共决策中的大众、专家与政府——以中国价格决策听证制度为个案的研究视角[J]. 中外法学，2006(4)：464.

⑤ 戚建刚. 风险规制过程合法性之证成——以公众和专家的风险知识运用为视角[J]. 法商研究，2009(5)：49-59.

在食品安全风险交流过程当中，具备专业的食品安全风险知识和规范的技术分析手段，具有科学理性和话语理性，并能保持一定独立性的个体或者机构。

专家参与食品安全风险交流的常见形式是和公众进行对话，了解公众风险偏好，向公众传播风险知识。公众和专家的风险知识常常具有差异性。公众们的风险感知总是建立在经验和直接的基础上，容易受到个人偏好的影响，带有强烈的情绪化色彩。例如，他们经常容易受到心理噪声和群体扩散效应的影响。① 因此，在这种情况下，公众的风险知识常常不占优势，无法在风险规制的手段确定上建构合理性。但是，在一个民主社会，我们显然不能忽视公众对于风险的价值偏好。对公众需求进行"适当回应"正是民主国家政府的当然义务。因此，这就带来了政府在风险规制目标和手段选择上的两难：一方面，按照公众的价值偏好确定风险规制目标，在规制内容上则可能会把资源集中在风险危害程度低但公众反应强烈的事件上，从而忽视实际危害更大的事件，这显然是不合理的；另一方面，如果不按照公众的价值偏好来确定风险规制目标，则又可能导致公众对政府产生更多的抵触和不信任，从而损害民主政治的发展。相对于公众而言，专家的风险知识则具备了更多的客观性和科学性，因而在风险规制的手段选择上具有更大优势，但是，专家的风险价值偏好在民主社会对风险规制的目标选择中却不占优势。这是因为，关于何种风险应当被规制等价值选择所依赖的知识，并不是该种风险的物理特征或客观事实，而是风险能否为人所接受的知识——一种经过社会定义和建构的知识。因此，在这种情况下，为了达成食品安全风险规制在目标和手段上的统一，就需要专家利用风险知识，将自己作为公共选择或博弈一方，与公众进行交流，并通过不断对话，以求达成共识。②

除此之外，专家参与食品安全风险交流还有其他形式，例如参与食品安全风险决策、进行科学咨询，等等。现代公共行政表明，政府需要日益增加决策理性，尤其应当保证重大行政决策的科学性评价，因此，在公共决策中对专家开展咨询活动，鼓励并吸引专家参与食品安全风险决策交流，这也是风险规制的应有

---

① 谢晓非，朱冬青. 危机情境中的期望差异效应[J]. 应用心理学，2011(1)：18-23.

② 戚建刚. 风险规制过程合法性之证成——以公众和专家的风险知识运用为视角[J]. 法商研究，2009(5)：49-59.

之义。此外，在食品安全危机事件中，专家以科学权威的身份参与危机交流，也有利于平复公众情绪，帮助公众应对危机。

二、信息要素

同主体一样，信息在食品安全风险交流法律治理体系中也具有重要的价值。信息是公众在面对食品安全风险时，作出价值判断和行为选择的依据。由于公众的时间、精力和知识总是有限的，因此他们所得到的信息，必须是经过清晰表达和仔细筛选的，唯有如此，才能帮助他们形成判断标准。但是，怎样才能让公众获得他们应该并且需要知道的风险信息呢？风险交流正是其中的重要途径。[①] 就此而言，信息可以被看作食品安全风险交流的客体，而食品安全风险交流中有关信息的一系列行为则构成了食品安全风险交流法律治理的对象。

1. 信息的界定及其在风险交流中的意义

信息，很难从科学的角度给出一个准确的定义。信息论创始人香农在《通信学原理》中将信息界定为"用来减少不确定性的东西"。控制论创始人维纳认为，信息就是我们对外界进行调节，并使我们的调节为外界所了解时，而与外界所交换的东西。[②] 也有学者认为，信息是人类社会和大自然一切事物运动变化的表征，只有在一个不断变化和运动着的世界里，才会不断发生和传递信息。[③] 还有学者从主体与外界的符号或信号传递角度来界定信息，并把它定义为："生物以及具有自动控制系统的机器，通过感觉器官和相应的设备与外界进行交换的一切内容。"[④]有学者总结性地认为，信息是一个不断发展的概念，并在发展的过程中逐渐形成一个概念体系，它大体经历"本体论""信息论"和"认识论"三个层次。从本体论的角度而言，信息就是事物本体的存在和运动方式；从信息论的角度而言，信息则被看作有序程度（或组织程度）的度量和负熵，是用以减少不确定性的东西；从认识论的角度而言，信息就是人对客观存在的事物、事件或过程的描

---

① 马奔，陈雨思. 如何构建有效的风险沟通？[J]. 公共行政评论，2018（2）：176-186.

② 穆向阳. 信息的演化[M]. 南京：东南大学出版社，2016：3.

③ 李大东. 信息革命[M]. 郑州：河南科学技术出版社，2013：3.

④ 严怡民. 情报学概论[M]. 武汉：武汉大学出版社，1994：15.

述、判断。① 总之，信息这一概念应当隐含三个方面的结构：客体、交互和主体。也就是说，信息应当是主体和外界发生交互的一种方式，是连接不同主体，使之相互之间发生交往的一种客观存在。从这个意义上说，信息就是一种联系。②

信息的这些不同概念对我们理解信息在风险交流中的作用和意义是有所帮助的。例如，从本体论而言，我们可以意识到，在风险交流中，我们所传递的信息必须是事物本身存在和运动方式的客观反映，因此，它应当是真实的；从信息论而言，我们要认识到，信息在风险交流中的价值就是让事物变得有序，以减少不确定性。"一个封闭系统总是处于熵增的过程中，但只要系统是开放的，同外界进行信息的交换，就可能出现熵减效应。因此，信息量＝负熵。"③从认识论而言，信息意味着在风险交流的过程中，不同主体需要通过互动的方式来加深彼此对事物的认知、判断和理解。

事实上，在风险交流学界看来，信息始终是风险交流的重要元素。美国国家研究委员会在《改善风险交流》一书中，就明确强调，风险交流是个体、群体和机构之间信息和观点的互动过程；在这一过程中，关于风险事实和状态本身的信息，以及政府部门在风险应对和管理方面的反应性信息，都应当在各方之间予以充分的交换与关切。④ 据此来看，信息就是风险交流的核心指向。T. L. 塞尔璐同样指出，为使风险交流达到对话、解决冲突和建立共识的目标，政府机构和组织必须考虑到普通公众的恐惧感和挫折感以及任何有关的技术信息。这是因为，信息强化决策的质量、消费者的风险选择能力取决于他们所获取的信息，只有在决策者可以自由获取所有可用的信息时，人类理性思考的能力才能得到强化，风险交流的效果才能被体现。⑤ 国内学者戚建刚认为，食品安全风险监管的问题症结在于食品领域的信息系统赤字，它包括风险制造者(生产者)信息系统赤字和风

---

① 文庭孝，侯经川，等. 论信息概念的演变及其对信息科学发展的影响[J]. 情报理论与实践，2009(3)：10-15.

② 穆向阳. 信息的演化[M]. 南京：东南大学出版社，2016：5.

③ 童星. 熵：风险危机管理研究新视角[J]. 江苏社会科学，2008(6)：1-6.

④ 马奔，陈雨思. 如何构建有效的风险沟通？[J]. 公共行政评论，2018(2)：176-186.

⑤ T. L. 塞尔璐，R. R. 乌尔默，等. 食品安全风险交流办法——以信息为中心[M]. 李强等，译. 北京：化学工业出版社，2012：124.

险承受者(消费者)信息系统赤字两种类型。前者是指风险制造者在采取有效防御食品安全风险各类措施时存在的信息成本和信息收益不对称问题;后者是指风险承受者在购买食品时为追求高质量、低风险食品而存在的信息成本过高的问题。为此,他提出了采用食品安全信息监管工具来消除食品领域信息系统赤字的建议。① 事实上,对食品安全风险信息进行交流,也正是食品安全信息监管工具的一种重要体现。

2. 食品安全风险交流中的信息分类

信息既然如此重要,又是风险交流的主要指向,那么在食品安全风险交流中,它究竟包括哪些内容、有哪些形式、可分成哪些类型呢?显然,由于食品生产经营和管理的规模性、复杂性和不确定性,试图对这个问题进行回答是十分困难的,但是即便如此,对此进行一些简单的归纳和概括也是必要的,因为这将有助于我们增强在食品安全风险交流中的适应性和针对性。

通常,在一般的风险交流理论中,信息主要被划分为风险评估中的信息和风险管理中的信息两大类。前者主要是技术信息,包括危害因素分析、危害概率、危害后果严重性等;后者主要是政策信息,包括风险决策程序、风险管理体制、危害预防措施、危机处理手段,等等。例如,2006 年,世界卫生组织(WHO)和联合国粮农组织(FAO)在界定风险交流时就指出,风险交流的内容包括风险评估结果的解释和风险管理决策的依据。② 显然,这种分类主要是从人类对事物的认知规律角度来划分的,即首先要认识风险,然后才能管理风险,而这两个阶段都要重视风险交流。但是,这种分类只是在早期就风险交流开展的时机和内容具有一定的启发性,但对指导风险交流的具体工作缺乏明显意义。

美国学者萨德曼在 20 世纪 90 年代提出了著名的理论:危害性=危险+愤怒。他认为公众对危险的容忍程度和他们的愤怒高低有紧密关系,因此,风险应当包括两个部分:一是物理意义上,可通过科学手段测量的;另一种是精神层面,被社会所建构的。为此,他根据风险性质和公众"愤怒程度"总结了风险交流的 4 种

① 戚建刚. 我国食品安全风险监管工具之新探——以信息监管工具为分析视角[J]. 法商研究,2012(5);3-12.

② WHO/FAO. 食品安全风险分析——国家食品安全管理机构应用指南[M]. 北京:人民卫生出版社,2008;97.

类型。国内学者刘鹏则据此从风险大小和公众情绪两个方面对食品安全风险沟通机制进行了分类，并依照"高风险—高愤怒""高风险—低愤怒""低风险—高愤怒""低风险—低愤怒"四种不同对应关系强调了食品安全风险沟通不同的工作重点(见表3-2)。[1] 显然，这种分类主要是从公众对食品安全风险认知的主客观两个维度来对风险交流信息进行划分的，这对于从科学和民主的两个路径来观察和设计食品安全风险交流法律治理是有益的。但是，这种分类方式仍然是相对粗浅的。原因在于：首先，如前文所述，公众并非一个当然的整体，这就导致仅仅通过愤怒程度来界定公众认知必然会有误差。同样的食品安全风险，对于不同的公众，愤怒程度可能会有显著差异；其次，按照国内外学界的主流观点，以及我国《食品安全法》第二十三条的有关规定，食品安全风险交流应当是一个包括政府、消费者、食品生产经营者等多元主体在内的互动过程，而很显然，这种分类方式只强调了作为"消费者"的公众感知，却忽略了其他可能影响风险交流效果的信息要素。

表3-2　　　　　　食品安全风险交流分类框架体系

风险程度	公众认知	风险沟通重点	沟通类型	案　例
高风险	高愤怒	提倡预防 积极应对	危机处理	三聚氰胺奶粉事件
高风险	低愤怒	积极应对	公共事件	食品(乳制品)安全预警
低风险	高愤怒	愤怒管理	媒体应对	特仑苏牛奶 OMP 事件
低风险	低愤怒	日常处理	日常处理	生鲜乳蛋白质限量

美国国家研究委员会认为，风险交流者承担着表述信息的特殊责任，为此，他们设计了一份详细的"风险信息一览表"，以供风险交流者参考。该表共包括了风险特性信息、收益特性信息、可替代项信息、不确定、管理信息五个部分(见表3-3)。

---

① 刘鹏. 风险程度与公众认知：食品安全风险沟通机制分类研究[J]. 国家行政学院学报，2013(3)：93-97.

表 3-3	风险信息一览表
有关风险特性的信息	1. 关注的风险是哪些 2. 遭受每一种风险的可能性如何 3. 该风险的分配如何 4. 遭受每一种风险导致损害的可能性如何 5. 不同人群对于每种风险的敏感度如何 6. 遭受该风险的同时面临其他风险，不同风险之间的互动关系如何 7. 该风险的特征是什么 8. 面临风险的总人口数是多少
有关收益特性的信息	1. 与该风险相关联的收益是什么 2. 不确定性活动产生计划收益的概率有多高 3. 收益的特点有哪些 4. 谁收益了？以哪种方式 5. 有多少人获益？能维持多久 6. 哪些团体获得了过大或过小的利益分配 7. 总体的收益如何
可替代项信息	1. 仍存疑问的风险的可替代项有哪些 2. 每种替代项的效用如何 3. 使用每种替代项的风险和收益如何？不使用的风险和收益又如何 4. 每种替代项的成本和效益如何？它们是如何分配的
风险有关信息中的不确定	1. 可获得数据的缺陷在哪里 2. 风险估测中的假设基础是什么 3. 风险估测对于假设变更的敏感度有多高 4. 风险估测中的决策对情势变更的敏感度有多高 5. 有哪些风险和风险估测手段？它们在哪些方面与现有的方法不同
管理信息	1. 谁负责决策？限制决策的因素是什么 2. 什么样的事件在法律上具有重要意义 3. 有哪些可获得的资源

显然，这一风险信息列表更加详细地指涉了风险交流所需要考虑和涵盖的信

息内容。该表格中的前四项主要是针对风险评估意义上的信息而言，强调的是风险认知类信息，而最后一项是针对风险管理意义上的信息而言，强调的是风险决策类信息。其中前四项在划分时，又主要依据了风险特征、风险收益、风险替代、不确定性这四个标准，分别强调了风险的"客观""收益""选择""不确定"四个要素。仔细分析，可以发现，在针对风险认知类信息进行设计时，该列表主要是运用了经济分析的手段，逐渐将风险分配的成本收益以及不确定性这个变量因素依次呈现，从而让风险交流的参与者渐次认知风险，并实现对风险行为的自主决策。尽管这一风险信息列表主要是针对风险交流的工作方法和工作流程而具体设计的，并不完全是本书此处所意指的风险交流的客体指向，但它对于辨析食品安全风险交流的信息内容分类仍具有一定借鉴意义。

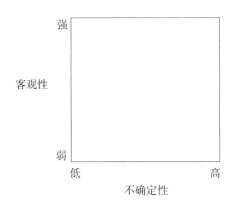

图 3-1　风险信息的划分（客观性/不确定性）

　　因此，综合上述 WHO/FAO、萨德曼、刘鹏和美国国家研究委员会的三种风险信息分类方法，笔者认为，在食品安全风险交流中，应当对风险信息按照客观性、不确定性的二元结构进行划分（见图 3-1）。其中客观性主要是指风险信息的价值和文化指涉强度，如果对于风险的认知受到强烈的个体性因素的制约，那么该风险信息就是弱客观性的，否则，即具有强客观性；当然，这种划分不是完全绝对的，因为有些食品安全风险信息，可能既具有客观性，又具有主观性，例如转基因食品，很难说它的风险究竟是客观的还是主观的。不确定性主要指涉风险信息的未知程度，即它一方面排除了不可能的结果，另一方面又排除了必定发生的结果。无论哪一种结果，只要出现的概率逐渐增加，那么不确定性即减弱，否则即增强。通过客观性、不确定性的这一二元结构，我们就可以对食品安全风险交流中的风险信息进行一些更加细微的划分(见表3-4)。这种划分的好处在于，首先，它依然坚持了主客观相统一的基本判断尺度。客观性负责指涉和主体风险感知和评价相关的因素，而不确定性负责强调对风险信息的认知程度。其次，它不强调愤怒，只强调客观性，这样就更有可能实现对公众风险认知标准的统一。例如，具体的食品安全事故所造成的公众愤怒程度可能是不一样的，生产者可能不会感到愤怒，某些不相关的消费者也可能愤怒程度较低，但是，无论生产者，还是消费者，对于具体的食品安全事故危害的认知应该是统一的，不会因为市场地位、受教育程度、经济水平、年龄等任何因素而有所变化，这就是风险信息客观性强的一种表现。最后，对不确定性的强调，对于某些由于科学未知问题所引发的食品安全风险交流而言可能会有重要的意义。

表 3-4 　　　　　　　　　　**食品安全风险交流信息划分**

案　　例	客观性	不确定性	风险交流重点	交流类型
地沟油	强	低	加强防范、积极应对	危机交流
食盐加碘	强	高	信息透明	共识交流
转基因食品	弱/强	高	信息透明、加强防范	共识交流
垃圾食品	弱	低	日常处理	保护交流
酒精类饮料	弱	高	日常处理	保护交流

三、结构要素

从广义上讲，结构通常包含两个部分，一是各个事物的构造形式和构成方式，二是这些构造的构成原料。但绝大多数人对"结构"的理解，是从狭义的角度，即仅仅从量的角度，或者形式的角度，强调特定事物内在元素之间的组合方式对结构的影响，却忽视了后者，即事物的构成原料对事物结构质的决定性。就此而言，法律治理的结构要素，主要是指，在通过规则对公共事务进行治理的过程中，如何去构成公共事务的治理主体，以及如何对治理主体进行合理的编排和协调,使之在治理过程中相互配合,相得益彰。由于前文中已经对食品安全风险交流法律治理的主体构成进行了分析,因此本书这一部分,只研究前述主体彼此之间的构造关系,即狭义的结构关系。另外,从结构主义者的观点来看,结构和功能具有密不可分的联系,一个事物的结构在很大程度上决定了它的功能,而功能对结构也具有反作用,它使结构从一般存在成为具体存在,当一个结构不再发挥其功能时,那么该事物的结构将转换为一般性结构。① 因此,实现法律治理中合理的结构性安排,将有利于法律治理功能的发挥,同时,反过来,实践中法律治理功能的良好实现,也将有助于对结构的合理稳固。

近年来,伴随经济与社会的不断变化,传统公共管理模式正在遭受严峻挑战。表现之一,就是严格的科层等级制下命令-服从行政模式的日渐式微。人们越来越意识到,社会是一个开放演变,具有耦合作用和适应性的复杂网络系统,因此,过去片面依靠政府主导的线性管理模式无法有效应对复杂的社会问题,必须寻找新的突破。② 在这种背景下,网络化的社会治理结构理论开始兴起。该理论最早是由美国学者斯蒂芬·戈德史密斯和威廉·埃格斯提出,他们认为,现代社会的治理,将更多地依赖由各种伙伴关系、协议和同盟所形成的复杂社会网络,并以多中心发散的形式实现网状连接,从而在互动协同的基础上实现公共价值的统一。③ 此处所称的网络,主要是从计算机网络中引申而来,它强调的是一种关系结构,即不同主体之间错综复杂的交织关系,以及行动中的互相干预。正如有学者所指出,从关系意义上看,网络就是由不同的"节点"构成的一种合作依赖关系。④ 网络化结构对于现代法律治理的设计而言,有着重要的意义。一般来说,在一个多元异质社会中,法律治理若要行之有效,就必须尽可能地吸引多元力量参与治理过程,使之成为治理主体而非对象。那么,在这个过程中,不同主体之间在目标设定、资源和权力配置、互动方式、责任控制等一系列问题上如

① 高宣扬. 结构主义[M]. 上海:上海交通大学出版社,2017:69-74.
② 范如国. 复杂网络结构范型下的社会治理协同创新[J]. 中国社会科学,2014(4):98-121.
③ 斯蒂芬·戈德史密斯. 网络化治理:公共部门的新形态[M]. 北京:北京大学出版社,2008:6.
④ 张世杰. 法律治理机制:实现责任行政的途径[D]. 长春:吉林大学,2008:74.

何实现最佳安排，这就需要通过制度来构造彼此之间的合理关系，而这正是网络化结构的体现——网络中的每一个"节点"都处在最佳位置上，并和其他"节点"保持着合理的互动。

食品安全风险交流现象本身就体现了现代多元社会的网络结构性特征。一方面，正是由于社会利益和价值的多元分化，才使得交流成为主体之间的一种必需与可能；另一方面，社会分化必然导致社会裂变，使社会呈现出开放耗散、自组织生产的网络化特征倾向。因此，有学者将交流本身看成一种网络化治理形式。[①] 在食品安全风险交流治理这一问题上，相对于传统的科层制结构，网络化结构也呈现出许多不同的特征，具体表现在：

第一，行动者权力结构的多中心性。在科层制下，权力结构中心是单一的，彼此呈现出自上而下的线性关系。例如，虽然我国《食品安全法》第二十三条规定了有关信息交流的一些内容，但是该法在风险交流主体制度设计这一问题上，遵循的还是科层制结构下单权力中心模式，而非网络结构状态下的多中心模式。表现在，该条规定将有关的政府部门和专家机构设定为风险交流的"组织者"角色，而把"食品生产经营者、食品检验机构、认证机构、食品行业协会、消费者协会以及新闻媒体"等主体预设成为"被组织者"或"参与者"的角色。显然，这是不对等的。在网络化的结构状态下，尽管也有中心，并且异质主体在网络中的位置也会影响到它的重要程度，但总体而言，它是一个多中心自组织的协同结构。正如 2009 年诺贝尔经济学奖得主埃莉诺·奥斯特罗姆所指出的那样，在市场和政府都失灵的状态下，社会治理应当是"多中心治理"。[②] 因此，在网络结构状态下，食品安全风险交流的主体不仅应当多元，而且应当平等。我们不应仅只在政府部门认为有必要的时候才去组织其他主体开展风险交流，而应该是，只要有风险，任何主体都可以通过适当的程序要求开展风险交流。

第二，行动的相互依赖性。在科层制下，由于单一的权力中心结构，行动者之间易于相互割裂，导致行动合作性不足。以我国食品安全行政约谈制度为例，

① 柏骏. 网络化治理多元主体的互动交流：解释框架与研究议题[J]. 江海学刊，2012 (6)：84-88.

② 埃莉诺·奥斯特罗姆. 公共事物的治理之道——集体行动制度的演进[M]. 余逊达，陈旭东，译. 上海：上海译文出版社，2012：45.

我国《食品安全法》第一百一十四条规定："食品生产经营过程中存在食品安全隐患，未及时采取措施消除的，县级以上人民政府食品药品监督管理部门可以对食品生产经营者的法定代表人或者主要负责人进行责任约谈。食品生产经营者应当立即采取措施，进行整改，消除隐患。责任约谈情况和整改情况应当纳入食品生产经营者食品安全信用档案。"同时，在国家食品药品监督管理总局2016年颁布的《食品生产安全责任约谈管理办法（征求意见稿）》、2010年国家食品药品监督管理总局《关于建立餐饮服务食品安全责任人约谈制度的通知》和2015年《上海市食品药品监督管理局食品药品安全责任约谈办法》等相关规定中，在食品安全行政约谈目的中都出现了"宣讲法律、教育错误、落实责任、督促整改、消除隐患"等字样。通过上述规定，我们可以看到，我国的食品安全行政约谈制度设计中，带有较强的科层制视角，而对食品安全风险交流的网络结构状态重视不够，从而易于在实践中影响约谈效果发挥。① 在网络结构中，风险交流主体之间的关系不应是命令与被命令、说服与被说服、教育与被教育的关系，而应是一种相互依赖的关系，即由于双方或多方都不具备完全的知识和资源来理解风险全貌，从而才需要彼此沟通与理解，在合作与依赖的基础上实现风险决策，完成风险行为。

第三，关系的多面与发散性。科层结构中的关系往往呈现出"点面状的单面化"特征。科层制下权力结构的单中心模式，使行动者之间的关系往往呈现出由一个中心点向周围强辐射，其他周围点彼此弱辐射的状态。这是一种单一平面化的结构，即主体关系具有平面化趋向。但是，在网络结构中，关系则处于一种多面与发散的状态，是一种立体化形式。在食品安全风险交流中，科层结构将使交流活动只能呈现出一种片面与割裂的平面化状态。例如，在政府垄断资源的情形下，如果不考虑市场机制本身的作用，所有的市场主体都可能倾向于只和政府开展风险交流，而忽略彼此的交流：消费者通过和政府交流，试图让政府加强食品安全监管；企业通过和政府交流，试图让政府放松食品安全监管和处罚；专家通过和政府交流，试图让政府加快新技术商业和产业化应用的步伐。因此，这种状

① 王虎. 风险社会中的行政约谈制度：因应、反思与完善［J］. 法商研究，2018（1）：22-29.

态下的风险交流常常是单面化的。在网络结构状态下，食品安全风险交流将可以呈现出多面的立体化特征，不同主体由于权力结构的相互依赖性，彼此都存在风险交流的迫切要求，因此可以促进风险交流的形式多样化，强化风险交流的法律治理效果。

第四，功能的分化。在科层结构下，政府的功能强化使得政府在公共价值的践履中扮演了过多的角色，它既是公共价值的缔造者，又是公共价值的践行者。这种单一极化的状态导致系统易于被锁定，难以进行动态调整。在网络结构中，J. Khan 对主体的功能进行了重新界定，他认为在公共价值中，政府是促动者，企业是创造者，非政府组织是提供者，公民则是实践者。[①]因此，在这种结构状态下，社会主体的功能被合理分化，任何一个因素出现变化，都可以使系统得到动态调整，增强系统适应性。具体到食品安全来看，通过网络化结构，不同主体可以承载不同的社会功能，彼此影响，相互合作，从而易于对食品安全系统进行合理的动态调整，增进食品安全建设成效。一旦食品安全建设的成效得到提高，食品安全风险交流的环境也会随之而改善，社会信任的水平得到增强，风险交流的效果也将提升。

第五，快速的反应。在科层结构下，僵化的官僚体制可能会大大增加政府对公共事务的反应时间，使之不能对危机事件进行及时有效的处理。在网络化结构中，一方面，不同的社会主体之间有着更强的关联性，从而可以使之不必一味地依赖政府，而是通过彼此合作来对危机事件作出快速反应。另一方面，政府也可以借助网络结构的便捷化途径和渠道，从而绕开一些等级制下严格的人事任免和行政审批手续，利用广泛的社会资源处理危机事件。例如，2014 年 5 月安徽省发布了《关于开展宣传动员食品生产企业员工参与食品安全监督活动的通知》《安徽省食品药品监督管理局告全省食品生产企业员工书》《食品安全违法行为有奖举报提示》等一系列文件。该文件颁布后，2014 年中秋前后，安徽省某食品企业内部员工即因举报有功而获奖 4000 元人民币。[②]可见，通过网络化结构，可以增

---

①　姜晓萍. 网络化治理在中国的行政生态环境缺陷与改善路径[J]. 四川大学学报(哲学社会科学版)，2017(4)：5-12.

②　曾祥华. 食品安全法治热点事件评析[M]. 北京：法律出版社，2017：13.

进食品安全风险交流的信息来源，使食品安全风险管理进行快速有效的反应。

四、目标要素

目标是制度在制定与实施的过程中，所欲实现的某种目的和结果，它既是制度设计的逻辑起点和运行终点，也是评价制度运行效果的尺度和标准。[①] 目标对于法律治理而言具有重要的意义。这是因为，首先，目标对法律治理的实施可以起到行为导向作用。在对公共事务进行治理的过程中，预先设定的目标可以坚定行动者的方向，使行动者能够在复杂的治理环境和变幻的治理形势中始终坚定信念，不断向目标努力，实现治理欲要达到的效果。其次，目标对法律治理中所要反映的公共价值具有反向影响作用。公共价值常常是模糊的，它无法设定一个统一的标准，只能在具体的政策环境下进行特定的分析。因此，在这种情况下，法律治理的目标和公共价值的选择就存在相互依存和彼此影响的关系。一般来说，公共价值选择决定着法律治理的目标，但是，反过来，法律治理的目标也会影响到公共价值的形成和选择。这在一定程度上是由群体的从众心理所决定的。最后，目标对法律治理的实施可以起到结果评价作用。政策管理者每天都要面对政策及政策执行的各种偏差，例如政治承诺与政策行动的差距、政策缺乏有效定位或定位不准、政治指令矛盾，等等。这些偏差会削弱公共管理者的努力，降低公众对他们的支持。因此，公共管理者需要通过政策评估来及时发现偏差，并采取补救办法。[②] 目标恰可以在政策评估的过程中，起到作为重要依据的作用。

既然目标对法律治理如此重要，那么目标应该如何确定呢？这就要再次回归到公共价值这一问题了。公共价值是哲学行政的研究范畴，它意味着法律治理的灵魂和旨归。从某种意义上说，法律治理的目标就是对特定社会领域中公共价值的外化和具体化。公共价值的提出标志着公共行政范式的转换。一般认为，立足于政治与行政二分的传统公共行政，其本质是价值无涉的。也就是说，在传统公共行政理论中，行政部门只需要做好立法者所交代的分内事就好，官员只要按照

---

① 张世杰. 法律治理机制：实现责任行政的途径[D]. 长春：吉林大学，2008：84.

② 吴逊，饶墨仕，等. 公共政策过程：制定、实施与管理[M]. 上海：上海人民出版社，2016：138.

具有严格等级的官僚制科层结构，上行下效、奉公守法、恪尽职责，切实履行好上级所指派的工作任务，那么公共行政秩序自然就井井有条。因此，此时的行政官员也往往被称为技术官僚，公共行政也被视为一门纯粹的工程技术学，自然与价值无涉。但是，自 20 世纪 70 年代后，全球行政学界普遍经历了一场前所未有的身份(认同)危机。这一危机的产生原因之一，就在于对以公共价值为核心的公共行政理论存在认识不足的问题。① 面对资本主义危机所带来的一系列经济与社会问题，西方公共行政学界开始高举"社会公平"的大旗，倡导在公共行政学中注重对价值和意义的关注，敦促行政管理从科学向哲学进行回归。此后，有关公共价值的问题就开始成为公共行政学领域中重要的研究问题。直到 20 世纪 90 年代，哈佛大学的摩尔(Moore)教授在《创造公共价值：公共部门的战略管理》一书中首次正式提出"公共价值"这一概念后，公共价值便开始作为一个规范的学术用语被广泛使用。

但是，如前文所述，尽管公共行政学界自 20 世纪 90 年代后一直没有停止过对公共价值的研究，但是却始终无法对公共价值形成一个统一的定义，这也导致关于公共价值的学术话语体系始终未能有效形成。不过，尽管学界观点各有差异，但总体而言，在涉及公共价值的最本质层面上，还是有着一定的可通约性。一般认为，公共价值就是公众偏好，也就是说，公共价值应当扎根于公民的个人期望，公民个人期望的集合构成了公共价值的全部内容。② 还有学者认为，公共价值是政府及社会中的各相关主体在集体协商和谈判中达成的关于提供什么、如何提供、如何分配公共产品和公共服务的共识及结果。③ 因此，总体而言，公共价值就是对社会不同主体在公共事务管理和公共产品供给上的共识性选择。

在一个特定的社会领域中，公共价值决定着法律治理在制度制定和实施上的目标选择。通常，法律治理的目标是可以多元化的，不同的目标构成反映了不同的价值选择。那么，在这些相互之间可能有着竞争关系的目标之间如何抉择，并

---

① 张富.公共行政的价值向度[M].北京：中央编译出版社，2007：5.

② 马亭亭，唐兴霖.公共价值管理：西方公共行政学理论的新发展[J].行政论坛，2014(6)：100-106.

③ 王冰，樊梅.基于公共价值的政府绩效实证研究[J].中国特色社会主义研究，2014(3)：52-58.

最终形成法律治理设计的依据和导向，就需要对该领域中的公共价值进行判断。正如有学者将公共价值研究分为结果主导的公共价值(PV)和共识主导的公共价值(PVs)两个流派那样①，对于共识主导的公共价值，往往是多元的，并且共存于公共行政的过程中，因此，公共行政的过程本质上就是对相互冲突的价值进行选择和平衡的过程。从这个意义上来说，法律治理在制定和实施过程中的目标，就是要在特定领域和特定情形下，通过对公共价值的选择和平衡来予以确定。

五、形式要素

形式是制度赖以显现的规则或规范的表现方式。它在最一般的角度上，可以分为自然的和社会的两种形式，前者一般是描述性的，后者则是指导性的。② 本书主要涉及的是后一种，即社会规则或规范，即用以调整和约束社会生活中人们行为和关系的一系列规定与准则。从社会治理的角度而言，它是用以保障复杂社会系统能够有序运转的必要和前提条件；从自由价值的角度来理解，它是为了保障人类的积极自由而对消极自由进行一定合理限制的标准与尺度，是人类生理和心理安全保障的共同需要。合理而清晰的规则能够使个人对复杂的社会生活进行合乎理性的预测，并确保在自我、他人与社会之间划定边界。社会规则及规范的表现形式具有多样性，它包括习惯、道德、观念、协议、章程、政策以及法律等许多常见的种类。

有学者认为，自20世纪90年代以后，由于治理理论对公共行政实践所带来的影响及挑战，法律治理的"游戏规则"已经发生了很大的变化，过去的新公共管理运动下政府组织内部的规章体系作用已经大打折扣，面对行动者权力结构中心的多元主义，道德、政策和法律都应当在包括公共参与、公共监督、公共评价、公共问责等在内的法律治理体系中发挥规范性作用。③ 近年来，针对我国的法治实践，也有学者认为，当前的法学理论不足以解释纷纭繁复的法治实践创新：一方面，法律体系不能涵括现实中切实发挥作用的各种规范，另一方面，各

---

① 王学军. 公共价值的研究路径与前沿问题[J]. 国家行政学院学报，2013(4)：126-137.

② 陈景辉. 规则、道德衡量与法律推理[J]. 中国法学，2008(5)：46-62.

③ 张世杰. 法律治理机制：实现责任行政的途径[D]. 长春：吉林大学，2008：78-79.

种规范体系内部扞格不断，矛盾颇多。① 为了解决这个问题，有学者指出，当前中国法学界及理论界出现了一种法律多元主义趋向。一方面，有些学者主张将党章、党内法规等也看作法律体系的一个组成部分，还有种观点认为党内法规本身就是法律的组成部分。另一方面，在中国的民间法研究中，也始终有一种试图将民间习惯、民族习惯、民俗、乡规民约，乃至道德与宗教等民间规范赋予法律属性的认识。②

显然，高度复杂的当代社会演变已经使得当前法治中国下"法"的形态，无论是在法学界还是理论界均产生了耐人寻味的变化。这种变化无疑对于我们此处讨论食品安全风险交流法律治理的形式要素具有重要的启发意义。尽管有学者认为法律多元主义不过是一种变相的法律中心主义，它的实质应当是规范多元主义，③ 但总体而言，在当下中国已经确立了依法治国的目标后，构造"法治主导下的多元规范共存、多元秩序共治"的法治模式已经基本成为学界共识。因此，这也就意味着，本书所旨在构造的我国食品安全风险交流法律治理在规范的形式要素上也应当是包容并涵盖了多元规范体系的。在某种意义上，这也符合了现代国家从"法治国"向"社会国"过渡的趋势。④

1. 道德

道德是一种社会意识形态，是社会中人们共同生活及其行为的准则与规范，

① 支振锋. 规范体系：法治中国的概念创新——法治中国下的规范体系及结构学术研讨会综述[J]. 环球法律评论，2016(1)：185-192.

② 刘作翔. 当代中国的规范体系：理论与制度结构[J]. 中国社会科学，2019(7)：85-109.

③ 刘作翔. 当代中国的规范体系：理论与制度结构[J]. 中国社会科学，2019(7)：85-109.

④ 所谓法治国，主要是相对于警察国而言，即普遍关注法律规则取向和"法治"的概念化属性，强调形式意义上的法律所具有的权威性和约束力。在传统公共行政所依存的法治国那里，仅有法律才是行政唯一可信奉的依据，其他(如形而上意义上的法)则都是对主权者意志的否认。但是，伴随社会的不断发展，从19世纪末到20世纪初，许多领域都出现了需要超越个人的综合力量去予以驾驭的情形，人们发现，公共利益比个人自由更难能可贵。因此，国家需要以一种能动的方式为人民提供积极的服务。在这种情形下，一种注重实际的、社会化的法律制度开始取代早先那种具有抽象性和个人主义两种特性的制度，法治国开始向社会国不断进行转变。对于后者而言，更加注重实质法治或实质性内容而非法律形式。具体参见熊樟林. 行政处罚上的空白要件及其补充规则[J]. 法学研究，2012(6)：68-79.

它通过社会舆论、内心信念和传统习惯来评价人的行为，调整人与人之间以及个人与社会之间相互关系。道德从不同标准可以划分为不同的类型，例如，从道德适用的领域，可以把道德划分为公德与私德；从道德影响的范围，可以把道德划分为普适道德、职业道德和家庭美德，等等。本书主要关注后一种分类方式的前两种，即普适性道德和职业性道德。

（1）普适性道德。普适性道德规范不分领域和对象，在一个社会中无差别适用的普遍性的道德规范准则。康德认为，道德是人性的基础，而人性服从于德性。德性是人的意志在义务履行的过程中所体现的道德力量，是"一切我们对幸福的追求"的究极条件，因此，它也是究极的善。德性和幸福合起来构成了一个人类中最高善的所有物，而幸福的分配"准确的比例于道德"又构成了这一可能世界的最高善——圆善。同时，康德还认为，要想有道德价值，一个行动必须是从义务而完成，但是，由义务而完成的行动并不是从目的而引生出它的道德价值，而是从"它由之以被决定"的标准引生出它的道德价值，因此，它并不依靠行动的对象（目的）的实现，只依靠行动所"由之而发生（而完成）"的"决意的原则"，而不愿涉及欲望的任何对象。① 通过康德对道德的这些论述，我们可以看到，道德既是人类的义务，同时也是社会的价值，但道德对于价值的实现绝非基于主观目的，乃是基于客观法则。道德是人性的基础，同时，它的实现又要靠德性的力量来约束，它的最高境界就是圆善，或曰至善。在食品安全风险交流的法律治理中，道德的规范作用、德性的约束力量必须得到重视。这是因为，首先，法律治理的最高目标就是"善"，即"善治"，因此坚持德治和法治的统一始终是我国在社会治理路径选择理念上的一个不二法则。其次，食品安全风险交流法律治理，无论从目标还是过程来看，都离不开对"善"的追求。就目标而言，食品安全风险交流的最根本目的就是要实现社会对食品伦理和道德法则的最大化认同和追求；就过程而言，信任的根源就是"善"，因此缺乏"善"的食品安全风险交流最终只能是缺乏信任的食品安全风险交流，无法取得良好的社会效果。

（2）职业性道德。职业性道德规范是一般社会道德在职业生活中的体现，它

---

① 康德．康德说道德与人性[M]．高适编，译．武汉：华中科技大学出版社，2012：5-114.

同人们的职业活动紧密相连，是符合职业特点要求的道德准则、道德情操与道德品质的总和，也是职业品德、职业纪律、专业胜任能力以及职业责任等的总称。由于职业也具有社会属性，因此，职业道德既是本行业人员在职业活动中的行为规范，又是行业对社会所负的责任和义务。① 职业道德是伴随现代化社会大生产和劳动分工而形成的一种新的道德形式，它有利于一个国家经济的发展和社会的安定，是衡量现代市场经济水平高低的重要标志之一。职业道德对于食品安全风险交流法律治理建设同样具有重要意义。例如，当前我国许多食品安全风险交流的混乱状况与媒体在议程设置和新闻报道中缺乏职业道德素养有很大关联。有些记者为了追求新闻效应，没有经过认真的调查研究，只是根据一些道听途说的消息拼凑新闻，甚至有些记者在报道的过程中，故意断章取义、闪烁其词，进行猎奇似的歪曲报道。② 有些媒体在报道的时候缺乏科学性，看到食品含有致癌物质，就报道是致癌食品，看到染色馒头，就报道是毒馒头，这些都可能引起消费者过度反应。③ 可见，职业道德素养对于食品安全风险交流治理十分重要。

2. 管理

此处所指的"管理"主要表现为自治性规范，是企业或者其他社会组织为了维护组织秩序，实现管理目标而制定的在组织内部适用的行为准则。管理性规范在现实社会中的表现形式很多，例如公司章程、组织纪律、内部守则，等等。相对于其他规范而言，管理性规范主要有以下特征：一是内部性。它仅只针对组织内部成员适用，效力一般不及于组织外部。二是专业性或职业性。它一般与特定的职业活动或者专业事项有关。由于管理性规范是一种组织内部规范，因此它在对组织成员适用时，仅只以该组织成员相对于组织的特定身份关系为条件。例如，公司章程仅能就公司员工的职务行为而不能就他的家庭关系进行约束。三是拘束性。管理性规范一般有一定的强制力和拘束力。尽管管理性规范不是法律规范，一般不能直接依靠国家机关的强制实施来保障其效力，但是管理性规范仍可以通过内部的纪律性处罚来获得一定的拘束性，同时也可通过法律的认可而产生

① 游昀之. 职业道德[M]. 上海：上海交通大学出版社，2017：7.
② 钟凯. 中国食品安全风险交流的现状、问题、挑战与对策[J]. 中国食品卫生杂志，2012(6)：578-586.
③ 马志英. 食品安全风险交流与媒体的介入[J]. 上海商业，2013(4)：55-56.

法律上的效力。四是合法性。管理性规范一般只能在法律没有规定，或者符合法律规定的情况下产生拘束力，违反国家法律的强制性规定或法律基本原则的管理性规范不具有约束性。

管理性规范对于食品安全风险交流法律治理体系而言同样具有重要意义。食品安全与公众健康相关，是典型的公共问题，因此非常需要社会多元主体的共同参与。正如温家宝同志在 2011 年所强调的那样，安全的食品首先是企业生产出来的。因此，企业如果能够通过建立有效的内部规章，从标准化操作和严格规范的角度来加强食品安全的自我管理，则必然对于社会食品安全水平的迅速提高有事半功倍之效。同时，在面对食品安全问题时，如果企业自身储备有合理有效的风险交流规则，并有专业的风险交流人员，则必然可以大大减轻政府压力，有效解决危机。例如，从 2012 年开始，国内乳制品巨头蒙牛乳业（集团）股份有限公司开启了一系列以"新蒙牛"为主题的变革之路，倡导阳光开放的企业文化。2013年，蒙牛启动"绿色蒙牛、幸福畅游"的有奖参观活动，并设立了"工厂开放日"，以最大的诚意欢迎消费者代表前来监督抽查。这种风险交流活动对于蒙牛的信誉复苏起到了重要作用，并在当时一定程度上恢复了公众对国内乳制品行业的信心。

3. 政策

政策是党和政府治理社会的一种重要工具，是党和政府实现对社会经济、政治、文化等领域秩序建构的主要方式。政策的含义十分丰富。公共行政学的创始人伍德罗·威尔逊认为，政策是具有立法权的政治家制定出来的由公共行政人员所执行的法律和准则。[①] 显然，在这个意义上，政策的外延非常广泛，它涵盖了法律。但是，现代学界一般认为，政策与法律是有区别的。例如，在当前西方学者普遍看来，政策是由政府或其他权威人士制定的具有明确目的，并用以调整社会利益关系的计划或规划。[②] 而我国学界在综合西方学者观点的基础上，还特别强调了政党的政策主体性地位。例如，陈振明认为，公共政策是国家机关、政党及其他政治团体在特定的时期为实现或服务于一定社会政治、经济、文化目标所

---

①　伍启元. 公共政策 [M]. 香港：商务印书馆，1989：4.

②　陈潭. 公共政策学原理 [M]. 上海：上海交通大学出版社，2017：7.

采取的政治行为或规定的行为准则，它是一系列谋略、法令、措施、办法、方法、条例等的总称。① 总的来说，政策具有如下特点：第一，制定主体的广泛性。政策的制定主体包括政党和国家机关。在我国，除了党可以制定领导政策之外，立法、行政、司法、检察和监察机关等都可以在各自的职责范围内制定相关政策。例如，立法机关可以制定立法规划、发表立法意见，司法机关可以制定司法审判意见，这些都可以称之为政策。第二，形式上的成文性。政策尽管表现形式多样，但无一例外都是成文规定。第三，适用的普遍性。不同于管理性规范，政策一旦制定，除了党内政策之外，其他一般都具有普遍的适用性。第四，目标上的明确性和公共性。政策往往是为了解决一定特殊时期的特定任务而制定的，因此它具有"短平快"的特点，有着明确的目标和方向；同时，不同于管理性规范的内部性，该目标一般还具有极强的公共性。

政策在我国的法律治理体系中，具有重要的意义。这是因为，一方面，根据宪法的规定，我国是中国共产党领导下的社会主义国家，因此，坚持党的领导是我国必须要坚定的政治方向。从这个意义来说，党在领导国家的过程中所形成的路线、方针、政策都必须成为我国法律治理的重要依据。另一方面，从社会主义法治来看，国家机关的各项政策可以对我国的法治建设形成必要而有益的补充。根据十八届四中全会《中共中央关于全面推进依法治国若干重大问题的决定》，全面推进依法治国的总目标是建设中国特色社会主义法治体系，建设社会主义法治国家。在这个总目标中，包括要实现国家治理体系和治理能力的现代化，而这离不开国家机关通过灵活有效的政策制定、严格高效的政策执行来推进。总之，政策在我国法律治理中的作用是显而易见的，这对我国的食品安全风险交流而言也概莫能外。

4. 法律

法律作为一种规范，是立法者将具有共同规定性的社会或自然事实，通过文字赋予其法律意义，并以之具体引导主体权利义务行为的一般性规定。② 法律规范是法律文字化载体的表现形式，是社会规范体系中最核心和理性的构成部分。

---

① 陈振明. 政策科学［M］. 北京：中国人民大学出版社，1998：59.
② 谢晖. 论法律规则［J］. 广东社会科学，2005(2)：168-175.

在现代社会中，法治的最高目标是善治，而善治的最主要途径则是法治。法治的一个重要意义即在于确立法律至高无上的地位，即亚里士多德所谓的"良好的法律得到普遍的遵守"。因此，在法治语境下，法律规范应当具有最高的效力，它为法律治理"多中心权力结构下的行动者网络"提供普遍的指导框架和行为准则。对于食品安全风险交流法律治理而言，法律规范具有如下功能：

第一，确认主体资格和法律地位。原则上来说，在传统行政法理念中，行政法律关系的主体地位是二元对立的，即行政机关和相对人。江国华认为，学界一般对行政法的品格理解有三种：管理法、控权法、平衡法。其中，管理法的实质就是国家管理法，它主要强调，行政法的重点是规范行政相对人的行为，保障行政管理顺利进行，以建立和维护有利于提高行政管理效率、实现管理任务的法秩序；控权法就是控行政权法，它主要强调行政法的重点是控制行政机关的权力，保护行政相对人免受行政机关滥用行政职权行为的侵害，以建立和维护自由、民主和人权保障的法秩序；平衡论认为行政法是平衡之法，它主要主张行政法应尽可能在总体上平衡行政机关与相对方的权利义务关系，兼顾公益与私益，以建立和维护民主与效率有机统一和协调发展的法秩序。① 纵观这三种观点，尽管在程度上有所差异，但就实质而言，都是强调在行政法权的配置中，行政机关和行政相对人处于二元对立的地位。这种传统的行政法理念在倡导合作治理的今天，就显得有些力不从心了，因为无论是管理、控权或是平衡，都难以面对多中心合作治理背景下主体资格和法律地位的确认问题。因此，在现代化的食品安全风险交流法律治理中，我们必须通过法律规范来确认多中心主体各自的法律地位和权力配置，从而给予他们有效的安排。

第二，统合各种其他规范。尽管在现代法治社会中，规范日益具有多元性，但是法律规范却在总体上具有统合效应。从社会动力学的角度来讲，公共治理一旦实施，社会就成为一个各种规范持续运行的系统，其间涉及复杂的主体构成及利益协调，牵扯到各种社会规范的冲突与融合，这种多元性所带来的张力需要被加以有效统合，而这只能通过法律规范来完成。这是由法律规范普遍且最高的效力决定的。在食品安全风险交流的法律治理中，同样也需要借助法律规范来实现

---

①　江国华．中国行政法（总论）[M]．武汉：武汉大学出版社，2012：35-37.

对治理过程中各种规范的协调运行。

第三，强化责任。责任作为一种义务和后果，对法治社会运行起到保驾护航的作用。因此，在法治体系构成中，必须强化责任意识，规范责任形式。当前，尽管法治社会需要多元化的规范体系，且很多除法律之外的其他社会规范也具有一定的责任元素，但是它们要么没有强制性，要么缺乏普遍性。例如，尽管道德规范也隐含了道德责任，但是它没有强制性；管理性规范尽管一定程度上具有责任的强制性，但却适用范围有限，缺乏普遍威慑力。因此，只有同时兼具了强制性和普遍力的法律规范，才能从根本上强化所有主体成员共同的责任意识，并对其行动保持最终的威慑力。这一点，在食品安全风险交流的法律治理中也同样如此。

5. 规则意识

尽管从形式上来说，食品安全风险交流的法律治理应当包括道德、管理、政策和法律，但是仅仅认识到这一点还很不够，因为它只强调了法律治理中规则要素的形式意义之构成，而未能深刻地意识到规则所隐含的主观属性对法律治理所可能带来的影响。事实上，无论大到国家，还是小到企业，任何一个组织的治理，必须同时注重两方面建设：一是客观意义上的规则体系建设；二是主观意义上的规则意识建设。如果仅强调前者而忽略后者，势必导致既定规则的难以实施。例如，现实社会中各种潜规则的盛行，就是对社会中规则意识普遍不足的一种反映。因此，在法治建设中，既要重视规则体系建设，也要重视规则意识建设。

对规则意识的理解，学界有不同看法，大致分为两类：第一类是把规则意识理解为一种正向积极的意识行为，认为规则意识就是对规则的认同与遵守。例如，刘泾认为："所谓规则意识，就是对规则的体验、认同和遵行。"[1]第二类是把规则意识理解为一种客观存在的意识状态，是社会主体对规则现象的一种感知和体验，它可能是正向积极的，也可能是负向消极的。例如，但咏梅认为："公民规则意识，是社会成员关于规则和规则现行的思想、观点、认知和心理的总

---

① 刘泾. 规则意识的培育与廉政文化创新[J]. 重庆社会科学，2013(4)：118-122.

称。"①显然，上述两种对规则意识的理解是站在不同学科的立场基础上的，前者主要是从社会学角度来看待规则意识，强调规则本身的社会价值取向，将规则意识解读为对规则的认同感和实践强度；而后者是从心理学角度来看待规则意识，本身没有赋予规则任何的价值判断，只把它作为一种客观实在，因此规则意识就成为规则对主体心理进行投射后所引起的意识状态。通常，前者只适用于社会规则，而后者既可适用于社会规则，也可适用于自然规则。由于本书主要讨论的是社会规则及规范，因此，此处采用第一种理解，即强调规则意识是对规则于自我进行约束的一种认同和实践。

规则意识对现代社会文明和法治建设来说具有重要的意义。首先，规则意识是公民意识的重要组成部分，而公民意识则是现代国家文明发展的重要标志。其次，规则意识是法治思维的精髓。社会要发展，要和谐，就必须讲规则，无论运用何种社会治理方式，前提都是要制定良好的规则并让大家普遍地遵守。② 在公民社会中，规则意识的形成需要经过长期的努力，并主要可依赖以下几种途径：一是公民教育。根据一项调查发现，接受过高等教育的公民，规则意识要显著高于未接受过高等教育的公民。③ 因此，良好的教育有益于提高公民的规则意识。二是普遍提高示范群体的规则意识。根据犯罪心理学中的破窗效应理论，具有示范效应的社会行为群体，例如领导干部、公众人物，如果普遍缺乏规则意识，会使整个社会的规则意识受到负面影响。三是加强责任约束。有效的责任追究机制可以倒逼规则意识的提高。

具体到食品安全风险交流法律治理中来说，规则意识的提高对食品安全风险交流效果的提升同样有着重要意义。公民的规则意识不足，是造成我国食品安全风险交流有时失序的原因之一。往往，在一些涉及重大食品安全风险的问题上，即使一些网络大 V、公众人物也难以始终坚持在自由、友好、宽松、理性的氛围下进行充分说理与有效讨论，体现出对风险交流规则意识的重视程度不够。其次，食品企业有时也缺乏妥当的风险交流规则意识，有时会倾向于对涉及自身的

---

① 但咏梅．浅议中国公民规则意识[J]．四川教育学院学报，2011(12)：30-34．
② 庞凌．作为法治思维的规则思维及其运用[J]．法学，2015(8)：134-145．
③ 人民论坛问卷调查中心．中国公众的责任与规则意识调查报告(2016)[J]．国家治理，2016(4)：22-36．

食品安全风险交流活动采取过于严厉的苛责行动，这也可能会损害正常的食品安全风险交流社会环境。因此，在食品安全风险交流的法律治理中提高普遍的社会规则意识是十分必要的。

第四章　食品安全风险交流法律治理的
制度框架理论设计

在理论上设计食品安全风险交流法律治理的制度框架，是实现食品安全风险交流治理效果提升的根本路径。该框架主体内容应当贯穿于整个食品安全风险交流的运行过程，并形成一个有机整体。具体来说，它应当包括彰显法律治理多元化的主体参与，实现法律治理规范化的程序引导，促进法律治理合理化的信息传递以及作为系统运行支撑维护的物质保障和责任导向。这些部分在内容上相互分工、相互配合、彼此衔接、彼此依托，共同构成了食品安全风险交流法律治理的有机整体。首先，主体参与解决的是食品安全风险交流参与主体的构成体系以及其各自的身份角色和功能定位的问题，即"谁来交流"的问题；其次，程序引导解决的是食品安全风险交流参与主体通过何种机制、方式和流程具体开展食品安全风险交流的问题，即"如何交流"的问题；再次，信息传递解决的是食品安全风险交流主体在依照特定的程序进行食品安全风险交流时，如何实现作为交流内容的信息的自由和有效传递的问题，即"交流什么"的问题；复次，物质保障解决的是如何对充分促进食品安全风险交流工作开展进行硬件环境建设的问题，即"支撑交流的硬环境"问题；最后，责任导向解决的是如何对积极有效、正当合理的开展食品安全风险交流工作进行软件环境维护的问题，即"支撑交流的软环境问题"。下文对此一一分析。

第一节　主体参与

食品安全风险交流法律治理的主体参与，主要是指主体应当以何种理念、方式和途径参与食品安全风险交流法律治理的过程。食品安全风险交流是一项系统性的社会工程，因此，如本书第三章所述，食品安全风险交流法律治理中的主体构成具有多元化属性，它包括了公共部门、私营部门、公众和专家等在内。其中，公共部门又包括了国家机关和非营利组织两大类型，国家机关又涵盖了立法、行政、司法三大国家职权部门。这些不同类型主体在各自参与食品安全风险交流的法律治理时，往往在参与的方式、途径、能力、效果上均有很大差异，因此应予分开讨论。但是，在国家机关中，总体而言，只有行政机关作为公共事务的日常管理机关，是以主动、常规的方式进行食品安全风险交流的，因此，笔者此处主要探讨行政机关对食品安全风险交流的治理参与。另外，非营利性组织由于在我国目前的社会体制中独立性不强，它们在食品安全风险交流中的职能和政府以及企业之间存在较大重合性，因此也不单列讨论。

一、政府主导参与

总的来说，政府在风险规制和风险管理中的主导作用是不容置疑的，这一点，即使在已经步入了治理和全球化时代的今天，也仍是如此。尽管在当今社会许多领域，标准拟定和风险评测的权力，已经被授予了政府以外的组织，甚至被授予了超出主权国家范围之外的各种国际性组织，但是，无论政府及国家观念在当下的社会理论思潮中受到何种怀疑，全面改革风险规制过程的机构焦点仍然是广义上的政府。之所以如此，一方面是因为只有主权国家的政府才拥有风险规制权力的正当合法性，另一方面，则是由于"国家""政府"这样的概念牢牢地把控了学术的想象力，研究风险的集体决策不考虑它们是十分困难的。①

近代以来的西方政府是在民族国家建设的过程中逐步完善的，其最重要的成果便是建立起了科层制。其中，韦伯对现代科层制组织的研究在这一过程中发挥了重要的推动作用。他把组织根据组织权威的类型分为三种形态，分别是"超凡魅力型"的神秘化组织形态、"传统权威型"的传统组织形态、"法定权威型"的合理化——法律化组织形态。② 现代科层组织正是最后一种组织形态的表现形式，

---

① 伊丽莎白·费雪. 风险规制与行政宪政主义[M]. 沈岿，译. 北京：法律出版社，2012：14.

② 何增科，陈雪莲. 政府治理[M]. 北京：中央编译出版社，2015：6.

它具有八个方面的特征，包括组织分工性、层级性、非人格化、专业性、档案性、独立性、才能性、内部程序性。韦伯被称为组织理论之父。西方国家先后按照韦伯的科层制组织原则，进行了政府改造，建立起现代科层制政府，到目前，世界上绝大多数民主国家的政府也都是按照韦伯的这一科层制模式构造的。依照韦伯的这一理论，现代科层制政府的特点便暴露无遗。根据韦伯本人的总结，它的优点主要在于：例行的层级管理制、等级制的职务权威、专业化的知识素养、脱离私人生活的职业活动和管理的普遍化原则。① 但是，随着科层制政府的逐渐发展，也有学者认识到了它的不足，例如组织的非人格化、组织增生、阶层固化等缺陷。② 但无论怎样，科层制仍然是现代国家政府的主要组织形式，并在相当程度上决定了现代社会公共行政的主要工作方式和活动形式，因此，现代政府一般都仍然是具有高度组织分工性和层级性的。认识到现代政府的这一组织形式，对于分析其在风险交流法律治理中的参与规则制定和运行是非常重要的。

如前文所述，现代社会中的风险交流，一般被认为是一切组织、机构和个人对风险的观点、态度和看法交换意见的过程。那么对于现代社会中的科层制政府组织而言，其对食品安全风险交流的参与一般也可以分为作为整体意义上的政府对食品安全风险交流的参与和政府部门彼此之间对食品安全风险交流的参与。前者可以理解成为是政府的外部食品安全风险交流，其所交流的对象一般是除政府部门之外的其他个人和组织，也即广义上的公众；而后者则可以理解为是政府的内部食品安全风险交流，其所交流的对象则限于其他具有食品安全工作监督管理职能的政府部门。这两种不同政府参与方式下的食品安全风险交流，政府应当采取不同的参与规则。其中，前者主要是基于政府权威基础之上的引导，后者则主要是基于部门共享基础之上的合作。

1. 整体意义上的政府参与

政府在以整体的形式对外参与食品安全风险交流活动时，其主体的地位、角色和功能如何，将直接影响到食品安全风险交流的社会治理效果。尽管，20 世纪 80 年代西方资本主义国家的"新公共管理运动"开启了"服务政府""效率政府"

---

① 马克斯·韦伯. 经济与社会[M]. 上海：上海世纪出版集团，2010：1095-1097.
② 薛亚利. 风险的民主化与科层制隐忧[J]. 学术月刊，2014(11)：99-106.

"企业家政府"等一系列政府改革运动的新篇章，并直到 90 年代在全球范围内
"治理"范式的提出，这一系列改革都在一定程度上改变了政府过去的全能形象，
但是，直至今日，政府作为社会治理主要承担者的身份和地位仍然是无法替代
的。在食品安全风险交流中，政府同样承载着不可或缺的功能，甚至，在某些情
况下，受到过去"全能政府"传统观念的影响，政府有时被赋予了风险交流活动
主宰者的角色。例如，有学者就认为，风险交流的法律基础就是有关国家行政机
关和公共组织向消费者传递信息的规定。① 但是显然，如前文所述，这种把风险
交流仅仅理解为一种政府信息公开的方式，已经与风险交流发展的趋势不相适应
了。风险交流活动不是一种单向的政府信息传递，而是一种互动而持续的意见交
换，它需要一种宽松而和谐的环境。因此，从这个角度来说，政府在对外进行风
险交流活动时，不适宜再以"主宰者"的身份进行，而应该改为以"主导者"的角
色参与。具体来说，应当从以下几个方面积极开展活动：

（1）在食品安全风险交流中，做好"观念导向者"的工作，把握好风险交流的
方向。伴随食品安全风险交流发展的日益完善，社会公众们的风险意识和科学素
养都在不断增强，因此，他们不再满足于仅仅是被告知有关的食品安全风险信
息，而是渴望进行对话和交流。而公众们的风险感知、风险认知和风险偏好往往
有巨大差异，这势必给风险交流活动带来巨大困难。例如，原国家食品药品监督
管理总局于 2016 年开展了大规模的食品安全认知度调查，结果发现不同受众群
体在性别、社会地位、受教育程度、心理、收入状况等差异下，对食品安全风险
的信息需求有很大不同。② 因此，如何针对各种不同类型的社会群体进行普遍而
行之有效的风险交流，这是对政府风险交流能力的一大考验。当然，要解决这个
问题，需要从很多方面入手，例如，根据受众特点有针对性地编辑风险信息、选
择不同类型群体喜爱的不同风险交流专家，等等，但是，最根本的一点，仍然是
需要政府起到"观念导向者"的作用。

政府在风险交流中的"观念导向者"作用不仅是由政府作为公共价值促动者

① 孙颖. 风险交流——食品安全风险管理的新视野[J]. 中国工商管理研究，2015（8）：
40-45.

② 李奇剑. 强化风险交流，确保食品安全[J]. 中国食品药品监管，2017（5）：21-22.

的身份导致的，同时也是由观念在风险交流中的重要作用决定的。一方面，在影响公众群体对食品安全的风险感知差异和风险偏好区别中，风险观念是具有一定决定性，并同时也是最容易被影响的因素。正如有学者所指出的那样，在当今这样一个娱乐至上的社会中，普通消费群体长期被各种可视化媒体炮制和鼓吹的"符号"所迷惑，迷失于各种"俘获观念的文化"，模糊了对食品理性的观察力和判断力，一味片面去追求符号所带来的价值，从而丧失了人的主体性，导致了人在食品消费上的"异化"。① 例如，对于吸烟所引发的疾患风险，可能公众受到性别、年龄、受教育程度等多方面影响，会产生不同的风险认知，同时，这些因素又基于较强的客观性很难改变。但是，也可能有相当一部分公众，特别是青少年，是会由于受到某种文化观念的影响(比如认为吸烟很酷、吸烟可以吸引异性等)，而忽略了吸烟所带来的健康风险。再如，尽管西方超加工饮食模式已证明对人体可能造成肥胖等危害，但仍有许多青少年迷恋洋快餐，这可能也是受西方文化符号影响所致。因此，对于这样的一些食品消费风险观念，政府是可以通过加强消费者教育、普及食品安全知识等手段来予以"观念导向"的。另一方面，在食品安全风险交流活动具体开展时，风险交流的观念和意识也很重要。良好的风险交流离不开平等、理智、和谐、有序的社会环境，而这一社会环境的形成很大程度上也是由风险交流参与者的交流观念和意识来决定的。我国学者赵汀阳曾经指出，意见的世界就是政治的世界。意见的话语既可以是非理性的、疯狂的，也可以是理智的。意见的问题只能靠意见去解决，由于人们的各种行动都由主观意见决定的，所以，意见之间的冲突和竞争最终需要政治的解决。② 同样，按照哈贝马斯的交往理性理论，现代多元社会必须要通过重建基于良好语言环境和遵循基本语言规则的话语机制才能达成社会共识。因此，如果我们把食品安全风险交流也看作在食品消费公共生活空间里各种不同意见之间的碰撞与对话，那么政府也就应该通过积极的手段来对这种对话的机制进行引导与指向。

(2)在食品安全风险交流中，做好"权威信息的发布者"的工作，把握好风险

---

① 梅琼林，杨文娟，等. 符号消费构建消费文化——兼论鲍德里亚的符号批判理论[J]. 重庆社会科学，2006(4)：116-118.

② 赵汀阳. 哲学的政治学转向[J]. 吉林大学学报(社会科学版)，2006(2)：8.

交流的定位。在今天这样一个时代，新闻业走向了终结，精英群体垄断信息的时代也走向了终结，并将实时自我修正的公民媒体文化视为纯粹的信息民主。于是，社会把关人网络（Network of Social Gatekeepers）可以告诉我们哪些事是确定的或者哪些事情已经被证明，这样的观念正在消失，辨别真伪的责任更多地落到了我们每个人的肩上。① 比尔·科瓦奇和汤姆·罗森斯蒂尔的这一论断向我们暗示了现代社会是一个信息超载的社会。在这样的社会中，人们一方面可以为短时间内能获取到大量信息而沾沾自喜，另一方面又不得不为无法在嘈杂且矛盾的信息中作出选择而痛苦不堪。当前的食品安全风险社会信息系统就存在这样的困境，并主要表现为两种类型：一种是科学风险信息的相互抵触性，另一种是食品安全谣言的无法辨识性。

在食品安全科学风险信息的相互抵触性方面，最典型的莫过于历史持续时间较长的对转基因食品安全的争议。例如，根据《科技日报》报道，截至 2018 年 7 月 4 日，在著名转基因支持网站"挺转"请愿网站（supportprecisionagriculture. org）上公开署名支持转基因技术应用于农业领域、支持转基因农作物的诺贝尔奖获得者人数，已有 134 人，而当年尚在世的诺奖获得者总人数只有大约 296 人。② 同时，中国农业科学院生物技术研究所研究员黄大昉表示，如此众多的诺贝尔得奖科学家支持某一特定专业领域的科学技术，以及支持者持续增加，这在现代科学发展史上前所未闻。③ 但是，根据《环境与生活》记者报道，2014 年 7 月 25 日，来自美国、英国、瑞士、德国、澳大利亚、中国大陆等 14 个国家的科学家聚集在北京，参加首届"发展与环境安全论坛"，论坛主题是"2014 食品安全与可持续农业"，而来京的这批科学家们都无一例外对转基因食品安全持否定态度。同时，来自俄罗斯的伊尔马科娃博士还向大会展示了不同组雌鼠同天所生幼鼠发育 19 天时的对比，其中食用转基因大豆组母鼠所生的幼鼠体形明显偏小。④

① 比尔·科瓦奇，汤姆·罗森斯蒂尔. 信息超载时代如何知道该相信什么［M］. 陆佳怡，孙志刚，译. 北京：中国人民大学出版社，2014：8.

② 马爱平. 134 位诺奖得主为何力挺转基因？［N］. 科技日报，2018-07-04.

③ 马爱平. 134 位诺奖得主为何力挺转基因？［N］. 科技日报，2018-07-04.

④ 张彭. 14 国科学家聚首北京"反对转基因作物种植"［EB/OL］.（2014-08-26）［2018-07-29］. http://www.cuncunle.com/content/101142771044563.

不仅如此，另一个耐人寻味的案例是黄金大米。2018 年 5 月 24 日，FDA 宣布，经过基因改造的黄金大米可以安全食用。至此，世界上已经有加拿大、澳大利亚、新西兰和美国等通过官方机构表态支持食用黄金大米。而该"黄金大米"于 2012 年 8 月 30 日被国际环保组织"绿色和平"曝光由美国一家科研机构对 25 名中国湖南省儿童进行了人体实验。当年，根据中国疾病预防控制中心等部门调查，共有 25 名儿童于 2012 年 6 月 2 日中午，每人食用了 60 克黄金大米饭。事发后，根据规定，相关责任人被处理；25 名食用黄金大米的儿童每人获得补偿 8 万元。①

根据国外学者 Sylvain Charlebois 和 Amit Summan 两人对食品安全风险交流的研究表明，当专家意见受到来自专业同行领域的竞争性挑战的时候，公众们对研究的可信度和风险管理中的信任度都会大大降低。一旦一个原创性技术研究信息后来招致其他信息的挑战时，它就会失去可信度。通常，个体在面对矛盾的食品安全信息时，他们可能会作出无视或者保留的判断来克服信息对他们产生的迷惑性。此时，官方机构的信任度将会在公众被忽视、风险不被承认和信息流动迟延的情形下大大降低。②

食品安全谣言的无法辨识性是食品安全风险信息系统面临的又一困境。谣言是古老的大众传播媒介，即使报纸和后来的无线电广播问世，以及最后视听设备的急剧发展，都未能使谣言烟消云散。谣言是一种在人们之间私下流传的，对公众感兴趣的事物、事件或问题的未经证实的阐释或诠释。③ 谣言之所以被广泛传播，可能由以下几种原因引起：一是因为它可能具有新闻信息的价值。谣言之所以流传，就是因为如果对这个无论真假的新闻茫然无知的话，就会存在危险。二是因为它是社会协调一致的有效媒介。人们往往认为，只有群体一致认为是真实的，那才是真实的，因此，参与谣言就是参与群体行动。三是为了自我解放。谈

---

① 冯军. 湖南 25 名食用 60 克黄金大米儿童每人获补偿 8 万 [EB/OL]. (2012-12-07) [2022-12-14]. http://finance.people.com.cn/n/2012/1207/c1004-19818621.

② Sylvain Charlebois, Amit Summan. A risk communication model for food regulatory agencies in modern society [J]. Trends in Food Science & Technology, 2015(45)：153-165.

③ 让-诺埃尔·卡普费雷. 世界最古老的传媒：谣言 [M]. 郑若麟，译. 上海：上海人民出版社, 2018：1-3.

论谣言的本身，就是一种自我焦虑的释放。四是为了取乐。有些谣言之所以甚嚣尘上，不是因为人们相信它，而是因为它能令人感到新奇，它可以成为一种谈资以给人们制造话题的快乐。五是无目的的。这类似于一种海德格尔所谓的"闲言"，即无须先拥有知识就已经先占据了关于它的一切。人们总要用语言的对话来填补相处时的空白，这时，正广为传播的谣言正好增加了一次继续传播的概率。①

近二十年来，食品安全一直是公众关注的话题，这在一定程度上扩张了食品安全谣言新闻传播的话语空间。例如，根据中国健康传媒集团食品药品舆情监测中心谣言数据库的数据显示，其在 2018 年 7 月累积的谣言及辟谣数据已超过 5 万条，其中，2017 年与食品谣言相关的信息高达 1.7 万余条。② 尽管根据中国健康传媒集团 2019 年发布的《2018 年食品安全谣言治理报告》显示，相比 2017 年，我国当年食品安全谣言数量整体呈下降趋势，但仍有"星巴克咖啡致癌""大蒜炝锅致癌""海绵八宝粥"等谣言广为流传。③ 腾讯公司发布的《2019 年网络谣言治理报告》也显示，医疗健康、食品安全、社会科学这三类是谣言高发领域。许多食品谣言经广泛传播后既不能证实，也不能证伪，并在流传过程中不断演化发酵，直至最后，终坠迷雾。④ 目前，正如上文所分析的那样，食品安全谣言传播也是由多种因素造成的，它既可能来自媒体的恶意宣传，也可能源于公众的口口相传。研究表明，许多食品安全事件本身对社会的危害并不大，但事件引发的食品恐慌所造成的损失往往远高于食品安全问题引发的直接损失。⑤ 例如，2017 年 6 月，据中央电视台财经频道《第一时间》报道，"塑料紫菜"网络造谣事件导致晋江当地的紫菜产品受到重创，产品滞销、价格大幅下降，并且波及福建、天

---

① 让-诺埃尔·卡普费雷. 世界最古老的传媒：谣言［M］. 郑若麟，译. 上海：上海人民出版社，2018：51-63.

② 李晨赫，徐杭燕.《2017 年食品谣言治理报告》发布［N］. 中国青年报，2018-07-18.

③ 2018 年食品安全谣言十大案例发布［EB/OL］.（2019-06-26）［2023-05-11］. http://society.people.com.cn/n1/2019/0625/c1008-31194890.html.

④ 邓利平，马一杏."老酸奶"谣言中媒体呈现的反思［J］. 新闻界，2013（4）：26-29.

⑤ Smith D. & Riethmuler P. Consumer concerns about food safety in Australia And Japan［J］. International Journal of Social Economics，1999，26（6）：724-741.

津、四川等全国多个省份，对紫菜行业造成巨大打击，损失难以估计。① 因此，食品安全谣言对于企业利益、消费者信任和社会安全稳定破坏作用很大。

要想有效治理上述食品安全信息系统的这两种困境，就必须在食品安全风险交流过程中充分发挥政府作为权威信息发布者的作用。这是因为，在交往关系中，对社会事实真相的认识在一定条件下、一定范围内是可能实现的。而在社会真相的求证过程中，必须综合考虑效率与公正因素，对社会真相的求证往往应该尽量快捷地进行。② 如果我们把食品安全信息系统的两种困境都理解为对社会事实真相的一种求证，那么显然，政府既作为公共利益最忠实的代言人，又作为公共资源最有力的掌控者，是最有能力在公平与效率的原则下求证社会事实真相的。扑灭一则谣言的问题归根到底还是一个人的问题："相信什么"取决于"由谁来说"。没有一个可靠的发言人，反谣言的战斗必将失败。③ 因此，尽管现代社会，政府公信力一直备受质疑，但是在巨大的社会争议面前，公众往往还是希望由政府来为他们提供一个具有公信力的决断。这也是政府在参与食品安全风险交流时的重要功能之一。

(3)在食品安全风险交流中，做好"组织协调者"的工作，把控好风险交流的节奏和效果。食品安全风险交流是一个系统性工程，因此要想得到有效的推进，就必须要在方方面面统筹协调、按部就班、有序进行。尽管，在权力结构的多中心主义面前，政府并非食品安全风险交流的主宰者，但是，作为社会治理的中坚力量，它仍然是食品安全风险交流有效开展的最佳组织者和协调者。表现如下：

首先，政府是食品安全风险交流参与主体关系网络的最佳梳理者。如前文所述，食品安全风险交流的参与主体是多元化的，涉及社会的一切组织、机构和个人。这些不同的主体由于各自具有不同的利益诉求、资源禀赋和交往能力，因此对食品安全风险交流的需求、动力和能力也各有不同，他们在食品安全风险交流

---

① 张文胜，柳雅，吴梦江，等．日本"风评被害"的概念阐释、认定案例及应对策略——对中国应对食品谣言损失的启示[J]．世界农业，2022(10)：39-45.

② 蔡东伟．社会信息论域下的社会真相[M]．北京：社会科学文献出版社，2013：142-144.

③ 让-诺埃尔·卡普费雷．世界最古老的传媒：谣言[M]．郑若麟，译．上海：上海人民出版社，2018：271.

的公共空间中彼此牵制，相互影响，形成了一个错综复杂的"风险交流场"。因此，如果政府不能理顺他们彼此之间的关系，从中起到一个组织协调的作用，那么他们彼此之间的风险交流活动注定可能是低效甚至无效的。例如，相对于企业和其他社会组织而言，公众的组织能力显然是最差的，但是他们却又是食品安全风险的最直接承担者。因此，政府如果不能提供有效的资源来支持他们提高风险交流的组织化程度，那么其在与企业或其他社会组织的风险交流活动中必然处于实质能力具有悬殊差异的地位，而这种主体知识和组织化程度均不对等的风险交流必定以失败而告终。

其次，政府是食品安全风险交流公共产品和服务的最大供应者。如前文所述，风险交流工作的有效开展，离不开行之有效的规则。缺乏规则意识和规则约束的风险交流必然走向混乱和无序。而在食品安全风险交流的规则体系中，除了道德和管理之外，政策和法律这两种最具约束性，也是最有效的规则都是由政府为代表的公共部门来提供的。① 不仅在政策和法律这两种公共产品的提供上，政府起到了巨大的供应作用，同时，在食品安全风险交流活动开展的公共投入上，政府也是最根本的供应人。自 2011 年起，国务院食品安全委员会办公室确定在每年的 6 月举办全国食品安全宣传周活动。该活动的目的旨在搭建多种交流平台，以多种形式、多个角度、多条途径、面向贴近社会公众，有针对性地开展风险交流、普及科学知识。连续几年，该活动都取得了良好的全国性食品安全风险交流效果。例如，2021 年的全国食品安全宣传周活动主题为"尚俭崇信，守护阳光下的盘中餐"。宣传周期间，国家层面举办主场活动、论坛、训练营、体验营等多种形式的 9 场活动；同时，教育部、工业和信息化部、公安部等 14 个部门将分别举办"部委主题日"活动，内容涵盖法律法规宣讲、诚信守法教育、反食品浪费课程、科学知识普及、智慧监管成果展示、技术交流会等，覆盖从农业到餐桌的食品安全全过程、全领域内容。这么一个系统、连续、规模庞大的全国性食品安全风险交流主题宣传活动，没有政府的公共投入是难以进行的。

---

① 尽管法律是由立法部门制定的，并非产生于政府，但是政府往往对立法部门具有极大的影响力。在我国，法律的实施条例一般都是由政府颁布的。同时，政府还是许多法律制定和修改的提议人，有时还是法律草案的起草人。例如，我国 2014 年的《食品安全法（修订草案）》就是由国家食品药品监督管理总局受国务院委托起草的。

再次，政府是食品安全风险交流议题的最佳建构者。如前文所述，食品安全风险是由许多复杂的社会因素导致的，其中包括道德行为风险，也包括科学技术风险，而对于后者，又包括已知的不确定风险和未知的不确定风险两种情况。不仅如此，不同的社会主体对于风险感知存在巨大差异，特别是专家和公众，他们在风险的知识构成上具有显著的区别。这就导致，当社会存在多个不同的食品安全风险议题时，究竟哪些议题是急需风险交流的？这需要予以选择和设置。目前，传播学领域对这一问题研究较多。这是因为，新闻媒体往往对于公众的食品安全风险认知扮演着重要的"形塑者"角色，人们获取食品安全信息的主要来源仍然是电视、报纸和网络。这种对媒体的依赖有时超过了人们对医生、卫生和营养专家的依赖。[①] 因此，媒体成为当前风险议题的主要建构者。但是，这会带来一些弊端：第一，媒体具有选择性偏见。媒体往往既不会根据大众的风险偏好，也不会根据专家的风险建议来选择风险议题。为了追求关注度，他们更愿意选择具有强烈冲突性的风险议题，而相对忽视其他类型。不仅如此，媒体往往还会对选定的风险议题进行二次加工，以进一步增强其戏剧性和冲突张力。[②] 这在一定程度上解释了媒体对由新技术引发的新型食品安全风险议题的报道较多，但对类似吸烟这样的传统风险议题的报道却较少的原因。第二，媒体在进行食品安全议题报道时，往往会有框架过程，即选择和突出的过程。具体来说，它主要是指媒体为了引起受众共鸣，有时会突出报道事实中的某一个特殊部分。但是，这种过分的渲染有时会误导受众的认知。综上可见，从某种意义上说，媒体并非食品安全风险交流风险议题的最佳建构者，因此，政府应该在这个问题上发挥更加积极的作用。政府是公共利益代言人，相对于媒体和其他私营部门而言，更加具有公信力。另外，政府是食品安全风险交流工作的引导者，它更有资格和能力去梳理其他风险交流主体之间的关系，从而构建更加合理的食品安全风险交流议题。

最后，政府还是食品安全风险交流实践效果的最佳保障者。食品安全风险交流要实现效果提升，就必须对主体责任进行有效约束。责任是约束主体行为最强

---

① 柳絮东. 中国国家电视食品安全议题报道的框架研究[J]. 现代传播，2015(1)：55-60.

② 冯强，石义彬."结构性失衡"：我国食品安全议题的消息来源与报道框架分析[J]. 现代传播，2016(5)：36-42.

有力的形式。在所有责任构成中，由政府有关部门主导的行政责任和刑事责任两种法律责任，往往是最有具威慑力的。因此，政府可以通过对主体法律责任的追究来把握食品安全风险交流的走向。例如，据不完全统计，在 2018 年，针对制造及散播食品安全谣言者，相关部门追究刑事责任 15 人、行政拘留 65 人、罚款 11 人、封号 1 人，警示教育 8 人。① 这些都为食品安全风险交流活动的有序开展提供了保障。

2. 部门意义上的政府参与

部门意义上政府参与的食品安全风险交流，主要是指具有食品安全风险监管行政职能的政府部门内部之间所进行的风险交流。在社会化大生产的背景下，现代食品安全风险问题的产生，不是由哪一个单独的因素决定的，而是一种系统性因素会聚的结果。首先，食品流通需要经过生产、加工、包装、采购、储存、运输、批发、零售等许多个环节，具有链条长的特点；其次，食品安全需要依赖多个条件，环境、土壤、饲料、兽药、生产加工方式、包装材料、储存条件等都会对食品安全造成一定影响；再次，从风险管理角度来看，一个完整的食品安全风险监管流程通常包括风险监测、风险评估、风险预警、风险决策、风险检查等多个阶段。总之，基于此，对于"从农田到餐桌"的每个环节，若要实现全面综合的食品安全监管，是很难靠单一部门来完成的，必须由多部门协同进行。

纵观当今世界任何一个国家的食品安全监管体制，无论是采取"品种为主、环节为辅"的统一监管模式，还是采取"环节为主、品种为辅"的分段监管模式，归根结底，都还是多部门合作监管模式，其区别仅只在于是"单中心主义"，还是"多中心主义"而已。例如，一般认为，美国食品安全监管职责主要由 FDA 执行②，是一种统一监管模式。但是在 2011 年美国颁布的《食品安全现代化法》中，

---

① 王薇. 2018 年食品安全谣言治理报告发布，对国外信息夸大谣传成新趋势[EB/OL].
(2019-06-25)[2023-05-18]. http://k.sina.com.cn/article_2090512390-7c9ab00602000xywq.html.

② 美国农业部(USDA)下属的食品安全监察局(FSIS)和美国食品药品监督管理局(FDA)是美国两个主要的食品规制机构。这两个联邦机构涵盖了食品规制体系的所有阶段；它们有权评估、调查、规制、检查和制裁。其中，USDA 监督肉类、家禽和一些蛋制品，而 FDA 规制所有的食品。但即便 FDA 承担了几乎所有除蛋、禽、肉以外的 80% 食品的安全监管职责，美国在前些年依然呼吁要统一这两个食品安全监管机构。具体参见赵学刚. 统一食品安全监管：国际比较与我国的选择[J]. 中国行政管理，2009(3)：103-107.

有相当一部分规定特别强调了应当加强政府间的磋商协作和信息通报，其中明确要求 FDA 要加强与农业部、国土安全部、卫生与人类服务部、商务部和各州相关部门之间的磋商和协调，不可重复发布相同或矛盾的信息。① 可见，即使是美国这样的食品安全统一监管模式，仍然需要 FDA 和其他部门进行多元合作。

我国的食品安全监管体制自 2009 年制定《食品安全法》以来，已经经历过几次大的调整，主要表现如下：第一次即是在该法当年颁布之时。按照该法规定，我国农业部门、卫生部门、原国家质检部门、工商部门和食药监管理部门等都在国家食品安全委员会的统一协调下，负责食品安全监管。其中农业部门主要负责食用农产品的质量安全标准制定、信息发布；卫生部门主要负责食品安全评估、食品安全标准制定、食品安全信息公布、食品检验机构的资质认定条件和检验规范的制定、组织查处重大食品安全事故；国家质检部门、工商部门和食药监部门则分别负责对食品生产、流通、餐饮服务等活动实施监督管理。显然，按照这个规定，我国当时实行的是典型的分段监管模式。第二次是在 2015 年《食品安全法》修订时，这次修订对我国食品安全监管体制进行了大幅度的改革，表现在将国家质检部门和工商部门的食品安全监管职权和国家卫生部门的部分食品安全监管职权，统一由国家食药监管理部门进行整合；卫生部门只保留了食品安全风险监测、风险评估，以及食品安全标准制定的部分权力。显然，这次改革改变了我国多年实施的食品安全分段监管模式，走向了统一监管的时代。第三次是在 2018 年两会召开时。2018 年 3 月 21 日中共中央印发了《深化党和国家机构改革方案》，其中第三十四项明确提出要组建国家市场监管管理总局。该部门合并了以前的国家工商行政管理总局、国家质量监督检验检疫总局、国家食品药品监督管理总局以及国家发展和改革委员会的价格监督和反垄断执法部门、商务部的经营者集中反垄断执法机构以及国务院反垄断委员会办公室等职责。这意味着，在 2015 年基础上构建起来的食品安全监管统一体制，自 2018 年又有了进一步的发展。

不过，尽管我国在 2018 年组建了超级市场监管部门——国家市场监督管理

---

① 于杨曜. 比较与借鉴：美国食品安全监管模式特点以及新发展[J]. 华东理工大学学报(社会科学版)，2015(1)：55-60.

部门，但是这并不意味着我国的食品安全监管体制，已经彻底告别了部门合作的时代。原因在于：首先，卫生部门和农业部门依然分别承担着食品安全标准制定、食品安全风险评估以及农产品标准制定和农产品质量安全监管的职责，这些都与食品安全密切相关。其次，市场监管部门还存在一个上下级部门监管和不同区域监管的地域分工问题。因此，这都导致了政府部门意义上的食品安全风险交流仍然将作为一种重要风险交流形式而长期存在。

部门意义上的食品安全风险交流，实际上也是政府间关系在食品安全风险交流活动上的一种体现。所谓政府间关系，又称为府际关系，它主要是指一国政府行政体系内的不同层级、不同部门、不同地区以及部门与地区之间的关系，简言之，就是块块关系、条条关系和条块关系。① 这种部门意义上的食品安全风险交流具有如下一些特征：一是封闭性。不同于整体意义上政府参与的食品安全风险交流所具有的开放性特征，部门意义上政府参与的食品安全风险交流是封闭的，它一般只限制在政府内部之间进行，仅在特殊情形下，才涉及一些具有一定公共管理职能的社会组织。二是职责性。部门意义上政府所参与的食品安全风险交流，大多数都是依行政职权而发生的，具有一定的职责性。三是层级性。由于政府部门一般存在上下级关系，因此，这种食品安全风险交流活动有时也会体现出严格的层级性特征。

部门意义上的食品安全风险交流，其主要目的是通过信息互馈，及时发现地区与环节性食品安全隐患，以适时采取预防措施，实现部门合作；同时，在某些跨地区、跨领域的危机性食品安全风险事件中，它也能保证部门之间信息畅通，便于政府联合行动。因此，这实际上是一种通过组织依赖形成政策网络的体现。罗茨认为，组织要寻找、使用各种不同资源，以及从其他组织中获得它们所希望得到的资源，结果就出现了组织间的相互依赖，进而出现了网络。政策网络的内部运作过程就是一种资源交换过程。② 就此而言，部门意义上的食品安全风险交流，实际上就体现了对食品安全风险信息资源的政策网络运作过程，它的核心是

---

① 颜海娜. 食品安全监管部门间关系研究[M]. 北京：中国社会科学出版社，2010：16.

② 刘毅，西宝，等. 中国食品安全监管的政策网络研究[J]. 中南民族大学学报（人文社会科学版），2012（3）：137-142.

实现部门对信息的共享与合作。对于它的建设，可以从以下几方面着手：

（1）加强信息协调机制建设。信息协调机制，是指由上级主管部门对参与信息合作的部门进行统筹协调，以保证信息共享顺利进行。信息协调机制可以协调利益冲突、实现信息共享标准化、有利于信息共享的成本收益合理分配。在食品安全管理中，由于食品种类繁多，各产业链存在相互交叉，导致许多公共资源被重复配置，形成浪费，例如，我国在食品安全风险检测中，就广泛存在这种情况。因此，这就需要加强部门之间的信息协调工作。就我国而言，国家和地方各级食品安全委员会以及同级人民政府就可以对此起到重要作用，可以由它们出面对各部门之间的资源信息进行有效的协调与整合。

（2）加强标准转换机制建设。标准转换机制就是将各部门原有的信息系统和数据资源转换成统一的模式，从而推动信息共享。标准转换机制可以减少部门由于信息资源标准不统一所带来的合作困难，有利于打破信息割据的僵局。例如，美国《食品安全现代化法案》规定，FDA 负责人与农业部部长应至少每两年要一起审核有关的健康数据和信息；同时还规定，在该《法案》颁布后一年内，卫生部、农业部和国土安全部应当协调编制国家农业和食品防御战略，并予以统一公布。

（3）加强投资引导机制建设。投资引导机制是指政府可以制定相关政策，引导社会资本及人才资源参与政府部门间信息共享机制建设，同时各部门的上级主管部门也可以提供资金，用于补偿信息共享系统投资建设。信息共享有时需要人力、财力、物力的多方面投入，因此加强投资引导机制可以减轻政府负担、平衡各方利益。例如，目前我国《食品安全法》第四十二条规定了国家建立食品安全全程追溯制度，但是建设这一制度，需要庞大的数据信息体系。其中，农业部门、卫生部门、市场监管部门等都可能涉事其中。因此，如何加强投资引导，避免部门相互推诿，是实现全面的部门信息共享必须应对的问题。

（4）加强利益激励机制建设。利益激励机制是指信息共享的过程中，可以对表现优异和表现欠佳的部门分别予以奖励和惩罚，从而提高部门信息共享的积极性。例如，受地方保护主义的影响，有些监管部门对已经发现的食品安全风险信息可能会进行适当封锁，这往往会贻误食品安全事故处理时机，酿成更大灾难。因此，如果能加强利益激励机制建设，对这种行为加以有效遏制，将会提升部门之间食品安全风险交流的效果。

（5）加强安全保障机制建设。安全保障机制是指通过积极采用先进、实用的安全技术和产品，加强对人员、部门和流程的管理，加强对信息的分级管理和对访问权限的控制，以防止信息泄露和被人为破坏。[1] 对于食品安全风险信息来说，当其尚处在调查研究这一阶段时，有些可能因为涉及国家机密和商业秘密，不便予以公开，因此，通过安全保障机制建设，可以保证政府部门不会在信息共享的过程中，由于环节性纰漏，导致信息泄露。

二、企业引导参与

企业在食品安全风险交流法律治理中具有十分充足的参与动力，这是由其营利性决定的。在市场经济中，信任是所有交易的前提，如果买方对产品的质量缺乏信任，交易就没有办法进行。就此而言，没有信任，就不会有交易和市场。[2] 因此，企业如果要持续营利，就必须要在市场中获取良好声誉，否则将难以赢得消费者的长期信任。企业获取声誉通常可以依赖对产品和服务质量的提升，但是，企业诚实守信的品质、负责任的态度、与消费者真诚沟通的意识和良好的公关技巧，在某种程度上，也能帮助企业营造公众形象，实现声誉叠加。因此，对于食品企业来说，积极参与和开展食品安全风险交流，将有助于提高声誉，增强效益。另外，就企业内部而言，还需注重部门之间的风险交流活动，加强彼此之间的信息共享和沟通交流建设，以实现企业内部信息资源有效整合，提高自身自我风险管理能力。

1. 企业对外进行的食品安全风险交流

作为生产者和销售者，企业需要与之进行风险交流的对象很多，具体可以分为消费者、供应商、同行其他食品企业、政府及行业协会四种类型。针对这些不同类型，企业的风险交流参与特点也会有所不同，下文逐一分析：

（1）企业和消费者之间的食品安全风险交流。消费者是企业最重要，也是最

---

① 杨兴凯. 政府部门间信息共享模式与决策方法 [M]. 北京：科学出版社，2014：126-132.

② 张维迎. 信息、信任与法律 [M]. 北京：生活·读书·新知三联书店，2006：2-3.

核心的食品安全风险交流对象。企业在参与之时，应当注意以下几个方面：

第一，加强食品安全风险交流意识的培养。食品企业与消费者分处市场的供需两端，是一对利益矛盾体，彼此之间有着严重的利益对立性。但是，由于矛盾双方不仅具有对立性，也具有统一性，因此企业与消费者仍有实现利益均衡与和谐的根本要求。① 基于此，食品企业必须积极培养和消费者进行风险交流的良好意识，尽量在矛盾对立的情况下实现矛盾的统一。

第二，加强食品安全风险交流的组织化建设。食品企业的安全管理方式有很多，包括物理手段、技术手段、专业化和组织化等不同方式，其中组织化是最根本、最基础，也最有效的手段。② 这一点，也同样适用于食品企业的食品安全风险交流活动。例如，1996 年美国的 Odwalla 公司被警告其生产的苹果汁涉及大肠杆菌疫情的暴发。该事件导致了一名婴儿死亡和许多儿童生病，给公司造成了严重的危机。但是该公司卓越的风险交流使得公司获得了许多人的理解，并最终仍为其保留了 80% 以上的客户。在该公司许多成功的风险交流经验中，有一条就是组织化建设。在疫情暴发之前，该公司并没有相关的风险或危机计划，缺乏必要准备。但是，在疫情暴发后第一时间内，公司立即成立了咨询委员会并对其共享风险交流中的所有信息，最终，该委员会提供了许多很好的交流意见，帮助公司渡过难关。③ 可见，良好的组织化建设对于开展食品安全风险交流是非常重要的。

第三，加强对风险交流人员的专业化培养。食品企业面向消费者开展的食品安全风险交流是一项看似简单，实则复杂的工作。它需要交流人员有诚实的品质、负责任的态度、过硬的心理素质、良好的沟通技巧，还有多元化的知识储备。因此，风险交流人员必须是复合型人才，需要有包括心理学、传播学、管理学、法学等在内的多学科背景，以及随机应变的能力和丰富的感染力。一个专业

---

① 王虎，李长健. 利益矛盾论视野下食品安全治理的一种模式变迁[J]. 经济体制改革，2008(5)：19-25.

② 王贵松. 企业对食品安全的组织化保障义务[J]. 北京行政学院学报，2012(3)：12-16.

③ T. L. 塞尔瑞，R. R. 乌尔默，等. 食品安全风险交流办法——以信息为中心[M]. 李强等，译. 北京：化学工业出版社，2012：85-87.

的风险交流人士有时能帮助企业化解一场严重的食品安全危机。就此而言，企业必须注重对风险交流人员的专业化培养。

第四，加强企业的风险交流战略规划和策略计划等制度性建设。食品消费者的分布通常是广泛且非集中的，而食品安全危机事件的爆发，却又常常是迅雷不及掩耳的，这就导致如果我们不事先做好风险交流应对准备，那么到时难免手足无措。因此，如果企业平时不注重对有关风险交流的战略规划、策略计划等相关制度的制定和建设的话，那么在危机发生时，可能会陷入准备不足、手忙脚乱、忙中出错的尴尬境地。

第五，加强企业食品安全信息披露机制建设。食品安全信息披露是企业面向消费者进行食品安全风险交流的重要途径，它可以分为日常性披露和紧急性披露两种类型。前者主要是指企业日常通过广告、说明书、宣传册等方式对所生产食品的保质期、成分、营养、功能等信息，或者对企业内部的食品安全技术能力和管理手段等信息进行的披露；后者主要是指企业在食品安全事故爆发时，对食品的损害程度、防范措施，以及企业的处理方式等信息进行的披露。企业食品安全信息披露应当做到客观公正、合理合法、及时有效，并特别要强调不能故意隐瞒，甚至采取违法手段封锁信息。例如，在上述美国 Odwalla 的大肠杆菌事件中，Odwalla 采取了主动将问题曝光到聚光灯下的做法。通过这一做法，该公司将公众的注意力转移到了新鲜果汁行业的新技术问题上，并改写了有关食品微生物学的规则手册。最终，Odwalla 变危为机，不仅获得了公众的谅解，还在未来的技术发展中，以安全和产品质量领导者的身份脱颖而出。[①] 可见，不同的企业信息发布态度，对于食品安全风险交流效果而言有着天壤之别。

第六，组织开展与消费者的面对面交流。企业应重视消费者的诉求，并通过多种途径开展和消费者的风险交流活动。例如，除了通过电视、纸质媒体、互联网等进行广告、报道等传统的单向信息披露之外，食品企业还应当更多地开展和消费者面对面的交流。面对面交流是风险交流人员直接向受众讲话并倾听受众声音的一种交流方式，它可以使交流更加个性化。因此如果风险交流的目的是获得

---

① T. L. 塞尔瑙，R. R. 乌尔默，等. 食品安全风险交流办法——以信息为中心［M］. 李强等，译. 北京：化学工业出版社，2012：88.

受众的即时反馈和以特定群体为对象，那么面对面交流就是首选方案。① 食品企业可以通过开放参观、公开演示、受众访谈、信息展会、抽奖活动等多种形式来进行面对面交流。

（2）企业和供应商之间的食品安全风险交流。食品生产涉及多个环节，不论哪个环节出现质量问题，都会影响最终的食品安全。因此，负责任的食品企业必须关注食品产业链之间的安全衔接问题，这就要求上下游食品企业之间也要做好食品安全风险交流。具体来说，有以下三点值得强调：

第一，加强上下游企业之间的信息共享。上下游食品企业应当共享食品安全风险信息，以减少企业在采购时的信息交易成本。例如，食品企业应当积极参与食品安全的可追溯体系建设。食品安全可追溯体系主要是指，通过一定的二维码或条形码等信息化手段，对食物的原产地及相关成分信息进行可持续、可回溯的追踪。这是一种可以有效厘清上下游食品企业责任、确保食品安全建设的重要手段。因此，在具备条件的情况下，企业应当积极参与食品安全可追溯体系的建设。

第二，加强进货时的风险交流工作，切实履行货物检验查验义务。食品企业应当制定严格的货物检查制度，在每一个购销环节都要和上下游供应商开展积极的风险交流，了解货物的相关信息。例如，我国《食品安全法》第五十条第一款规定，食品生产者采购食品原料、食品添加剂、食品相关产品，应当查验供货者的许可证和产品合格证明。该规定其实就是对要求食品企业在进货时做好与上下游供货商之间风险交流工作的一种反映。

第三，做好进货时的风险交流记录和保存工作。食品企业在进货时，不仅要做好风险交流工作，同时还应当做好相关记录及其保存工作。按照我国《食品安全法》第五十条第二款的规定，食品生产企业应当建立食品原料、食品添加剂、食品相关产品进货查验记录制度，如实记录包括名称、规格、数量、生产日期或者生产批号、保质期、进货日期以及供货者名称、地址、联系方式等内容，并保存相关凭证。记录和凭证保存期限不得少于产品保质期满后六个月；没有明确保质期的，保存期限不得少于两年。可见，按照该规定，企业在进货时，不仅要积极开展和上下

---

① 雷吉娜·E. 朗格林，安德里亚·H. 麦克马金. 环境、安全和健康风险沟通指南（第五版）[M]. 黄河等，译. 北京：中国传媒大学出版社，2016：254.

游供应商之间的风险交流，同时，还应做好相关的记录及保存工作。

（3）同行企业之间的食品安全风险交流。同行企业之间，不仅有竞争意识，也应有合作意识。同行企业在产品标准、行业形象等许多方面有着共同的利益，在一定程度上存在着一荣俱荣、一损俱损的连带关系。因此，同一行业的食品企业之间也应当积极开展风险交流，以维护行业整体利益。其中，有两点值得加强。

第一，要加强企业在食品安全标准建设中的风险交流工作。食品安全标准是政府在食品安全监管中的一种重要工具，也是食品生产企业都必须要遵循的一种共同的行为准则。① 目前，伴随合作治理的发展，我国食品安全标准在制定过程中，也不断强调要加大社会性主体的参与力度。例如，我国《食品安全法》第二十八条规定，食品安全国家标准在制定中，应当由食品行业协会、消费者协会的代表来参与。但是，食品行业协会通常是由大型食品企业主导的，因此，在标准制定中，它们往往更有能力去影响标准的制定结果，促进更有利于他们商业利益的标准出台。这就导致中小食品企业在食品安全标准的制定上往往已经先落后一步，后续的生存与发展自然更加艰难。因此，应当积极开展食品企业在标准制定中的风险交流活动，多听取中小企业的意见，以制定更加公平合理的食品安全标准。

第二，要加强大型食品企业对中小食品企业的食品安全风险交流工作。大型食品企业应当切实履行和承担更多的行业责任和社会责任，为行业发展和社会进步作出更大贡献。大型企业往往在经营理念、管理手段、人才培训等方面具有优势，因此，大型企业应当积极面向中小企业开展食品安全风险交流活动，向中小食品企业传经送宝；同时，中小企业也应虚心向大企业学习，及时发现自我食品安全建设上的不足。通过这种方式，可以有效提高食品行业的食品安全管理整体水平。

（4）企业同政府和行业协会之间的食品安全风险交流。政府是企业的监管部门、行业协会是企业的自治组织，它们都对食品企业具有一定的管理权限，因此，企业也应当适时地与它们开展食品安全风险交流。在这个方面，除了现有的

① 高秦伟. 私人主体与食品安全标准制定——基于合作规制的法理[J]. 中外法学，2012（4）：721-741.

一些信息交流制度外，还可以进一步考虑建立企业食品安全信息报告公开制度。在食品安全风险治理中，虽然政府和行业组织享有一定的公权力，可以通过频繁的执法或者行业的自我监管来获取食品安全信息，但是，相对于食品企业而言，他们处于明显弱势。这表现在，无论是在信息获取的成本还是在信息获取的质量上，他们都要弱于企业，而且，其所获取的信息，还具有一定的滞后性。① 因此，建议通过设立面向政府的企业食品安全信息报告公开制度，来改变这种状况。这主要是参照了美国在环境保护中规定的"有害物质排放记录"的成功经验。根据美国 1986 年制定的《紧急规划与地区居民知情权法》，美国环保署要求具有一定规模有害物质使用量或加工量超过一定数量的企业或机构每年报告有害化学物质的排放量和废弃物的移动量。然后，美国环保署会将企业或机构报告的数据制作成数据库，并通过互联网进行公开。从立法效果上看，这一制度并没有附加减排要求，也没有相应的惩罚措施，仅仅只在于收集并公开了企业有害物质排放的信息，但是却有 70% 的机构和企业声称，他们因为这一制度而强化了减排工作。② 在食品安全风险交流中，我国也可以借鉴这一制度，要求销售金额和市场份额达到一定数量的食品企业，将其食品安全信息（例如有毒有害物质残留、食品添加剂使用、微生物和细菌残留等项目）定期制作成标准化的报告，并向政府或者行业协会进行通报，然后再由他们向社会予以公开。

2. 企业内部的食品安全风险交流合作

按照科斯的交易成本理论，企业产生的根源即在于通过组织化的方式来降低信息交易的成本，因此，企业内部的不同部门之间，也依然存在着一定的食品安全信息不对称情况，③ 它们也需要通过风险交流来实现对食品安全信息的共享。一般而言，企业内部的食品安全风险交流法律治理建设主要应从企业内部管理规则入手，具体可以从以下几个方面予以加强：

（1）加强企业内部各职能部门的伙伴关系建设。企业不同的职能部门常常有

---

① 戚建刚. 向权力说真相：食品安全风险规制中的信息工具之运用[J]. 江淮论坛，2011（5）：115-124.

② 金自宁. 作为风险规制工具的信息交流：以环境行政中的 TRI 为例[J]. 中外法学，2010（3）：380-393.

③ 王东. 企业风险管理中的风险沟通机制研究[J]. 保险研究，2011（4）：62-69.

不同的绩效和考核指标，这导致它们之间可能存在矛盾。例如，财务部门常常注重资金使用效率，而生产和销售部门则可能希望增加成本预算，因此，在企业内部也存在着部门利益的冲突。这种冲突进一步又造成了不同部门的风险意识差异，例如，最高层关注的是企业整体风险，业务部门关注的是本部门风险，每个员工可能更加专注于自己的岗位风险。不同部门和人员的风险意识差异，有可能使他们在各自采取对自己有利的风险控制行为时，导致整体意义上的风险被放大。因此，食品企业应当着力加强各职能部门的内部伙伴关系建设，促进部门友好合作理念的生成。

(2)加强企业内部各职能部门的信息共享建设。企业应当通过制度性的建设来实现各职能部门充分、及时和有效的信息沟通。首先，企业应当建立食品安全风险信息内部通报制度。企业应当及时向员工公布自身的食品安全管理规定和措施、定期公布食品安全的日常管理工作。其次，企业应当建立食品安全风险信息报告制度。企业可以对食品安全风险信息进行等级划分，并按照该等级分别设计企业风险信息的报告主体、对象、时限和方式等。最后，企业应当建立食品安全风险教育制度，加强对企业员工的食品安全意识、素质和能力培养。

(3)加强企业内部各职能部门的信息交流工具建设。通常，表现优异的员工会根据不同的工作内容选择不同的交流工具，因此，加强企业内部职能部门的信息交流工具建设，让员工能够适时适当地作出选择非常重要。具体来说，首先，应当建立规范的会议制度。会议是集体讨论的重要形式，也是最普通常见的沟通方式。企业应当规定会议的召开条件、目的、程序、参加人员构成、表决方式、记录保存规则等一系列内容。其次，注重个别谈话制度，个别谈话是一对一进行沟通的重要方式。为取得良好的谈话效果，个别谈话应当注重目的性、计划性、策略性、双向性、即时性等要求。最后，充分利用现代化信息工具和手段，例如微信、微博、BBS、博客、QQ、网络主页、电话会议、视频会议，等等，发挥它们在信息传递上的便利、迅速、快捷等特点。

三、公众鼓励参与

公众参与是当前食品安全风险交流学界研究的重点问题，但目前绝大多数学者主要研究的是公众参与在食品安全风险交流中的地位和作用，对于如何促进其有效参与，却着墨不多。这在一定程度上是由公众参与在现代民主政治体制中的复杂性决定的。正如国外有些党派所指出，公众参与是国家为了政治正当性而必定能够建构起来的事物，但它也会表现为没有国家能够建构起来的征象。①

在食品安全风险交流中，作为最直接的利益相关者，公众理应参与到任一阶段和形式的风险交流过程中，但是由于公众的广泛性和分散性，通常只有在食品安全的风险决策过程中，才能够实现其集中和系统性的参与。所谓食品安全风险决策，主要是指行政机关针对食品安全风险问题，通过法规、政策、办法、意见等形式形成最终行动标准的过程。它包括食品安全规范性文件的制定、食品安全政策的制定、食品安全事故处理意见的统一等表现形式。另外，按照学界的普遍理解，公众参与也被认为主要是指政府等部门在制定公共政策、决定公共事务或法律治理时，以开放的途径从公众和团体那里获取信息，听取意见，并通过反馈对公共决策和公共事务产生影响的各种治理行为。② 因此，此处讨论的公众参与也应当是指在食品安全风险决策的过程中，除国家食品安全决策系统内工作人员、国家研究机构、咨询机构以及大学、科研院所中专家和学者之外的普通公民和社会团体③，按照一定的程序、途径和方式了解信息、发表意见，以影响决策形成的制度化过程。

食品安全风险交流中的公众参与，是现代民主制度的发展和公共领域中的民主化趋势对食品安全治理的一种回应，同时，它也标志着科学与民主在食品安全治理中的日趋统一。首先，在现代社会中，越来越多的政治学家认为，公共决策应该以实质的公共协商和审议为基础。这种民主的多元主义观念和民主的精英主义观念形成了鲜明的对比。以公众参与为基础的公共协商可以澄清、修正和改变政治社会中公民的各种信仰与偏好，改善立法的质量、增强法律的可接受性；同时，它还构成了公民良善生活的一部分，体现了公民之间的相互尊重与关怀。④

---

① 弗兰克·I.米歇尔曼.人们如何订立法律——协商民主批判[C]//詹姆斯·博曼，威廉·雷吉.协商民主：论理性与政治.陈家刚，译.北京：中央编译出版社，2006：107.

② 蔡定剑.中国公众参与的问题与前景[J].民主与科学，2010(5)：26-29.

③ 这里对公众的界定，主要参考了国际公众参与协会的定义.参见刘中梅.公众参与纳米技术风险沟通的影响因素研究[D].大连：大连理工大学，2016：35.

④ 托马斯·克里斯蒂亚诺.公共协商的意义[C]//詹姆斯·博曼，威廉·雷吉.协商民主：论理性与政治.陈家刚，译.北京：中央编译出版社，2006：185-186.

因此，在食品安全风险决策中引入公众参与机制，做好和公众的风险交流工作，是十分必要的。其次，现代食品安全治理日益强调对科学与民主的兼顾。自 20 世纪 70 年代起，世界上很多国家都建立了以科学为导向、以风险分析为依据的现代化食品安全管理模式。这种科学路径依赖的模式在历史上持续了很长一段时间，并直到 21 世纪初才开始受到来自民主思潮的广泛质疑。有些学者指出，科学本身就具有不确定性，何以能够成为食品安全风险决策的唯一依据？食品民主的未来应该由农夫、消费者、食品生产者、政府官员共同来决定。通过这个过程，可以解决食品所有方面的争议，并创造未来。① 可见，强调公众参与的民主范式正在与科学相结合，成为食品安全风险治理的重要途径。

公众参与的方式和途径在各国实践中形色各异。根据国际公民参与协会（IAPS）的标准定义，它应当反映五个要求：一是公众在关涉其根本利益的公共决策中有发表意见和观点的权利；二是公众能够实质而非形式地影响政策的最终制定结果；三是所有参与者的利益都能在政策讨论的过程中得到充分的表达和尊重；四是过程有开放性，可以根据条件和需要适时吸纳潜在利益群体参与；五是过程应当明确体现公众参与的机制和途径。② 根据这些规定，在食品安全风险决策交流中加强公众参与规则建设，可以从以下几个方面入手：

（1）赋予和保护公众的平等参与权，明确参与地位。公众在食品安全风险决策中的平等参与权至少包括两层含义，一是参与权；二是平等的参与权。首先，国家必须通过法律形式确认公众对食品安全风险重大决策的参与权，使公众参与做到有法可依，有法必依；其次，公众的参与权应当被平等地对待。平等参与是宪法规定的平等原则在风险决策中的落实和体现。当然，由于在风险决策中，不同的主体具有不同的社会职能、知识能力，因此，这种平等不是绝对的，而是相对的；不是实质的，而是形式的。也就是说，公众在风险决策参与过程中并非一定要拥有和其他主体完全相同的职责和权力，而是要求在参与程序中体现出其平等的地位。在这一点上，正如西方政治学者所强调的，协商至少应当被描述成一

①　高秦伟."科学"民主化与公众参与[C]//沈岿. 风险规制与行政法新发展. 北京：法律出版社，2013：354-357.

②　张世杰. 法律治理机制：实现责任行政的途径[D]. 长春：吉林大学，2008：89.

种在作出集体决议之前"人们依次发表和聆听意见的对话"。我们必须强调，对话不是为了"赢得争论"，而是要发现可以从他人那里获得一些东西。因此，在对话中，必须要避免"Claro!"似的话语大男子主义倾向。① 反映到食品安全风险决策中，就是要求，无论是政府人员、技术专家，还是其他主体，都必须在风险决策过程中，尊重公众参与者的人格尊严，耐心倾听他们的观点、意见，与之开展平等务实的对话；对于不同的意见，也应当悉心解答，解释意见分歧的理由，并反复沟通。

（2）切实培育公众的参与意识，增强参与动力。参与意识是公民意识在政治生活上的一种表现。所谓公民意识，主要是指公民身份的自觉，表现为公民行使公民权利，承担公民义务的主动观念。正是近代以来，依附型政治体制下的"臣民"逐步转化为民主政治下的"公民"，才随之带来了公民参与权的复兴。② 公众的参与意识应当从四个方面培养，一是主人翁意识，即公民作为国家权力的根本归属者的意识，这是参与意识的根本所在；二是政治意识，即公民应当有参政议政、监督国家权力行使的意识，这是参与意识的直观表征；三是权益意识，即公民应当从共同体的角度来审视和反思自己的权利，从主体间性的角度来理解个人和他人权利之间的相关性，实现从权利的"自我本位"向"人际本位"的意识转换。③ 这是参与意识的动力所在。四是法治意识。公民应当把法治内化为定位自我与国家间关系的一种方式，用法治的视野来实现对自我身份的认同和对外在世界的判断。这是参与意识的有力保障。国家只有不断增进公众的参与意识，才能确保他们积极参与对食品安全风险决策的交流过程。

（3）切实增加公众的食品安全责任意识和知识水平，提升参与能力。根据一些学者的调查，大多数消费者认为，在食品安全问题上，他们和消费者协会都不应当承担和食品供应者同等的责任。④ 另外，杨钦焜等人 2020 年对河北省中南

---

① Claro 是一个西班牙词语，意思是"显然如此""我一直就知道""你所说的我早就知道"，参见迪戈·甘贝塔. Claro：论话语中的大男子主义[C]//约·埃尔斯特. 协商民主：挑战与反思. 周艳辉，译. 北京：中央编译出版社，2009：19-24.

② 王锡锌. 行政过程中公众参与的制度实践[M]. 北京：中国法制出版社，2008：22.

③ 王锡锌. 行政过程中公众参与的制度实践[M]. 北京：中国法制出版社，2008：23.

④ 滕月. 我国消费者食品安全意识和行为研究[J]. 消费经济，2011(2)：74-77.

部农村地区的一项调查也显示，对于我国食品安全法律法规内容，当地农村居民中有高达 78.91% 的人表示"听过，但不了解"，还有 3.91% 的人表示"没听过"。① 这说明消费者的食品安全责任意识还有一定的提升空间。责任意识的不足一方面会影响到消费者参与食品安全风险决策的动力，另一方面也会影响其积极获取食品安全风险知识的意愿，而风险知识的不足又会进一步影响公众参与食品安全风险决策交流的能力。因此，为了增进公众参与食品安全风险交流的效果，必须既要培养公众的食品安全责任意识，又要提高其食品安全知识水平。实际上，如果把风险控制责任意识也理解为一种风险知识的话，那么这两者也是可以统一的。

从某种角度来说，公众接受食品安全风险知识教育应当被看作公民教育的一部分。公民教育，从广义的角度来说，就是现代国家通过对意识形态和核心价值的有效分配，培养社会成员对国家的认同感和归属感，进而形成具备文化素养、民主能力和参与技能的现代公民。② 公民教育一般被认为属于政治范畴，例如，有学者强调公民教育是我国政治文明建设的重要基础。③ 但是，现代化的公民教育在注重公民思想、政治和道德素质的同时，也应当注重科学素质。现代社会是一个科技社会，科技不断融入生活的每个领域，改变着人类生存与毁灭的方式。因此，在现代科学技术日新月异的今天，食品的原料来源、生产工艺、加工环境、储存方式等都在发生显著的变化，它一方面给人们带来了便利，另一方面也可以形成灾难。然而，还有相当数量的公众对这些科技一无所知，他们缺乏风险识别的基本能力，并可能由于无知而产生不必要的恐惧。因此，提高公众的科学素养和食品安全风险知识水平也是现代公民教育需要关注的重要内容之一。

（4）切实降低公众参与成本，增进参与效率。相对于私人行动，集体行动有很多障碍，其中之一就是参与集体行动的成本超过参与人能够从该行动中获得的

---

① 杨钦焜. 关于河北省中南部农村地区食品安全现状的调查研究[J]. 食品安全导刊，2020(24)：8-9.

② 任勇. 公民教育与认同序列重构[M]. 北京：中央编译出版社，2015：14.

③ 王雄. 公民教育：新的起点与探索[C]//香港特别行政区事务局，香港公民教育委员会等. 21 世纪中国公民教育的机遇与挑战. 郑州：郑州大学出版社，2008：42.

收益。① 因此，如果要保证公众积极参与食品安全风险决策交流，就必须要降低公众的参与成本，提高参与便利度。首先，要增加参与渠道。要进一步借助宣传和引导机制、线上和线下平台建设，规范性和程序性保障，切实增加公众实质性参与食品安全风险决策交流的渠道。其次，积极提供资源。资源不足有时会影响公众的参与热情，并还可能导致公众通过自我花费来予以弥补，这显然是不公正的。公众参与食品安全风险决策交流并非是其私人生活的体现，乃是对公共事务的追求，倘若认为在牺牲一个人的工作、职业和愉悦的心情下也能非常容易提供，只是一种乌托邦式的幻觉。② 因此，应积极为公众参与提供必要的公共资源。

（5）切实促进公众参与人员的公平性，增进参与正义。公众是模糊而非确定的，他们之间千差万别，各自利益也大相径庭。因此，在无法实现直接民主的情形下，对公众参与人员的选择，必须要做到公平公正。要保证参与人员具有普遍的代表性，要特别注意将弱势群体的利益吸纳进来。现代学者一般认为，显著影响消费者风险感知的因素包括性别、年龄、收入、受教育程度，等等。显然，性别、年龄与消费者自然属性相关，而受教育水平和收入情况则与消费者社会属性相关。这意味着具有不同自然和社会属性的公众对食品安全风险感知有很大差异。因此，在食品安全风险决策交流中，就务必要做到公众参与人员代表机制设计和执行的公平公正。

四、专家辅助参与

现代文明在若干方面都依赖科学，在现代国家的制度框架内，它是政策辩论合法性的主要源泉。在美国，联邦政府中的科学技术咨询可以追溯至共和国成立的早期，当时合众国的缔造者们对科学表现出了浓厚的兴趣，并试图将技术性知

---

① 艾伯特·O. 赫希曼. 转变参与：私人利益与公共行动[M]. 李增刚，译. 上海：上海人民出版社，2018：72.
② 艾伯特·O. 赫希曼. 转变参与：私人利益与公共行动[M]. 李增刚，译. 上海：上海人民出版社，2018：91-92.

识引入公共事务之中。① 在历史上有一段时间，有关科学技术的决策，都是由科学家自主进行的。但是，20 世纪尤其是"二战"以后，科学技术发展成为一项规模宏大的事业，极大地影响了社会各个领域。因此，政府开始积极地参与有关科学的决策。直到当代，由于科技对社会更加极致地渗透，再加上信息技术的快速发展也为公众参与公共生活提供了空间，因此，才逐步形成了政府、科学家与公众在公共事业风险决策上的新型互动关系。但是，即便如此，专家在风险决策中的地位和作用仍然不可小觑。

食品安全风险交流必须重视专家参与。这是因为，首先，如前文所述，食品安全风险不仅是一个客观知识问题，同时也是一个主观建构问题。这意味着，在食品安全风险感知上，专家和大众存在严重差异。因此，在食品安全风险交流中，通过加强专家参与，可以有助于消除食品安全风险决策中的知识分歧。其次，虽然公众是公共价值创造的主要影响者，但是，专家却具有更加客观和准确的知识。因此，只要专家的认识和判断是符合科学理性的，就可以对食品安全的风险决策提供重要的智力支持。我国目前专家参与食品安全风险交流的程度还需得到进一步加深。例如，张星联等人通过对 98 家农业部农产品质量安全风险评估实验室的技术人员进行调查后发现，在农产品质量安全风险交流中，专业技术人员的认知和诉求明显不足。② 因此，在食品安全风险交流治理中，加强对专家参与制度的设计，无论从理论和实践而言都是十分必要的。

（1）加强对专家参与食品安全风险交流责任意识的培养，增强其与公众面对面开展交流的动力。许多科学家并不热心和公众进行直接互动的交流，他们宁愿把时间更多花费在实验室。国外的一项研究表明，许多科学人士将媒体视为负责向公众传播科学信息的渠道，在某些极端情况下，科学家们甚至声称，媒体在科学和风险沟通方面的作用是教育公众。③ 当然，这并不值得奇怪，因为科学本身

---

① 布鲁斯·史密斯. 科学顾问：政策过程中的科学家[M]. 温珂，李乐旋，周华东，译. 上海：上海交通大学出版社，2010：14.

② 张星联，张慧媛，等. 专业人员对农产品质量安全风险交流的认知及诉求分析[J]. 农产品质量与安全，2015（3）：54-57.

③ Mary McCarthy. Media risk communication-what was said by media and how was it interpreted[J]. Journal of Risk Research，2008（11）：375-394.

就是追求真理的独创性事业，只有精神高度自由的人才能为之作出贡献。[①] 但是，科学并非空中楼阁，科学家也非处身世外桃源。科学扎根于社会，两者之间相互影响，相互融合，彼此渗透，共创共生。科学活动的规模、范围取决于社会支持，它必须不断向公众展示它的价值和意义，才能持续得到公众对他们的理解与认同。[②] 罗斯在把抽象的科学价值翻译为具体的行动纲领时，提出了四个要求：第一，科学家必须意识到影响科学发展的社会的、政治的、经济的压力；第二，科学家必须学会广泛地与同行和社会群体交流，必须愿意并能够解释他们做什么、为什么要做、明确说出他们是否感到他们的工作的社会应用是意义不明的或危险的；第三，必须解决科学教育和课程内容问题，让科学回到现实；第四，科学家必须经常思考如何用科技更好地服务于人民。[③] 可见，在罗斯看来，科学家必须承担起和公众进行交流的义务和责任。当前，在食品安全领域，专家交流缺位的表现最明显的就是转基因问题。例如，有学者调查显示，公众与科学家之间缺乏沟通是影响公众对转基因食品风险认知的重要因素。[④] 因此，加强专家面向公众进行食品安全风险交流的责任意识，是建设专家食品安全风险交流参与机制的重要前提。

（2）加强科研机构和专家的科学自主性和后果意识性，增强他们在参与食品安全风险交流中的可信任度。作为科学共同体的科研机构和科学家们，必须保持其在科学真理和客观知识面前的独立自主，唯有如此，才能维系他们在公众心目中的信任，增强两者之间食品安全风险交流的社会效果。科学的最高境界是追求真理，科学家最可贵的品质是敢于追求真理。世界上有许多的科学家，但能名垂青史，始终为后世景仰的是那些为了真理而勇于献身的人，例如布鲁诺、伽利略等。历史已经证明，科学可以改变物质世界，也可以改变人类社会的权力和利益

---

① 李醒民. 科学的社会功能与价值[M]. 北京：商务印书馆，2014：53.

② 马克·埃里克森. 科学、文化与社会——21世纪如何理解科学[M]. 孟凡刚，王志芳，译. 上海：上海交通大学出版社，2017：3.

③ S. Rose, H. Rose. The myth of the neutrality of Science[C]//R. Arditti et. Ed., Science and Liberation, Montreal: Black Rose Books, 1986: 74.

④ 张郁，齐振宏，等. 基于转基因食品争论的公众风险认知研究[J]. 华中农业大学学报(社会科学版)，2014(5)：131-137.

结构，因此，如果科研机构及其工作人员缺乏科学自主性，那么难免导致科学沦丧或科学滥用，从而危及人类社会。科学自主性要求，科学家个人应有独立的人格和尊严，科学共同体则要协调其成员，把各种外部影响纳入科学运动自身的固有逻辑中，排除各种不利因素的干扰。① 同时，科学家还应该意识到，科学的合理性，不代表技术的合理性，科学本身只创造手段，不创造目的。在现代社会，科学被打上了政治、商业、军事的烙印，并且被大大地异化了。因此，科学家必须对科学研究的意义、目的和后果有着清醒的认识，要为人类尊严和长远福祉而工作。当前，在我国许多领域，公众对专家的不信任正在加剧。例如，有学者通过对北京市一件垃圾焚烧厂建设选址事宜的研究表明，公众普遍不信任专家。② 这一现象在食品安全领域同样存在，特别是在转基因问题上，一些国内顶尖的科学家甚至遭受了网络上的人身攻击。当然，造成这一现象的原因是多方面的，但是，在现实中，专家的科学评估往往倾向于服务政府是其中之一③，因此，加强科研机构和专家的科学自主性和后果意识性，是增进公众对专家信任的重要途径，也是解决食品安全风险交流中专家参与困境的重要方式。

(3)加强对专家参与食品安全风险交流技巧的培养，增强其与公众交流的能力。科学家尽管拥有高度专业的食品安全知识，但是很多时候，他们在风险交流的技巧上却有所欠缺。交流技巧的欠缺在某种程度上是由于专家的情感认知障碍所致。在风险交流中，情感的制约会影响交流的效果。通常，有三种情感制约是最难逾越的，一是不愿将公众看作风险决策的平等参与者；二是无法认清利益相关者和自己在价值观上的区别；三是认定公众不具备理解科学的能力。④ 因此，对于专家而言，一方面要尊重、理解公众，要认识到他们和公众在风险知识和价值观上的差异，并要相信公众能够理解他们所谈论的科学话题，另一方面，他们也要注重沟通技巧，要善于把科学语言转换成公众话语，用通俗易懂，形象可视

---

① 李醒民．科学的社会功能与价值［M］．北京：商务印书馆，2014：48．

② 王娟．影响公众对专家信任的因素——北京公众对建设垃圾焚烧厂的风险感知调研分析［J］．自然辩证法通讯，2014(5)：79-87．

③ 王娟．气候变化治理中专家对公众的信任研究［J］．自然辩证法通讯，2016(6)：90-97．

④ 雷吉娜·E. 朗格林，安德里亚·H. 麦克马金．环境、安全和健康风险沟通指南(第五版)［M］．黄河等，译．北京：中国传媒大学出版社，2016：101．

的方式来和公众进行交流。正如有著名企业人士指出，要加强食品安全科学普及人员的培训和提升，特别是针对食品安全科技专家的培训，要用"老百姓听的懂的语言"来传播科学观点。①

（4）加强专家在食品安全风险决策交流中的参与力度，增强其参与效果。专家除了要加强和公众之间的日常性食品安全风险交流外，还要特别发挥在食品安全风险决策中的作用。西方文明的特征之一，就是在知识与行动之间建立了密切的关系。这种行动，实际上就是政策、规制、法律或治理。专家在包括决策在内的问题解决过程中发挥着重要作用。他们负责将手头的社会环境问题转化为决策问题，确定反映社会政治问题感知的标准和替代选择，并选择应用于评估过程的评估引擎。在复杂的社会环境下，不确定性和无知的程度，与在高风险以及充满社会、经济、环境、政治利益和冲突的背景下紧急决策的需要一样，都是十分明显的。因此，专家的经验和他们被社会行动者所接受都将在构建问题解决框架过程中发挥至关重要的作用。② 目前，伴随我国政治文明的不断进步，专家在重大行政决策中的地位日益受到重视。例如，我国2019年生效的《重大行政决策程序暂行条例》第二章第三节以专节形式规定了重大行政决策中的专家论证事宜。可见，专家对风险决策的参与已经在我国受到了充分的重视。因此，在有关食品安全风险决策的过程中，也应该加大专家参与的力度，充分发挥专家咨询的作用。

第二节　程序引导

在法律文化上，中国素来有重内容轻形式、重实体轻程序的传统痼疾。内容和实体常常被认为是第一性的，有目的性价值，而形式和程序则被认为是第二性的，只是工具理性。然而，伴随西方"形式主义"的法律理论东渐，程序正义的理念开始在我国法学理论中落地生根，并进一步影响到政治学、管理学等其他社

---

① 邵思翊. 宗馥莉建言食品安全误读、科学家应学习沟通技巧[EB/OL]. https://www.chinanews.com.cn/sh/2014/01-15/5741488.shtml.

② 安吉拉·吉马良斯·佩雷拉，西尔维奥·芬特维兹. 为了政策的科学[M]. 宋伟等，译. 上海：上海交通大学出版社，2015：57-58.

科领域，成为社会正义实现的必要条件之一。

"程序"在现代汉语中，是个多义词，除了可指称诉讼的法律过程外，还可以指称机器的操作规程、事项的展开过程和先后顺序等。从法学角度而言，程序是从事法律行为、作出某种决定的过程、方式和关系。① 在现代法治中，程序是与目标相关的整体叙事中不可或缺的部分，具有独立的价值。程序在风险社会的语境下更能彰显其特别的重要性。这是因为，在贝克看来，风险社会中社会正义的核心问题是风险分配的公平性问题。然而，风险不仅有客观的不确定性，同时还有主观的建构性，因此，在这种情况下，相对于传统工业社会，风险社会给作为公共行动标准依据的公共政策提出了更高要求，它不仅要满足前者状态下的"合法性"标准，还要满足后者状态下的"正确性"标准——在客观不确定性和主观依赖性的双重制约下，怎样才能让人们相信公共政策是"正确"的？程序与正确性标准的获得方式相关。在一定程度上，人们相信，只有自己自由支持或反对的主张，是通过某种方式而最终形成的普遍性决定，它才可能是"正确"的。②

食品安全风险交流，在法治社会中本身就孕育着一种追求公共行动标准"正确性"获得的目的性价值。在利益多元和风险共生的现代环境中，人们只有通过持续的交流才能真正寻求和实现食品安全法律、政策和行动的正确性标准，这正是食品安全风险交流的价值和意义所在。但是，这种本欲为追求公共行动标准正确性的活动，倘若不能通过有效的程序引导来规范，则有可能陷入自说自话和闲言碎语的窘境。因此，为了追求"正确性"而从事的活动，本身也应当是"正确"的，就此而言，程序性规则在食品安全风险交流治理规则中的构建就是十分必要的。但是，诚如前文所述，食品安全风险交流是一个庞大而系统的工程，它具有多种表现形式。不同形式的风险交流往往发生在风险演变的不同阶段，有着各自不同的目的，因此它们需要不同的程序。如前文所述，按照美国学者雷吉娜对风险交流的三种分类，共识性交流的目的是为了让受众和决策者在风险评估和管理方面达成共识，因此它主要发生在风险的决策过程中；而保护性交流和危机性交

---

① 孙笑侠. 程序的法理[M]. 北京：商务印书馆，2005：15.

② 雷磊. 程序为什么重要——反思现代社会中程序与法治的关系[J]. 中外法学，2014（2）：319-338.

流主要是在风险已经比较确定的情况下促使受众采取保护性措施的日常和紧急性风险交流工作，因此它主要发生在风险政策的执行过程中。基于这种不同，笔者将食品安全风险交流治理的程序引导规则分为决策型和执行型两种类型，并分别予以讨论。

一、适用于决策型风险交流的程序设计

如前所述，决策型风险交流程序主要是针对食品安全风险决策过程中的风险交流而进行的程序设计。有学者认为，为了获得正确的公共行动标准，理性的程序规则应当包括商谈参与规则和商谈结果的决定规则两大类。① 决策型风险交流在某种程度上正是为了求得对"正确性"的共识，所以它恰是商谈最直观的一种体现。因此，笔者借鉴这一思路，试图将食品安全决策型风险交流程序规则也分为商谈参与规则和商谈结果决定规则两种形式来进行探讨。

一般来讲，行政决策中的正式程序包括公众参与、专家咨询、风险评估、合法性审查和集体讨论决定等，例如，前述我国《重大行政决策程序暂行条例》在决策草案的形成和决定两部分，主要强调了重大行政决策程序应当遵循依法决策的原则，严格履行公众参与、专家论证、风险评估、合法性审查、集体讨论决定和公布等程序。因此，笔者将参照上述规定，运用商谈参与规则和商谈结果决定规则的理论划分，对上述这些具体程序中可能涉及这两种规则的部分展开研究。

1. 商谈参与规则

商谈参与规则主要是涉及社会成员（及其代表）参与相关商谈程序的保障、责任与效果等。这类规则最重要的目标在于确保社会成员（及其代表）有效地参与商谈。② 因此，根据这个定义，食品安全风险决策中能够涉及商谈参与规则的风险交流程序主要有公众参与和专家咨询两种情况。

（1）公众参与程序。公众参与对于行政决策而言是一种"具有功能意义的合

---

① 雷磊. 程序为什么重要——反思现代社会中程序与法治的关系[J]. 中外法学，2014（2）：319-338.

② 雷磊. 程序为什么重要——反思现代社会中程序与法治的关系[J]. 中外法学，2014（2）：319-338.

法化程序"。① 一方面，它有助于提升行政决策事项的民主性和可接受性；另一方面，它也可以化解行政决策所遭遇的正当性危机，增厚其合法性基础。当前，在行政决策中，公众参与的程序地位正日益提升，并逐步从裁量性程序转化为了拘束性程序。所谓裁量性程序主要是指法律授权行政机关可根据行政决策的任务、时机和条件适当权衡并自主选择适用与否及适用方式的程序；所谓拘束性程序主要是指法律明确规定了程序具体的适用条件、顺序、形式、期限等内容，行政机关须严格遵循，不得自由裁量的程序。显然，在 2019 年我国《重大行政决策程序暂行条例》颁布后，至少，在重大行政决策事项上，公众参与已经成为行政机关必须履行的一项严格法定拘束性程序。

尽管公众参与在行政决策中的程序重要性已成共识，但是公众如何"灵活有效"地参与却在世界范围内都是一个令人头疼的问题。从各国的行政决策实践过程来看，它主要包括征求意见、听证会、座谈会、民意调查等多种形式。即使在公众参与制度发源地之一的美国，已经有学者认为，在非立法性规则制定中，公众参与烦琐的形式除了使得国会的政策目标变得沮丧外，也牺牲了行政机关最重要的价值——行政效率。② 我国也有学者指出，公民参与听证程序的突出问题主要有听证决定对行政决策影响力有限，甚至给人一种错觉就是行政决定提前制定，听证程序只是形式。③ 由此可见，无论公众参与采取什么形式，如何实现其灵活和有效的参与才是关键，因此，对于旨在加强食品安全风险决策交流而设计的公众参与程序来说，应该注意从以下几个方面进行完善：

第一，注重公众参与的情景性，根据不同情境选择适用不同程度的公众参与形式。美国非立法性程序规制实践表明，公众参与并非越多越好，关键是要根据不同的决策事项，匹配不同程度的公众参与。④ 通常来说，公共管理者创造了公

---

① 陈振宇. 城市规划中的公众参与程序研究[D]. 上海：上海交通大学，2009：1.

② Thomas O. Mcgarity. Some thoughts on "deossifying" rulemaking process[J]. Duke Law Journal, 1992(41)：1391.

③ 杨振宏. 政府转型中公民参与的构建及内在法理基础[M]. 北京：法律出版社，2013：183.

④ 刘磊. 美国非立法性规则之公众参与及其借镜[J]. 行政法学研究，2016(6)：109-119.

共价值,但公众的意见和需要是他们确定公共价值的标准所在。① 可见,在公共价值的判断和衡量上,公众具有优越性。因此,在食品安全风险决策中,凡涉及价值分歧较多的领域,应当增加公众参与的力度,但对于价值性偏弱的事实性问题,则可以弱化公众参与。

第二,注重公众参与的公平性,在听证会、座谈会、民意调查等形式中建立尽可能合理的公众代表筛选机制。当前应该注意到,在公众参与中,部分弱势群体的公民参与性出现了两极分化,一极是部分弱势群体联合起来,积极表达利益诉求,进行公众参与;另一极是弱势群体分散分布,处于社会底层,无法进行公众参与,社会也没有提供参与渠道。此外,还有一部分公民处于需要"开发挖掘"的阶段,需要通过政府和其他人员的带动才会加入公众参与行动。② 如前文所述,风险具有强烈的主观建构性,而食品安全风险感知则更是存在较大的公众差异性,因此,具有不同自然和社会属性的公众对食品安全风险的态度是有显著区别的。这就要求我们在不能实现公众可以自由参与的食品安全风险决策交流活动中,要尽可能选出更加符合常态化分布的公众代表,以避免前述学者所指出的公众参与中的那种两极分化现象,否则对于某些公众是极不公平的。因此,在风险决策中,对于类似听证会、座谈会、民意调查等公众参与形式,要建立起相对合理的公众代表筛选机制。这方面可以参考英美普通法系司法诉讼中的陪审团人员选拔机制,先根据决策事项,细分量化公众的自然属性和社会属性指标,然后再分别建立地方和全国性的公众代表人员库,最后从该人员库中按不同的指标量分别随机抽选公众代表人员,参与决策交流。

第三,注重公众参与的多样性,以更加灵活丰富的形式促进公众参与交流。行政决策在程序设计上不应青睐参与个体主观权利的厘定和司法救济资格的扩张,而应将重心转移到那些有利于信息汇集、意见交流、分歧消除和共识形成的,更加个性化、多样的非正式程序之上,以推动相关制度的出台并提高制度的可接受程度。③ 因此,我们必须明确,公众参与在行政决策过程中应当更多地彰

---

① 马克·H. 穆尔. 创造公共价值[M]. 伍满桂,译. 北京:商务印书馆,2016:87.

② 杨振宏. 政府转型中公民参与的构建及内在法理基础[M]. 北京:法律出版社,2013:170.

③ 郑春燕. 基本权利的功能体系与行政法治的进路[J]. 法学研究,2015(5):28-38.

显工具价值，而非只注重其本身。也就是说，我们不应该为了公众参与而让公众参与，相反，我们应该注重通过公众参与实现我们所要的目的，然后再来反思作为程序的公众参与本身。基于此，我们在设计食品安全风险决策交流中的公众参与程序时，应当提供更加灵活多样的参与方式。例如，当前我国的公众参与一般都局限于法规、规章的制定阶段，大多属于事前公告评论、事中听证、座谈等，然而，理论表明，公众参与程度划分的层次越多，与规范性文件的匹配可能越精确。① 因此，我们应当拉长公众在食品安全风险决策交流中的阶段，例如，可以在风险评估时、政策议题拟定时、风险政策制定后，甚至在某些政府主导的重大科学实验阶段，都引入与之匹配的公众参与形式，以最大化地增强参与效果，节约参与成本。

（2）专家咨询程序。不论如何呼吁加强公众参与科技讨论，科学与政策相互作用的关键场所仍然是科学咨询委员会，因此，对政治进行科学建言的专家在技术文化社会中占有十分重要的地位。② 专家在公共决策中往往承担着"理性强化"的角色，这是由专家的知识性和中立性所致。通过专家自身特殊的知识，他们可以在不受行政绩效与目标的驱使下，发挥客观理性的作用。③ 在有效的风险交流中，一个关键的问题是信息源的特征。为了让信息变得可信，它必须来源于这个领域的有信誉的部门或者这个领域的专家。④ 可见，在科技不断渗透的现代社会中，行政决策加强对专家咨询的依赖是一种历史发展的必然。当前，从世界范围内来看，由于物理、化学、生物技术的不断发展，以及现代化食品工业的突飞猛进，在有关食品安全问题的风险决策中，涉及许多高度专业化的科学知识，因此，专家正成为食品安全风险决策交流中必不可少的一员，专家咨询也成为食品安全风险决策程序中不可或缺的环节。

然而，尽管专家咨询在现代风险行政决策中如此重要，有关专家公信力的民

---

① 刘磊. 美国非立法性规则之公众参与及其借镜［J］. 行政法学研究，2016（6）：109-119.

② 韦博·比克. 科学权威的矛盾性［M］. 施云燕，朱晓军，译. 上海：上海交通大学出版社，2015：5-9.

③ 王子明. 决策溪流论［M］. 镇江：江苏大学出版社，2017：213-214.

④ Frank O'Sullivan MVB MSc. Effective risk communication for the food industry［J］. Veterinary Ireland Journal，2013（7）：609-613.

众非议却一直此起彼伏。我们生活在一个充满矛盾的时代，对于一切事关民生的重大问题，我们都会寻求科学建议。但是，科学建议一旦被提出，就要接受公众、从政者和非政府组织的评论、批评或支持。最迫切需要科学建议的时候，恰是科学权威最受质疑的时候。[1]可见，当前，在专家咨询工作中，行政决策如果要充分获得民众的信任和支持，还需要在许多方面进行完善和提高，具体有以下几点值得考量：

第一，注重专家遴选机制的公正性。专家的科学素养和知识技能是专家咨询能够在风险决策中发挥重要作用的基础，因此，公平公正的专家遴选制度是实现专家咨询合理化的前提。有学者认为，针对食品安全风险评估科学顾问机构的专家人员组成，应当建立包括至少四个环节的公正科学的专家遴选体制：一是适格的候选人评价标准；二是规范的遴选程序；三是专家组成人员的定时更新程序；四是候选人的身份信息保障。[2]当然，这只是针对高度专业化和组织化的专家咨询机构而言的。在一些临时性的专家咨询事务中，国外一些机构在选择专家的时候通常与他们对知识等级的排序特征有关，也即按照自身对知识的需要程度来选择不同知识特征和层次的专家人才。[3]同时，有些部门在科学性知识之外，还非常注重专家们的公共知识，会适当考虑一些科学之外的因素。例如，在21世纪初一个由欧盟第六框架计划资助召开的研讨会上，一些在欧盟科学委员会上比较活跃的资深专家们在研讨会上展示了他们的公共知识，后来，他们大多成为了欧洲食品安全专家组成员。[4]另外，保证专家之间所代表的利益平衡也非常重要。所谓"中立"的专家顶多是个神话，因此，想要维系咨询委员会的不偏不倚，就必须保证各种不同观点的平衡。第二，注重专家咨询工作的独立性。科学与商业界的日益融合使科学工作的独立性正在逐渐消失。正如荷兰卫生研究理事会所指

[1]　韦博·比克．科学权威的矛盾性[M]．施云燕，朱晓军，译．上海：上海交通大学出版社，2015：1.

[2]　戚建刚，易君．我国食品安全风险评估科学顾问的合法性危机及其克服[J]．北方法学，2014(2)：90-99.

[3]　尤斯图斯·伦次．政策制定中的科学咨询[M]．王海芸等，译．上海：上海交通大学出版社，2015：120.

[4]　尤斯图斯·伦次．政策制定中的科学咨询[M]．王海芸等，译．上海：上海交通大学出版社，2015：181.

出，委员会成员是由于他们的科学知识、洞察力和解决问题的能力而被挑选上的，但他们的参与也可能会为荷兰卫生研究理事会带来某种风险。[①] 因此，必须尽量保证专家工作的独立性。具体来说，一是规定专家的事前告知义务。即专家在参与咨询前，应当告知本人及近亲属从事的商业活动信息、科研项目资助来源，等等；二是规定专家的回避义务。美国环保局科学顾问委员会认为，基于技术专业能力而选出来的咨询专家，必然会倾向于某种理论或方法，从而可能对来自不同流派的思想方法产生某种程度的抵制，因此，他们采取的方法是，当有关专家的研究工作接受委员会其他成员评估时，当事专家应当回避。[②] 三是建立专家信用体系。对专家隐匿商业活动信息、科研资助信息的情况，应当记录保存，并根据情节分别采取通报、记过、除名以及追究法律责任的惩罚措施。

第三，注重专家咨询工作的合作性。既有研究已经表明，对于技术性问题，暴露在公众面前残酷而激烈的专家争议，只会让观众更加不知所措，更加丧失对专家群体的信任，因此，必须建立一个合作性的专家咨询体制。首先，应当明确一个基本原则，那就是，当不同专家对数据的有效性或解释持不同意见时，行政机关有权在符合法律授权的条件下解决争端。[③] 其次，应当建立同行评议制度。近代知识史的研究表明，同行评议是证明科学知识有效性的最佳方法。同行评议是一个社会契约，其产生和维系都源于现代科学以自我为中心的共有需求，是职业科学共同体兴起的历史性必然。因此，建立同行评议制度，对进一步提高专家咨询意见的科学性和有效性具有积极意义。

第四，注重专家咨询工作的公开性。专家咨询工作应当公开、透明，以保证公平公正。例如，美国环保局科学顾问委员会成员大多来自学术机构，但也有产业界、利益集团和科学咨询组织的代表。可见，在该委员会的工作机制中，专家们的日常咨询工作本身就受到同样来自委员会内部的其他利益集团代表的监督。总之，专家咨询工作向公众进行开放，将有助于后者增进对专家咨询过程的了

---

① 韦博·比克.科学权威的矛盾性[M].施云燕，朱晓军，译.上海：上海交通大学出版社，2015：80.

② 希拉·贾萨诺夫.第五部门[M].陈光，译.上海：上海交通大学出版社，2011：127.

③ 希拉·贾萨诺夫.第五部门[M].陈光，译.上海：上海交通大学出版社，2011：68.

解，以及对专家咨询意见的信任，这对于风险决策的社会接受度提高是有帮助的。

2. 商谈结果决定规则

商谈结果决定规则指涉的是当双方就商谈程序无法达成共识时，该如何决定商谈结果的问题。通常，合乎理性程序的商谈实施之后，会产生三种情况：某个规范或决定相对于商谈参与者而言形成了商谈必然性；某个规范或决定相对于商谈参与者而言形成了商谈不可能；某个规范或决定相对于商谈参与者而言既没有必然性，也不是不可能，而是可能的。其中，前两种情况，都意味着通过商谈参与规则达成了共识性结果，一种是积极共识（一致决定形成一致性意见）；一种是消极共识（一致决定不形成一致性意见）。但商谈可能则意味着商谈参与未能达成共识。① 在这种情况下，面对严重的价值分歧，个体的事实性与规范性确信依然无法依据在商谈过程中提出的证据而得到改变，因此，为了获得正确性，必须通过商谈参与者所一致认可的某种决断或推定规则来最终强行形成共识结果。罗尔斯将对正义原则的选择就视为这样一种决断理论模式，他将其称为"唯一与对原初状态的充分描述相一致的选择"，它涉及"一个人被任意选择的立场"。②

对于食品安全风险决策交流来说，合理的商谈结果决定规则是提升风险决策效率的重要行政工具。但是，遗憾的是，我国目前在这一内容上规定还比较粗略、缺乏可操作性。例如，我国《食品安全法》第二十八条在针对食品安全标准的制定问题上规定，食品安全国家标准应当经由国务院卫生行政部门组织的食品安全国家标准审评委员会审查通过。食品安全国家标准审评委员会由医学、农业、食品、营养、生物、环境等方面的专家以及国务院有关部门、食品行业协会、消费者协会的代表组成，他们负责对食品安全国家标准草案的科学性和实用性等进行审查。显然，根据这条规定，在食品安全标准制定过程中，立法者充分地考虑到了风险交流中的商谈参与规则问题，但是，却没有考虑到商谈结果的决定规则问题。这么多机构、组织、专家和人员共同参与决定食品安全的国家标

① 雷磊. 程序为什么重要——反思现代社会中程序与法治的关系[J]. 中外法学，2014（2）：319-338.
② 罗伯特·阿列克西. 法理性商谈[M]. 朱光，雷磊，译. 北京：中国法制出版社，2011：90.

准，他们应该如何决定？法律并没有给出明确的答案。我国《重大行政决策程序暂行条例》在这个方面倒是作了比较充分的规定，该《条例》在第三章专门规定了"集体讨论决定"的商谈结果决定规则。其中在第三十条明确强调，决策事项应当经由决策机关常务会议或者全体会议讨论，由行政首长在集体讨论基础上作出决定。同时，行政首长拟作出的决定与出席会议组成人员多数人意见不一致的，应当在会上说明理由。会议组成人员的意见、讨论情况和决定应当如实记录，对不同意见应予以载明。可见，《重大行政决策程序暂行条例》是通过把最终结果决定权交给行政首长的方式来确定结果决定规则。因此，对于食品安全风险决策中属于该《条例》第三条规定的适用范围事项的，应当适用该《条例》第三章的有关规定。

二、适用于执行型风险交流的程序设计

执行型风险交流程序主要是指在具体的食品安全风险交流工作中，为了确保取得良好的食品安全风险交流效果，风险交流工作者应当遵循的一套规范性风险交流流程。因此，如果说，在决策型风险交流程序中，注重的是如何通过程序构建来实现风险交流的民主化的话，那么在执行型风险交流程序中，则主要强调如何通过程序范式来实现风险交流的科学性和规范性。具体来说，它可以包括制定风险交流计划、开展风险交流行动和评估风险交流效果三个方面的流程。

1. 制定风险交流计划

无论是一次性的风险信息发布还是面向社会公众持续开展的风险信息传播，要想获得良好的风险交流实效，必须事先制订一份详细的风险交流计划，该计划应该明确风险交流的目的和目标、受众分析、制作信息、选择适当的沟通方式、安排合理的进度。[①]

（1）确定风险交流的目的和目标。风险交流的目的是指为什么要进行风险交流；风险交流的目标是指准备通过风险交流想要达到的短期社会效果。这两者是开展风险交流时要考量的两个首要因素。通常，前者更加抽象，是对风险交流的

---

① 雷吉娜·E. 朗格林，安德里亚·H. 麦克马金. 环境、安全和健康风险沟通指南（第五版）[M]. 黄河等，译. 北京：中国传媒大学出版社，2016：178.

宗旨性追求；而后者更加具体，是对风险交流未来的一种可测量预期。

（2）受众分析。当文化作为一个变量被予以考虑的时候，充分地了解受众信息对于风险交流来说就变得十分必要。欧洲食品安全局就曾明确强调，在食品安全事故发生过程中，风险交流的指导性原则之一就是"识别你需要交流的对象，并尽可能地找到方法去发现他们"。① 实践表明，尽管受众分析常常被忽略，但是，几乎所有风险交流的失败案例都缺乏充分而详细的受众分析。因此，了解受众、分析受众、把自己身临其境地想象成受众，对于后续风险交流行动的顺利开展有着非凡的意义。

受众分析可以分为两个阶段：第一个阶段是根据风险交流的目的和目标划分普通受众和特殊受众。通常，普通受众往往被假定为和发言人一样理性的人，因此，它只适合于为了较抽象和普遍的目的而进行的风险交流；特殊受众往往被假定为有着特殊自然和文化背景的某一类人，因此，它更加适合于为了具体和特定的目标而进行的风险交流。例如，针对旨在告知吸烟危害的风险交流工作中，如果只是为了降低社会整体吸烟人群数量的话，那么风险交流往往针对普通受众即可开展。但是，如果是为了降低吸烟对青少年成长的危害程度，或者是降低吸烟对胎儿发育的影响程度的话，那么风险交流可能需要针对青少年和女性等特殊受众来进行开展。两者之间在风险交流的信息、方式和策略上会有很大差异。第二阶段是根据受众的特征进行更加具体的层级划分。它一般又可以分为三个层次：第一，基本受众分析。它主要分析受众对风险交流的理解能力，包括他们的知识水平、适合的交流方式等。第二，中级受众分析。它主要是在人口统计学意义上分析受众的社会经济状况、人口分布特征等。第三，综合受众分析。它主要分析受众的心理因素、心智模型等。②

（3）制作信息。制作信息是风险交流计划的一个重要环节。风险感知和风险意识水平常常和信息的数量、质量以及获取渠道相关，因此，风险交流者需要以适当的条件和方式适时提供信息。就此而言，一个有效的风险交流需要的不仅是

① Luis González Vaqué, et al. Food risk communication in the EU and member states: Effectiveness, transparency and safety[J]. EFFL, 2016(5): 388-399.
② 雷吉娜·E. 朗格林，安德里亚·H. 麦克马金. 环境、安全和健康风险沟通指南(第五版)[M]. 黄河等，译. 北京：中国传媒大学出版社，2016: 197-198.

一次活动的开展，它还必须以一种明确的方式，用简单的语言来提供信息，例如，可以尝试把信息简化为三个或四个明确一致的要点。信息的提供必须考虑到本地的传统和习惯，不仅如此，那些与风险的真正感知水平相关以及能够提高准备工作效率的信息也都应该被考虑在内。① 同时，在制作信息的时候，必须要注意说明，交流者了解这些情况并正在为此采取行动。要把事故对人们的影响放在首位，所展示的关键信息必须和消费者的健康有关，并能反映出正在处理的消费者所关心的问题，而且最好能够用一些合适的案例、数据或其他可以让受众变得可信的证据来支持交流者的观点。②

（4）选择适当的沟通方式。在确定了风险交流的目的和目标，了解了受众的特征和偏好，并制作好相关风险信息以后，接下来的一个重要工作就是选择适当的风险交流方式。通常，一些可供选择的交流方式有信息材料、风险的可视化呈现、面对面沟通、与新闻媒体合作、利益相关者参与、技术辅助沟通以及社会化媒体等。风险交流者可以根据风险交流的目的、目标和受众需求选择匹配性的风险交流方式。③ 例如，有学者认为，社交媒体如 Twitter、Facebook 和 YouTube 既是在线应用、平台和媒体，也是商业工具。它们促进了互动、协作和分享内容，并采取多种形式为互联网用户提供了一个寻找、学习和分享风险信息的替代平台。④ 因此，医生、科学家、政府机构和其他权威机构应当充分利用社会化媒体和移动通信系统来应对食品安全问题上的错误信息。⑤

（5）设计合理的日程安排。在完成上述步骤以后，风险交流的基本框架就已经成形，接下来，交流者就应当筹划何时开展工作，并设计详细计划。值得强调

---

① Carolina García and Ricardo Mendez-Fajury. If I Understand, I Am Understood: Experiences of Volcanic Risk Communication in Colombia[C]//Advances in Volcanology, IAVCEI, Springer, 2017: 1-17.

② Frank O'Sullivan MVB MSc. Effective risk communication for the food industry[J]. Veterinary Ireland Journal, 2013(7): 609-613.

③ 雷吉娜·E. 朗格林，安德里亚·H. 麦克马金. 环境、安全和健康风险沟通指南(第五版)[M]. 黄河等，译. 北京: 中国传媒大学出版社，2016: 247.

④ Chih-Wen Wu. Facebook users' intentions in risk communication and food-safety issues[J]. Journal of Business Research, 2015(68): 2242-2247.

⑤ Ding, H. Rhetorics of alternative media in an emergence epidemic: SARS, censor-ship, and extra-institutional risk communication[J]. Technical Communication Quarterly, 2009(18): 327-350.

的是，在进行日程安排时，一定要在组织内部先做好沟通交流工作，务必要反复核对、上下确认，以保证所发布的信息不会出现任何失真、违法、前后矛盾和其他可能给组织带来不良后果的情形。研究表明，在人们已经对特定危险持有极端态度时，他们更可能评估所接收的信息与他们已经掌握的信息之间的一致性，倘若发现彼此是矛盾的，或随意更改的，那么，他们会改变对信息发布方的看法，而不是改变自己的态度。如果这种状况一直蔓延下去，信息发布方所发布的其他所有信息以后都很难再获得人们的信任。[①]

2. 开展风险交流工作

当做好风险交流计划的准备工作以后，风险交流者就可以着手开展风险交流工作了。通常，在风险交流中，越是能直接的和目标群体沟通，就越能避免困惑与误解。因此，面对面的沟通和交流是被鼓励的。

（1）编制信息材料。尽管在风险交流计划的准备工作中，已经对制作信息进行了充分的准备，但那只是对内容上的精心设计，当真正将风险交流付诸实践的时候，还需要把前期准备的风险信息制作成各种适于受众接收的信息材料，包括各种传单、海报、宣传手册、报刊文章、图片、视频、游戏、动漫，等等。例如，意大利食品安全监管部门曾专门针对当地中学生设计开发了一款叫作"一个神秘的有毒物"的在线小游戏。这个视频游戏覆盖了牛奶供应链的全部阶段——从农场到餐桌，它使得玩家可以识别牛奶受污染的关键时刻，并揭示了如何对牛奶采取安全的处理行为。通过完成一系列的任务，学生们帮助侦探发现了食物中毒事故的原因。这个视频游戏给学生们提供了一个机会去测试他们的产品知识以及获得更多更加详细正确的信息。通过游戏前后两个阶段的问卷调查数据显示，这个游戏能够改变人们的风险认知和风险识别分析，特别是对于他们提高牛奶消费的知识水平有所帮助。[②]

（2）面对面交流。对于某些易于引起受众担忧、恐惧和其他更激烈的情绪反应的风险事件，仅仅通过信息材料进行有距离的交流是不够的，这时需要面对面

---

① Lynn Frewer. Risk perception and risk communication about food safety issues [N]. British Nutrition Foundation Nutrition Bulletin, 2000(25): 31-33.

② S. Crovato. Food safety and young consumers: Testing a serious game as a risk communication tool [J]. Food Control, 2016 (62): 134-141.

地交流。通常，面对面的交流有宣讲会、座谈会、开放式参观、受众访问等一系列形式。在面对面的交流中，需要注意以下事项：第一，挑选合适的发言人。交流者的特征往往会影响受众的信任，因此，交流者需要知识、专长、诚实和共情。① 第二，要为受众准备可以携带的书面材料。面对面的交流尽管直观亲切，但是它也存在过分依赖口头表达的缺陷，一旦活动结束，那些不善记忆的受众很有可能会将之遗忘，因此，为受众准备事后可以带走的便携式书面材料是必需的。② 第三，不要对不确定的事情给予确定的承诺。在风险事故早期阶段，对于那些仍旧不确定的事实进行交流是最困难的。在这种情况下，说出你知道的，承认你不知道的，并表明你为了获取信息正在努力采取的行动，这是非常重要和明智的。③ 第四，只能使用组织提供的材料。为了保持交流的一致性，以及信息的权威性，交流者只能使用组织所提供的材料，而不能擅自使用其他来源的材料。

（3）与媒体合作。广播、电视、报纸、杂志、互联网以及社交媒体在风险交流中发挥着重要的作用。它们不仅通过各种形式传播信息，同时还可以在传播的过程中对信息进行有利于公众理解的编码，因此，风险交流者应当学会和媒体合作。

首先，风险交流者应当重视与媒体合作的机会。在某些情况下，特别是在危机性交流中，有些部门和企业为了避免公众恐慌，常常排斥和媒体合作，这是不明智的。当确定受众的情绪不会被煽动，且已经对潜在的风险尽力采取了措施以后，第一时间直面公众并坦陈风险，可能会使信誉损失降至最低。④ 因此，风险交流者应当认识到，逃避交流于事无补，积极沟通却可能挽回损失。媒体报道既可能引起受众对事件的持续关注，也可能会让受众获悉有关部门和企业面对风险务实和负责任的态度，后者可以使事件转危为机。

---

① Sylvain Charlebois and Amit Summan. A risk communication model for food regulatory agencies in modern society[J]. Trends in Food Science & Technology, 2015（45）：153-165.

② ［美］雷吉娜·E. 朗格林，安德里亚·H. 麦克马金. 环境、安全和健康风险沟通指南（第五版）[M]. 黄河等，译. 北京：中国传媒大学出版社，2016：391-397.

③ Frank O'Sullivan MVB MSc. Effective risk communication for the food industry［J］. Veterinary Ireland Journal，2013(7)：609-613.

④ Mary McCarthy. Media risk communication-what was said by media and how was it interpreted［J］. Journal of Risk Research，2008(11)：375-394.

其次，风险交流者应当注意与媒体合作的方式和方法。通常，媒体与风险交流机构在风险议题上的观念和态度是不一致的。媒体常常青睐于故事的新闻价值，媒体报道不是因为科学家认为他们的研究成果（故事）是重要并符合公众利益的，而是因为媒体认为它们在经济、政治或文化上具有价值冲突效应。新闻价值观有助于媒体人士构建一套关于故事是否具有新闻价值的思想和假设。风险报道确实看起来是由新闻价值构成的。为了使风险故事更具有新闻价值，记者可能会给案例带来更多的不确定性和争议。① 因此，风险交流机构和人员应当意识到这种职业观念和文化上的差异，在和媒体进行合作时注意方式方法。

3. 评估风险交流效果

无论怎样精心地准备并作出何种努力，风险交流的过程和结果总可能出现一些不尽如人意之处，因此，适时地对风险交流效果进行评估，可以起到"安全阀"的作用，从而为及时找到风险交流中的不足以及补救和提高的办法提供恰当的时机。另外，在问责制中，进行风险交流的效果评估也是确认外部环境施加给组织的要求是否被满足的一种重要形式和手段。罗杰·E. 卡斯帕森和英加·帕姆朗德为评估风险沟通设计了一些参考因素，它们分别是目标的形成、评估定位、时机、评估者培训和监控、个体的角色定位、评估的界限、测量困境。② 将这些因素整合起来的话，意味着风险交流评估可以从以下几个方面入手：

（1）确定风险交流评估的目标。风险交流评估的目标决定了风险交流评估应当如何开展。一般来说，评估对于政策的制定有如下贡献：一是整合已知的问题并提出补救性方案；二是获取揭示问题和应对方法的智慧；三是从方案或政策效率上发掘新知识；四是向政策行动者解释从评估中获得的新知识。③ 因此，开展风险交流评估工作，同样应当首先明确风险交流评估的目标，然后再根据不同的目标选择不同的评估时机、人员和手段。

---

① Begley, S. The contrarian press: How the press decides which issues of environmental risk and food safety to cover[J]. Food Technology, 1991, 45(5): 245-246.

② 罗杰·E. 卡斯帕森. 风险沟通评估[C]//珍妮·X. 卡斯帕森, 罗杰·E. 卡斯帕森. 风险的社会视野(上). 童蕴芝, 译. 北京: 中国劳动社会保障出版社, 2010: 35-52.

③ 吴逊, 饶墨仕, 等. 公共政策过程: 制定、实施与管理[M]. 上海: 上海人民出版社, 2016: 139.

(2)明确风险交流评估的依据。如前文所述，在风险交流计划制定之初，就要明确风险交流的目标。由于这一目标通常是能够量化的，因此在事中和事后它就可以转化为风险交流评估的依据。例如，在针对吸烟或者不健康饮食习惯所进行的风险交流中，评估的依据可以是，通过既有的风险交流是否改变了人们的风险偏好、改变的人数比例如何、改变的态度如何，等等；在针对危机性食品安全风险交流时，评估的依据可以是，是否通过风险交流使受众对事故的处理感到满意，满意的比例和程度如何、企业的信誉和形象是否得到挽回、公众对企业品牌的信心指数恢复如何、对政府食品安全监管的社会满意度恢复如何，等等。

(3)明确风险交流评估的内容。风险交流的评估具体应当针对哪些内容来进行呢？一般来说，可以考虑三个方面：一是程序。程序评估主要是指对风险交流中的各项工作是否有效衔接、运转是否流畅、内外部配合是否得当等内容进行评估，其重点在于考察风险交流整体运行过程的协调性。二是能力。能力评估主要是对风险交流过程中相关工作人员的风险交流态度、意识、技能以及工作方式和方法等进行评估，其重点在于考察风险交流工作人员。三是效果。效果评估主要是评价风险交流实际达到的效果，其重点在于考察风险交流的最终成效。

(4)明确风险交流评估的时机。评估应当及时开展，但何谓及时呢？这需要根据风险交流评估的目标来确定。如果是为了整合已知的问题并提出补救性方案，那么在风险交流开始前和进行时都可以进行风险交流的评估。在风险交流开始前进行评估是为了更好地整合问题，从而构建适合的风险交流计划。在风险交流进行时评估则可能是为了针对交流过程中发现的问题而通过评估及时调整交流方案。如果是为了挖掘风险交流中的新知识，并解释其含义，那么一般而言，在风险交流结束后来进行评估是更加合适的，因为这样不会打乱风险交流计划中的工作部署。

(5)明确风险交流评估的人员。风险交流的评估人员可以由不同的行动者担任，他们可以来自受众群体、专业评估机构以及风险交流部门自身。选择风险交流的评估人员组成，也需要根据风险交流评估的目标来确定。例如，如果是为了整合问题并提出补救方案，则受众群体是必要的；如果是为了从方案或交流行动中挖掘新知识，则由风险交流部门和人员自我评估是可行的；如果是为了向风险交流工作人员解释从评估中获得的新知识的含义，则由专业性的评估机构来完成可能会更有成效。另外，在由受众和风险交流部门自身开展的风险交流评估中，对评估人员进行适当教育和培训是需要的。

（6）明确风险交流评估的手段。确定风险交流评估的手段是一项技术性工作，它同样和风险交流评估的目标有十分直接的关系。例如，针对为了整合问题并提出补救性方案的风险交流评估而言，主要应当通过对受众进行可以量化的民意调查和数据分析来进行；如果是为了挖掘风险交流过程中的智慧和知识，以用来提升未来风险交流的能力，那么风险交流评估应该侧重运用情境还原、过程分析、体验交流、案例比较等一些更加适合学习场景的方式来进行。

第三节　信 息 传 递

信息对于风险交流法律治理来说具有不可忽视的意义。研究和实践表明，信息量越大，风险交流就越可能成功。在传播学意义上，每条信息都可能包含事实的、推断的、价值的、象征的意味。其中，事实的是指信息的内容和来源；推断的是指可以从已经陈述的证据中得出的结论；价值的和象征的主要强调信息可能被附加具有强烈价值指向的文化符号，以用来象征对特定形象的记忆。[①] 那么，在食品安全风险交流的法律治理中，事实的信息如何产生，又如何加以获取和利用呢？这就需要信息传递。不过，必须强调的是，笔者此处所指的信息应当是公共信息，即一种相对私人信息而言的以公共利益为价值取向的资源类型。按照联合国教科文组织在《发展和促进公共领域信息的政策指导草案》中的界定，公共信息主要指不受知识产权和其他法定制度限制，公众能够有效利用而无须授权也不受制约的各种数据来源及类型。公共信息根据产生方式的不同，可以分为政府

---

① 罗杰·E.卡斯帕森.公众参与及其与风险沟通相关的六个命题[C]//珍妮·X.卡斯帕森，罗杰·E.卡斯帕森.风险的社会视野（上）.童蕴芝，译.北京：中国劳动社会保障出版社，2010：84.

自产性公共信息、政府购买性公共信息和社会生产性公共信息三种。① 食品安全风险交流所涉及的信息主要是前两种，即政府类信息，但也包括后一种，如企业经营性信息。从信息的发布和接收过程来看，信息传递主要应当针对信息公开、信息获取和信息传播三个动态化过程来设计。

一、信息公开

信息公开，尽管学界对它的认识不尽一致，但一般认为，它主要是指国家行政机关和法律、法规以及规章授权和委托的组织，在行使国家行政管理职权的过程中，通过法定形式和程序，主动将政府信息向社会公众或依申请而向特定的人或组织公开的制度。② 因此，通常意义上的信息公开，针对的应当是政府和其他行政组织。但是，从世界范围内来看，信息公开的主体范围可以很广。例如，欧盟规定，信息公开应当适用于立法、行政与司法等所有国家机关。南非规定的范围更广，除了国家机关和行使公共权力的其他组织以外，还包括一般的企业或者私法团体。③ 按照我国《产品质量法》第二十七条、《公司法》第一百四十五条等规定，企业和上市公司对其产品属性和公司的财务、经营等状况都必须公开。可见，在我国，从某种意义上来说，信息公开对于一些特定私法主体也是必要的。食品安全风险交流的开展，需要政府信息，也需要企业的相关信息，这在我国《食品安全法》中已经明确规定。例如，该法第四章"食品生产经营"中的第三节专门制定了"标签、说明书和广告"等规定，明确了食品生产经营者应当提供的食品安全信息义务，同时，该法第九条还规定，食品行业协会也应当提供食品安全信息。可见，就食品安全风险交流而言，信息公开的主体主要是指政府，但也绝不排除企业，后者也称为企业的信息披露。

1. 政府信息公开

大多数研究表明，食品安全问题的产生根源在于信息不对称，它既包括由技

---

① 蒋永福. 论公共信息资源管理——概念、配置效率及政府规制[J]. 图书情报知识，2006(3)：11-15.

② 刘恒. 政府信息公开制度[M]. 北京：中国社会科学出版社，2004：2.

③ 周汉华. 起草政府信息公开条例(专家建议稿)的基本考虑[J]. 法学研究，2002(6)：75-97.

术不确定带来的信息不对称，也包括由信息流动障碍引起的信息不对称，[①] 因此，信息工具被很多学者视为是解决食品安全问题的良药。[②] 其中，政府的食品安全信息发布更被认为是改善消费者食品安全信息劣势的一种重要手段，肩负着解决市场交易信息失灵和保障公民知情权的双重功能。

(1)信息公开的主体。依照我国《食品安全法》第六条的规定，县级以上人民政府对其行政区域内的食品安全监督管理工作负责，并统一领导、组织、协调辖区内的食品安全监管和突发事件应对工作，建立全程监管的工作机制和信息共享机制。因此，食品安全政府信息公开的主体应当包括县级以上人民政府以及其辖区内的各市场监管部门、卫生部门、农业部门等。政府及其部门对食品安全信息的公开一般应当依职权主动进行，特殊情况下也可以依申请而进行。信息公开的途径有多种方式，可以通过报纸、电视、广播等传统媒体，也可以借助互联网和社交媒体，还可利用出版政府工作报告的形式。总的来说，在网络时代，电子政务是更加高效便利的手段。

(2)信息公开的范围。政府食品安全信息公开的范围大致包括以下几种类型：一是规范性文件的制定、修订和实施，包括食品安全法规和规章、食品安全政策、食品安全标准，等等；二是食品安全的日常监管类信息。例如食品生产经营行政许可、食品安全监督检查、不合格食品的风险控制及核查处置、食品召回，等等；三是食品安全风险警示、教育类信息。例如季节性、节假日、特殊期间(如运动会、国际会议或一些大型活动举办及召开期间等)的食品安全消费提示，以及针对特殊类食品(如野生类)的食品安全消费提示，等等。四是监管通报类信息。例如对违规企业的警示情况、对违法企业的处罚情况，等等。

(3)信息公开的豁免。必须指出，政府信息公开不是无限度的，而是有原则的。通常，学界认为，在以下几种情形下，政府有权不公开信息：一是针对过程信息。过程信息，主要是指行政决策尚未作出，政府为了了解相关事实而搜集和制作的信息。由于过程信息不成熟，也不具有终局性，因此一般可不予公开。二是政府内部信息，例如政府机关的内部会议笔录、讨论意见等。三是涉及国家机

---

① 周应恒. 现代食品安全与管理[M]. 北京：经济管理出版社，2008：238-239.
② 曾娜. 食品安全监管中的信息工具研究[J]. 学术探索，2014(3)：116-120.

密和商业秘密的信息，例如，有些信息可能涉及食品企业的技术和经营秘密，可以不予公开。

2. 企业信息披露

在某些方面，食品企业相对于政府更加具有信息优势，因此，由企业主动进行食品安全信息披露是减少信息交易成本的最佳方式。Crossman 从生产成本的视角出发，认为当信息披露没有成本或成本很低的时候，优质企业会自愿充分地进行信息披露以区别于劣质企业。[①] 但是，显然，信息披露不可能没有成本，因此政府强制企业进行信息披露是必要的。不过，也有学者认为，由于逆向选择的影响，强制披露经常是低效或无效的，应当采取激励性措施来鼓励企业主动披露信息。[②] 总之，以上研究表明，尽管企业进行信息披露是降低食品安全监管和交易成本的最优方式，但是，要把它付诸实践却并非易事。

（1）信息披露的内容。企业信息披露的内容，大致可以分为强制性信息披露的内容和自愿性信息披露的内容两个方面。前者主要体现在我国的《食品安全法》规定之中，一般指食品标签类信息，例如食品的名称、规格、净含量、生产日期、成分或者配料表、保质期等相关信息内容。另外，按照该法规定，专供婴幼儿和其他特定人群的主辅食品，还应当标明主要营养成分及含量；转基因食品应当显著标示。此外，陈素云将企业食品安全信息披露从内容上分为了食品质量认证、食品质量检测、食品质量培训、食品基地建设、食品可追溯体系、内部食品安全规范性建设、客户满意度、政府认可度 8 个指标。[③] 姜涛、王怀明则将企业食品安全信息披露项目分为对食品安全法的贯彻和执行、食品安全形势分析、食品安全风险分析、食品安全控制措施、食品安全控制成效、食品安全控制金额、独立社会责任报告披露 7 个项目。[④] 基本上，这些学者所研究的内容均属于

---

① Crossman S. J., O. D. Hart. Disclosure laws and takeover bids [J]. Journal of Finance, 1980, 35(2): 323-334.

② 陈友芳，黄镘漳. 道德风险、逆向选择与食品安全监管的思考[J]. 中国青年政治学院学报，2010(6): 55-60.

③ 陈素云. 内部控制质量、制度环境与食品安全信息披露[J]. 农业经济问题，2016(2): 83-91.

④ 姜涛，王怀明. 政府规制与食品安全信息披露[J]. 华南农业大学学报(社会科学版)，2012(2): 51-58.

企业的自愿性信息披露。

（2）自愿性信息披露的激励。为了尽可能降低市场的信息交易成本，政府应当鼓励企业进行自愿性信息披露。在这个问题上，政府可以采取以下几种方式：第一，建立规范的企业信用评价体系。例如，我国目前已经建立了全国公共信用信息公示系统，并面向社会予以开放。因此，如果企业的食品安全生产操作体系能够更加公开透明、企业能够承担类似更多的信息披露义务，则可以根据情况适当增加其信用评价等级。第二，对积极进行食品安全信息披露的企业予以奖励。按照我国《食品安全法》第十三条的规定，对在食品安全工作中作出突出贡献的单位和个人，可以给予表彰和奖励。因此，对积极进行食品安全信息披露的企业予以奖励是有法可依的。根据周孝等人的研究显示，企业的声誉效应与食品安全水平之间有着正相关性。声誉不仅可以提高食品企业的业绩，也可以作为食品企业规避风险的一种策略。[1] 因此，如果政府能够对那些积极进行食品安全信息披露的企业予以奖励，将在一定程度上促使它们进行更多的食品安全信息披露。例如，政府可以组织开展企业食品安全信息披露评比活动、编制企业食品安全信息披露水平排行榜，等等，以借助政府公信力的方式来增加积极从事食品安全信息披露企业的良好声誉。

二、信息获取

信息获取是相对于信息公开和信息披露而言的。信息获取的概念在国内是由陈传夫教授最早提出，他认为信息资源的公共获取主要是指信息能够便捷、免费或以合理对价的方式被一般公众无障碍的获得。[2] 显然，这一定义是把信息获取的主体界定为了公众。但也有人认为，这里的公众应当是泛指各类普遍社会主体，包括民众、企业、社会机构以及政府自身。[3] 公众对信息资源的获取可以理

---

① 周孝，冯中越.声誉效应与食品安全水平的关系研究[J].经济与管理研究，2014（6）：111-112.

② 陈传夫.信息资源公共获取的社会价值与国际研究动向[J].中国图书馆学报，2006（4）：5-9.

③ 丁波涛.信息资源的公共获取机制研究[M].上海：上海社会科学院出版社，2014：11.

解为对公众信息权利三个层次的保障：第一个是自由权层次，即认为信息权首先是公民自由权的一种体现。这个层次强调只要公民获取信息的方式是正当合法的，政府就不应加以干涉；第二个层次是政治权层次，即认为信息权其实是公民政治权的一种体现。这个层次主要是强调公民对政府所拥有的信息权利，即通常所指的知情权。它主张公民有权利要求政府公开其对公共事务进行决策和管理的过程、方式和结果。第三个层次是社会权层次，即认为信息权最终是公民社会权的一种体现。这个层次主要是把公民的信息权理解为是宪法所保障的一种客观秩序，因此，国家应当对此承担起宪法基本权利的功能保障义务，为公民获得信息权的实现提供各种支持和帮助。

食品安全风险交流中的信息获取与上述一般意义上的信息获取相比，具有一定的特殊性，主要表现在政府作为权利和义务主体的身份差异上。在上述一般意义上的信息获取中，主要强调公众是信息获取的权利主体，政府是信息获取的义务主体。但是，对于食品安全风险交流中的信息获取来说，政府相对于公众是义务主体，但相对于食品生产经营者，却可以成为权利主体。这是因为，在食品生产经营者面前，政府也处于食品安全的信息赤字状态，它们也需要从前者那里获取相关信息。就此而言，相对于食品生产经营者来说，政府就成为食品安全信息获取的权利主体。

1. 政府信息获取

相对于食品生产经营者，政府处于食品安全信息的劣势地位。造成这一现象的根本原因是食品生产经营者是食品生产的"内部人"，他们拥有相对更加完全的信息。例如，据媒体报道，在我国某些地方的农村，农民自己留些地，专门种自己家吃的菜，这些地不同于承包地，专门施"土杂肥"。① 这个例子就典型地反映出内部人的信息完全性。因此，在这种情况下，政府如果要切实承担起食品安全的监管职责，要为社会提供更多的食品安全风险交流信息资源，就必须采取措施，积极地从食品生产经营者那里获取信息。具体来说，它们可以采取依职权获取、合作获取和动员社会资源获取三种方式：

---

① 王世腾，张超. 农村自留地现象普遍 单独留块地种菜自己吃[N]. 齐鲁晚报，2013-06-24：5.

　　(1)依职权获取。尽管政府在市场信息上处于劣势地位，但是，作为监管主体，它却具有法律授予的职权优势。因此，政府可以主动依职权，通过行政工具和手段来获取食品安全信息。目前，在行政法层面上，按照行政工具的强制程度，它大致可分为两种：一种是商谈性行政手段①，例如行政约谈；另一种是命令性行政手段，例如行政检查。

　　行政约谈是我国当前《食品安全法》中规定的一项制度。从实践来看，该制度是我国食药监部门通过商谈形式了解企业食品安全信息的一种重要手段。例如，原国家食品药品监督管理局曾在2011年公布过《食品药品安全责任约谈办法》(征求意见稿)，其中第二条明确规定："本办法所称约谈，是指食品药品监督管理部门为防范和控制食品药品质量安全风险、排查隐患、查明原因、消除影响，针对药品、医疗器械、保健食品、化妆品研发单位、生产经营企业和医疗机构以及餐饮服务单位在工作中可能存在的问题，通过与其责任人员进行谈话，要求其正确认识问题，提醒、督促其采取有效措施，全面落实食品药品安全责任的工作制度。"另外，在2014年印发的《甘肃省食品药品监督管理局食品安全约谈制度(试行)》，其中第一条规定，约谈的目的和原则是："按照依法规范、及时审慎、注重实效的原则，以防控风险、排查隐患、查明原因、消除影响为目的，针对食品生产经营者在生产经营过程中可能存在的问题，通过与其责任人员进行谈话，要求其正确认识问题，提醒、督促其采取有效措施，全面落实食品安全的各项工作制度。"可见，从我国以前各级食药监对行政约谈的制度功能的理解来看，了解企业有关食品安全建设方面的信息是其中的一个重要任务。

　　食品安全行政检查是行政检查制度在食品安全领域的一种体现，它是指负有食品安全行政检查职责的行政机关，依照法定权限和程序，就行政相对人是否遵守国家有关食品安全方面的法律法规及规章等情况以及执行具体的行政决定所进行的检查。② 食品安全行政检查在实践中，也具有帮助行政机关了解检查对象的食品安全信息状况的作用。它可以通过现场检查、听取汇报、查阅企业相关资料

---

　　①　王虎. 风险社会中的行政约谈制度：因应、反思与完善[J]. 法商研究，2018(1)：22-29.

　　②　康贞花. 食品安全行政检查制度研究[D]. 长春：吉林大学，2013：11.

等方式来进行。不过，必须指出的是，食品安全行政检查和行政调查是不同的。前者始终是一个完全独立的行政行为，具有法律效力，且行政行为的目的是发现和搜集企业可能存在的食品安全违法信息；后者通常都是非独立的法律行为，不具有法律效力，并且该行为的目的一般是针对已经获得的食品安全违法信息进行查证，以确认是否属实。

（2）合作获取。在行政法的变革中，有迹象表明，利益代表模式正在隐退，公民共和主义正在兴起。① 因此，在合作治理日益彰显的今天，通过政府和食品企业合作的方式来获取食品安全信息正在成为一种可能。在美国，政府的农业部门经常与农场及农业组织开展合作，甚至专门派驻工作人员到一些大型的农场和屠宰场所，进行现场办公，② 这充分地体现了食品安全中的合作治理理念。因此，我国也可以采取类似做法，鼓励国家食品药品监管部门和大型食品企业相互开展人才交流活动，由他们互派人员到对方单位进行合作。这一点，在我国的技术推广领域，已经形成了丰富的经验。例如，许多高校经常派驻技术专家到政府部门和企业短期供职，以帮助当地政府和企业进行技术转化和指导。这种方式经过实践检验，被证明是有效的，可以借鉴到我国食品安全建设中来。通过这种方式，企业和政府可以相互深入对方的工作环境，加强了解，获取信息。另外，也有学者通过借鉴电力管理中的需求侧应急管理方法，提出食品安全管理可以在政策支持和政府指导下，按照政府、中介企业、用户企业、消费者四方共建共享的原则，建立食品安全信息平台，通过协商拟定标准、由专家和市民代表组成监督机制，实现食品安全信息在平台上的生成、建构、传播和利用等。③ 这也是一种值得研究的食品安全信息合作获取路径。

（3）动员社会资源获取

政府对食品安全的信息不足，还有一个重要原因是监管资源匮乏。食品的生

---

① 朱迪·弗里曼. 合作治理与新行政法 [M]. 毕洪海，陈标冲，译. 北京：商务印书馆，2010：34.

② 周荣荣. 美国农产品质量安全控制管理体系的考察与思考 [J]. 农业技术经济，2003（4）：60-63.

③ 许欢，高小平. 需求侧应急管理：基于食品安全的考察 [J]. 学海，2016（2）：100-104.

产规模巨大，国内外的食品贸易活动也非常频繁，跨境食品消费成为常态。因此，相对于庞大而分散的监管对象，食品安全管理部门的监管资源显得十分匮乏，他们的信息获取能力与信息规模张力不成比例。解决这一问题的途径之一，就是积极动员社会资源获取食品安全信息，争取用社会整体力量来实现对食品安全信息的获取。这也符合我国《食品安全法》所确立的"社会共治"原则。目前我国《食品安全法》第十二条、第十三条、第一百一十五条，都涉及对食品安全违法行为的举报奖励制度，许多地方政府对此也进行了配套规定，这对于通过社会动员来协助政府获取食品安全信息十分有益。

2. 公众知情权

知情权，有广义和狭义之分，广义知情权是指公民享有从国家或其他组织那里获悉信息的权利。狭义知情权则主要依公法而构建，一般仅指公民在不违反法律的情况下，从政府那里获悉一切与其权利行使有关信息的权利。① 有学者认为，人们对知情权从狭义走向广义的理解过程，实际上反映了知情权的成长历程。首先，传统的知情权经历了三次主要的成长历程，即分别发生在 20 世纪 60—70 年代美国的指向政治信息的知情权、指向商品信息的知情权和指向劳动信息的知情权；其次，现代社会的知情权是一种指向风险信息的知情权。②

公众知情权对食品安全有着重要意义。有学者认为，只有充分保障消费者知情权，让消费者用脚投票，才能让不安全食品无处可寻。③ 公众知情权对食品安全的风险交流同样意义重大，它是保障公民能够主动从政府和企业那里获得食品安全相关信息的法律武器，也是对政府和企业应当向公众承担食品安全信息供给义务的一种法律回应。如果缺乏对公众知情权的法律授予，那么政府信息公开和企业信息披露就无法成为实在的法律义务，变成可有可无的装饰品了。

在食品安全风险交流中，对公众知情权进行法律保障，除了要不断落实政府和企业的食品安全信息供给义务外，还要加强司法救济。没有救济的权利相当于

---

① 章剑生. 知情权及其保障——以《政府信息公开条例》为例[J]. 中国法学，2008(4)：145-146.

② 刘恒. 论风险规制中的知情权[J]. 暨南学报(哲学社会科学版)，2013(5)：1-14.

③ 邓刚宏. 食品安全阳光下运行的法律逻辑及其保障机制[J]. 南京社会科学，2017(3)：106-113.

没有权利，因此，相对于政府和企业的信息供给义务，司法救济更加重要。目前，在我国关于公众知情权的司法救济中，有两大难题，一是诉讼当事人的资格认定问题；二是诉讼动力不足的问题。在第一个问题上，学界认为，在对政府提起的信息公开不作为行政诉讼中，应当不需要当事人具有信息上的利害关系。[①]从我国 2019 年修订生效的《政府信息公开条例》对第十三条的修订表现来看，似乎也可得出同样结论。在第二个问题上，对于向食品企业提起的消费者知情权诉讼，一般应当由消费者本人提出，但特殊情况下，符合我国现行《民事诉讼法》第五十八条规定的情形的，也可以由其他法律规定的机关和组织提起诉讼。也有学者建议，在向政府提起的知情权行政诉讼中，也应当借鉴这一公益诉讼制度。[②]

三、信息传播

信息传播，大致是指通过一定的途径和方式对信息加以利用和延伸的过程。何谓传播？学界一直众说纷纭。丹佛大学教授弗兰克·丹斯曾经在 20 世纪 70 年代对大概 120 种传播定义进行了归类和区分，但最终，没有任何一种定义能够独占鳌头。[③] 有学者认为，在传播学不可或缺的本质特征中，传播是建立和阐释可激发回应的信息的关系过程。但他同时也强调，这一定义在一定程度上只具有补偿性价值。[④] 在传播研究中，信息是最核心的概念。科罗拉多大学传播学教授罗伯特·克雷格认为，传播在某种意义上，就是指在任何媒介或情境中做与"信息"相关的一切事情。

自风险社会以来，风险话语正以显著上升的频率出现在媒介报道之中，并进而形成了一个风险社会和传播学的交叉领域——风险传播。国内有学者认为，风险传播即等同于风险交流，并将风险传播定义为是以大众媒介为主要载

[①]　后向东. 政府信息公开申请资格条件上的利害关系问题探讨［J］. 中国行政管理，2018（2）：83-87.

[②]　林爱珺. 构建公益诉讼的知情权救济模式［J］. 南京社会科学，2011（4）：89-96.

[③]　Frank. E. X. Dance. The concept of communication［J］. Journal of Communication，1970（20）：201-210.

[④]　埃姆·格里芬. 初始传播学［M］. 展江，译. 北京：北京联合出版公司，2016：6-7.

体的，在个人、群体和组织等不同主体之间进行的对风险实施定义、预警、监测、再现、管理和加工的信息沟通和交换。① 产生这种认识的根源是英文中的"communication"一词，在英语世界中，除了有"沟通""交流"之意外，也可作"传播"之用，并且在英美的传播学文献中，也经常把 communication 理解为传播的意思。但是，尽管在英语中，communication 确实既可以理解为"交流""沟通"，也可以理解为"通信""传播"然而，在汉语中，传播和交流仍然是有区别的。前者主要强调传送和散布，后者则有互动回应之意。因此，直接将风险传播等同于风险交流，在汉语中，似有不妥。② 实际上，风险传播更多的应该是指以媒介为载体，在不同主体之间对风险信息进行运输和传送的过程。它的意义不仅在于告知、重现和解读风险，还在于通过具有象征意义的文化符号来对风险的客观现实进行主观建构。它是风险交流的一个过程，但不能完全替代风险交流本身。

在有关风险的信息传播理论当中，最富影响力的无疑就是由美国学者卡斯帕森夫妇等人在 20 世纪末期提出的"社会放大"理论。该理论的出发点是旨在阐释一个风险分析中的根本问题——为什么专家评估为一些相对较小的风险和风险事件却往往引发强烈的公众关注，并对社会和经济产生重大影响？经过将风险的技术评估与心理学、社会学和文化视角相结合，他们形成了一个解释风险和风险相关行为的系统性框架，即风险的社会放大理论。所谓风险的社会放大，主要是指信息过程、制度结构、社会团体行为和个体反应共同塑造风险的社会体验，从而促成风险结果的现象。该理论的核心观点是，风险与心理、社会、制度和文化进程互动，会强化或弱化公众对风险或风险事件的反应，从而形成风险信息在传播过程中的社会放大机制。这一机制可能在两个阶段发生作用，第一阶段是在风险信息的传递过程中；第二阶段是在社会机制的响应过程中。在风险信息的传递过程中，会形成一个信息系统，它由信息源、传播渠道和社会放大站三个部分组成。其中，信息源包括个体经历、直接沟通、间接沟通；信息渠道包括个体意识、非正式社会网络和专业信息交易者；社会放大站包括舆论引导者、媒体、政

---

① 胡登全. 风险传播的场域研究[M]. 北京：中国社会科学出版社，2014：18.

② 当然，产生这种认识分歧的原因是多方面的，除了学科差异之外，还有一个根本性因素就是，即使在传播学界本身，对于"传播"的理解也是形色各异的。这一点从文中弗兰克·丹斯早在 20 世纪 70 年代就总结出的多达 120 个有关传播的定义，即可见一斑。

府、文化社会团体、志愿组织。社会机制的响应过程则主要通过四种途径进行，分别是启发式与价值、社会团体关系、信号值、污名化。[①]

风险的社会放大理论为我们研究风险信息的传播带来了许多重要的启示，表现在：首先，每一个风险信息的发布者，同时也可能是接收者，并进而成为传播者。由于风险信息通过个体意识会被重新解构和编码，因此，即使是作为风险信息发布者的本人，他也会成为自己将要发布的风险信息的接收者，并在这个过程中对风险信息的信号进行强化或弱化，然后再传播。其次，信息在每一个社会化渠道进行传播的过程中，都可能借助社会放大站的作用而放大或减小信号值。信息渠道除了个体经历这种个人渠道之外，还有两种社会渠道，即非正式社会网络和专业的信息交易者，而在每一个社会渠道的背后，都隐藏着一些社会放大站，如非正式社会网络中的他人、舆论引导者、新闻媒体、志愿者组织，专业的信息交易者中的社会调查机构、政府机构，等等。因此，信息在社会化渠道的传播过程中，会被进行二次解构和编码，即先由个人经历解构和编码之后，再由社会渠道二次解构和编码。最后，无论是通过哪一种信息渠道和经历哪一类社会放大站，个人在接收信息的过程中都会通过心理、社会、制度和文化的作用来对信息进行响应。这种响应可以通过信息的文化象征符号，例如信号值和污名化来进行；也可以借助其他一些途径，例如信息的处理方式、对信息进行反应的社会程度和社会层次等过程来完成。[②]

食品安全风险信息的传播现状在很大程度上完全符合风险社会放大理论框架的阐释。例如，在个体经历中，有学者曾整理了共 196 个在 2003 年到 2012 年十年间被新闻媒体广泛报道过的食品安全事件，并发放了 238 份有效问卷来调查受

---

①　罗杰·E.卡斯帕森，奥特文·雷恩，等．风险的社会放大——一个概念框架［C］//珍妮·X.卡斯帕森，罗杰·E.卡斯帕森．风险的社会视野(上)．童蕴芝，译．北京：中国劳动社会保障出版社，2010：79-92.

②　信息的处理方式，主要就是指"启发性"，它有时会影响风险信息的客观性，造成风险的社会放大。例如，我们常常用死亡概率来统计风险高低，这就是一种信息处理方式。然而，一次飞机失事造成的死亡可能是 100%，而一次汽车碰撞造成的死亡率可能只有 30%，这很容易让人理解为乘坐飞机的风险概率相对于乘坐汽车要高很多，但这一风险的客观性可能并非如此。对信息进行反应的社会程度和社会层次，比如，如果一个风险事件，对它争论的社会参与度越广泛，参与争论的人士知名度越高，则可能被理解为风险概率也很高。

众对这些事件的记忆情况。结果显示，受访者对过往的食品安全事件仍然保留着印象，甚至连 10 多年前的事件也有接近 10% 受访者能够识别，但其中 98% 的信息来自大众媒体，亲身经历或通过口口相传获得信息的不足 20%。[①] 在人际传播中，有学者通过对转基因食品安全信息的传播进行研究后发现，人际传播能够增强个体的风险感知，降低收益感知，对风险起到放大作用。在传统媒体中，有些学者注意到，大众媒介在食品安全传播中形成了科学、监督和民生三种框架模式，不同的报道框架建构了风险以及风险的不同社会意义，并进而导致受众对食品安全风险事件展现出批判论、阴谋论和协商论三种理解方式。[②] 还有些学者注意到，在许多食品广告的传播中，带有文化象征意义符号的"绿色、转基因、无公害、有机"等概念被广泛使用，建构出了"广告决定大众饮食"的拟态环境与病态消费文化，其本质上是一种信息绑架与商业暴力。[③] 另有学者则认为，媒体在报道风险事件的同时也在重新定义风险，他们通过价值判断、叙事模式和污名化路径，在一定程度上放大了风险。[④] 在新媒体中，有学者通过对人民网和新浪新闻中心十年间对食品安全事件的报道进行研究后发现，食品安全事件本身的风险程度并非两家媒体进行议程设置的主要依据；而且，受众对食品安全事件的知悉程度严重依赖媒体议程设置，却与食品安全事件本身不构成正相关性。[⑤] 还有学者对微博进行了研究并发现，食品安全微博谣言传播网络较为稀疏，"小世界"现象不显著，同时，意见领袖在食品安全微博谣言传播网络中具有较高的社会影响力。[⑥]

通过对以上食品安全风险信息传播研究的梳理，我们可以看到，尽管目前传播学界并没有在研究中非常系统地涉及风险的社会放大理论，但是他们许多的研

---

①　胡悦. 危机传播中的数字化记忆魔咒[J]. 当代传播，2016(3)：45-48.

②　廖志坤. 风险社会中的食品安全传播——以酒鬼酒塑化剂超标事件报道为例[J]. 新闻记者，2013(7)：44-48.

③　郑欣. "舌尖上的广告"：概念泛化、健康幻想及其传播伦理[J]. 中国地质大学学报(社会科学版)，2013(5)：77-85.

④　全燕. 风险传播中的新闻生产——以台湾"美牛风波"为例[J]. 中国地质大学学报(社会科学版)，2013(2)：44-48.

⑤　胡悦. 食品安全传播的洞穴影像：网媒议程设置研究[J]. 厦门大学学报(哲学社会科学版)，2014(4)：140-149.

⑥　洪小娟. 基于社会网络分析的网络谣言研究——以食品安全微博谣言为例[J]. 情报杂志，2014(8)：161-167.

究结论均和风险的社会放大理论相吻合。因此，食品安全风险信息传播治理也应结合社会放大理论来看待。具体来说，主要有以下几点：

首先，必须提高个体的自觉意识和认知能力。由于风险在很大程度上是由个体通过心理、制度、社会和文化等机制建构起来的，因此，个体必须首先提高自我对风险的觉察意识和认知能力，以保证自我在面对风险的社会放大信号时能够保持一定的独立意志和客观理性。

其次，应当加强对谣言的规制。谣言的传播不仅会引发公众的心理恐慌，而且恐慌群众还可能为了减轻焦虑感再次传播谣言，形成恶性循环。当前，由于法律对谣言的规制在一定程度上易于产生和公民言论自由宪法权利保护之间的张力，因此，在这一点上，可以更多考虑一些技术性规制手段。例如，在网络传播中，可以通过信息过滤技术，加大对谣言关键词的筛选力度，并予以屏蔽；另外，如前所述，就是要强化政府的权威信息发布者角色。谣言之所以被广泛传播，在很大程度上是由于没有人辟谣，或者辟谣的人不值得信任。因此，假如政府能强化自身权威信息发布者的功能，则可以阻止谣言快速传播。

再次，应当加强对意见领袖发布信息的监管力度。意见领袖在风险信息的网络传播中具有重要的信号放大站作用，因此，对于推送量、点击率、粉丝数达到一定程度的网络意见领袖可以适当加强信息监管力度。对于有违规行为的，政府部门可采取约谈、警告等方式加以约束，情节严重的还可以追究法律责任。

最后，加强对新闻工作者及媒体的职业道德约束。媒体及其工作人员，应强化自身职业道德意识，自觉遵守新闻职业道德规范。比尔·科瓦齐和汤姆·罗森斯蒂尔曾经指出新闻工作者要遵守十大基本原则，它们是：新闻工作者要对真实负责；新闻工作者要忠于公民；新闻工作的实质是用核实进行约束；新闻工作者必须独立于报道对象；新闻工作者必须成为独立的权力监督者；新闻媒体必须成为公众评论和妥协的论坛和广场；新闻工作者必须让重大事件变得有趣并且与受众息息相关；新闻工作者应当使新闻全面、均衡；新闻工作者有责任按良心行事；公民对新闻也享有权利和承担义务。① 因此，应当通过国家宣传主管部门加

① 比尔·科瓦齐，汤姆·罗森斯蒂尔. 新闻的十大基本原则[M]. 刘海龙，连晓东，译. 北京：北京大学出版社，2011：6.

强对新闻机构及其从业人员职业素养的培训和教育，必要时还应采取一定的激励和惩罚措施。

第四节 物 质 保 障

物质是一切有机体和无机体赖以存在的前提。对于任何一项公共活动的开展和公共事务的治理来说，物质要素都极其关键，因此，在现代化的法律治理中，如何引导人、财、物力和技术资源的充分投入，以为治理积累可靠的物质保障，是必须要认真考虑的问题。正如有学者所指出的那样，国家机构、官吏、军队、警察、法庭的数量和质量等是体现权力强弱的客观指标，没有相应的财富作保障，法律赋予国家多少权力都是没有意义的。① 对于食品安全风险交流法律治理来说，充足而必要的物质保障也十分重要，它可以为食品安全风险交流充分有效地进行提供资源上的支撑和帮助。在现代化生产和管理活动中，资金和技术分别作为有形和无形资源的两个重要代表，共同发挥着不可替代的作用，因此，食品安全风险交流法律治理中的物质保障也可以主要从资金投入和技术支撑两个方面来加以设计和完善。

一、建立公私合作的资金投入模式

资金投入是食品安全风险交流法律治理建设的重要支撑，承担着基础性和保障性的作用。要建立起我国食品安全风险交流长效可靠的资金投入机制，就必须明晰各级政府在食品安全风险交流法律治理中的主体性地位，特别是在经费投入上的主体性责任意识。要坚决贯彻和落实党委领导、政府负责、社会协同、公众参与的公私合作型食品安全风险交流经费保障格局，积极构建以政府财政为基础，以社会资本为补充的共谋共创、共促共建、共享共赢的投资模式，要面向社会、统筹规划、广开财源、惠及全民，形成一个既能适应社会经济发展水平，又能调动各类主体参与热情的公共投入体制，为食品安全风险交流的有序进行促生促长、保驾护航。

---

① 童之伟. 再论法理学的更新[J]. 法商研究，1999(2)：3-21.

食品安全是民生领域中的一个重大问题，关系到经济发展、社会稳定、人民健康以及党和国家事业的长盛不衰。食品安全风险交流在食品安全建设的各项具体工作中占据十分重要的地位，是解决当前食品安全社会满意度和食品安全建设成效之间不适应的重要手段，是提高人民群众食品安全风险预防和处理能力，提升生活幸福指数的重要方式，是实现社会和谐稳定、宽容有序、民主活泼、健康发展的重要依托。因此，食品安全风险交流对于当前新时代中国特色社会主义制度建设来说具有长远意义。由此可见，健康有序的食品安全风险交流体制在一定程度上属于公共事业的重要组成部分，具有一定公共物品的特征与属性。这意味着，它很难单纯依靠市场就能保持平稳运行，必须要依托政府的投入。但是，在当前合作治理的背景下，在事关民生的公共领域引入社会资本，进行公私合作，已经是社会管理的新常态。因此，食品安全风险交流的物质保障建设，也应该积极采取措施，营造出政府搭台、民间唱戏的新格局，以适应社会的新常态。具体来说，主要有以下两点：

（1）要通过制度性的规定加大政府财政投入的力度。食品安全风险交流法律治理是一项复杂而系统的工程，其间包含了许多要素，例如主体、信息、结构等，而对于每一个要素来说，都需要通过政府的不断投入才能使之充实而丰富。尽管没有统计数据直接显示我国在食品安全风险交流上的政府具体投入金额，但是以 2017 年为例，根据当年财政部全国一般公共预算支出决算表显示，我国在该年对食品安全事务支出 82.03 亿元、食品和药品监督管理事务支出 436.30 亿元、其他食品和药品监督管理事务支出 100.10 亿元、农产品质量安全支出 46.29 亿元、食品流通安全补贴支出 0.34 亿元，五项总计为 665.06 亿元。① 自 2018 年以后，由于机构合并，财政部不再单独统计食品安全事务支出、食品和药品监督管理事务支出以及其他食品和药品监督管理事务支出三项内容，但以 2019 年全国一般公共预算支出决算表显示的当年我国"食品安全补贴支出"为 0.46 亿元和"农产品质量安全支出"为 43.90 亿元来看②，近两年我国在食品安全公共事务上的支出变化不大。根据有关学者的研究表明，发达国家每年在食品安全上的财政

① 财政部.2017 年全国一般公共预算支出决算表［Z］.（2018-07-12）［2023-12-22］. http://yss.mof.gov.cn/qgczjs/t20180712-2959392.htm.

② 财政部.2019 年全国一般公共预算支出决算表［Z］.（2020-08-10）［2023-12-24］. https://yss.mof.gov.cn/201998czjs/202007/t20200731_3559718.htm.

投入比例一般为全国财政预算的1%，相较而言，我国还有较大提升空间，总之，从我国食品安全有关的政府财政投入来看，我国在食品安全风险交流建设上的政府财政投入比例亦有一定的可增长空间。

（2）应当通过一定的制度性规定，适当引入社会资本，以对政府投入形成有益补充。尽管食品安全风险交流具有一定的公共物品属性，但是通过有效的市场机制也会加大治理的效果。例如，食品安全风险交流的建设离不开对标准、信息和技术的投入，而这些都可以引导社会资本来建设。

首先，可以引导社会资本投入对食品安全标准的建设。规范、科学和合理的标准对于食品安全风险交流来说具有重要的作用，它在一定程度上可以构成食品安全风险交流的依据。虽然，从某种意义上来说，食品安全标准是一项公共物品，具有规则属性，应当主要通过政府财政投入来加强建设，但是，食品安全标准毕竟不同于食品安全法律、法规和政策，它在公共性之余，也具有较强的部门性和行业性，可以对食品企业建立同业规范、促进行业健康发展起到重要作用，因此可以积极引导社会力量的投入。例如，目前我国《食品安全法》第三十条规定，国家鼓励食品生产企业制定严于食品安全国家标准或者地方标准的企业标准，在本企业使用。事实上，如果企业标准能够在市场中发挥重要作用，那么它也很可能会进一步引起社会的广泛重视，并逐渐上升成为国家标准的一部分。因此，假如国家能够真正把《食品安全法》第三十条规定中所谓的"鼓励"落到实处，能够从根本上采取有效的激励手段促使企业积极制定企业标准，就可以弥补国家在食品安全标准建设上的一部分投入。

其次，如前文所述，信息在食品安全风险交流中同样发挥着至关重要的作用，它在某种程度上构成了食品安全风险交流的主要内容。目前，单纯依靠政府投入来建设食品安全风险交流的信息源和信息平台，显然是不足够的。因此，如果能够引导社会资本进行食品安全的风险信息建设，则同样可以减轻政府财政投入的负担。例如，目前已经有一些社会组织建立起了类似"掷出窗外""果壳网"等与食品安全有关的主题网站，假如政府能够对它们进行很好的引导，鼓励他们积极开展健康科学的食品安全信息宣传，则无疑对食品安全风险交流的信息传播是大有裨益的。

最后，技术对于食品安全风险交流来说也具有十分重要的作用，它在一定意义上可以构成食品安全风险交流的重要工具，例如，在现代化的网络社会中，食品安全信息传递机制的建设从某种程度上来说也需要依赖信息技术的建设。因此，积极引导社会资本加大对与食品安全风险交流有关的技术性建设的投入，无疑也是减轻政府负担、提升交流效果的一种重要途径。

二、夯实多元配套的技术支撑体系

福柯曾经强调过，权力是关系，是无中心的网络，权力的运行需要通过规训技术才得以实现，因此，技术是微观权力的运行支撑系统。[1] 可见，技术对现代化的治理正变得越来越重要。国家食品安全风险评估中心主任卢江在 2018 年的两会召开时，曾经提出过关于要强化食品安全技术支撑体系的提案。她谈道，强化食品安全技术支撑，不仅关系到加快实施食品安全战略，也为及时发现处置食品安全隐患和正确传播食品安全知识提供了有效的帮助。[2] 可见，食品安全技术支撑不仅对食品安全起到重要作用，也对食品安全风险交流中的信息传播同样意义重大。没有强有力的技术支撑，某些共识性的食品安全风险交流就会因为缺乏科学依据而无法达成基础性共识；某些危机性的食品安全风险交流就会由于技术不足而导致危害不能被及时发现，从而错过风险交流的最佳时机。另外，要促进食品安全风险交流的有效开展，不仅要大力推进食品安全技术本身的建设，还要大力推进与食品安全有关的信息技术的建设和应用，例如，云计算、大数据，等等。它们在某种程度上可以促进食品安全风险交流的信息传递，帮助食品安全风险交流活动的开展。

首先，要通过制订科学的规划，大力推进国家食品安全技术能力建设，提升国家食品安全技术发展水平。食品安全技术包括介入技术(传统和新兴的低温介入技术、化学介入技术以及克服技术)；控制、监视、识别技术(生物传感器)、检验检测技术、包装技术(活性包装、智能包装、真空包装)，以及供应链可追

---

① 吕振合．论福柯权力的技术支撑系统［J］. 内蒙古大学学报(人文社会科学版)，2007 (3)：116-120.

② 胡美兰，于溯源．强化食品安全技术支撑体系 筑牢食品安全屏障［N］. 中国食品安全报，2018-03-20：B3.

溯系统等。① 这些技术手段是加强食品安全风险管理的重要依托，也是开展食品安全风险交流的重要依据和评判工具。例如，就食品安全检验检测技术来说，如果缺乏快速有效、成本合理的食品安全检验检测手段，那么，即使在已经建立了科学合理的食品安全标准以后，我们也无法在紧急情况下迅速获得食品安全风险检验检测结果，这会使得接下来的食品安全风险交流工作由于无法获得可靠的科学依据而难以开展。再如，对于食品安全风险监测和评估技术来说，如果不能迅速通过控制、监视和识别技术发现潜在的风险性因素，并对之开展科学合理的危害性评估，那么自然也就无法激发社会对风险评估和监测的结果进行进一步的风险交流活动了。

其次，要通过科学的规划，大力推进国家食品安全信息技术建设，提升国家食品安全信息管理水平。以云计算、物联网和大数据为代表的信息技术正在对社会管理的改革创新不断提出挑战。食品安全事件在持续发酵的过程中，往往会形成巨量的异构性数据信息，并不断爆发式增长。因此，目前世界上许多国家和地区已经开始通过互联网和大数据来对食品安全信息进行监控和分析。例如，由国际传染病协会推出的 Pro-MED 系统，该系统能比较有效地进行食品安全风险预警，但此系统中对"收集的信息如何处理""如何采取措施"等问题都需要人工参与和决定，还显得相对落后。由欧洲委员会联合研究中心开发的 MedISys（Medical Information System）系统，目前可以基于互联网信息快速采集技术针对添加剂和补充剂、动物保健、生物灾害、污染物、饲料、食品接触材料、转基因生物、营养和过敏原、农药及植物健康等进行及时的食品安全风险预警。该系统基于互联网信息的监控、分析技术能比 RAS-FF（Rapid Alert System for Food and Feed）系统提前几天到几周的时间得到同样的预警信息。② 通过这种大数据的不断挖掘，可以快速有效地对食品安全风险进行预警，从而保障食品安全风险交流的及时开展。再如，有学者提出，通过大数据可以促进食品安全的质量监管。以苹果为例，从土壤检测环节开始，其品种、病虫害、除虫方法、农药、化肥用

---

① 王殿华，拉娜. 科学技术在食品安全风险防控中的作用及对策研究［J］. 食品工业科技，2013（1）：45-48.

② 黎建辉，杨风雷. 全球食品安全信息监控与分析云平台架构研究［J］. 计算机应用研究，2014（8）：2361-2367.

量、生长周期内的天气、温度和湿度、后期摘取、储存、运输、销售等每个环节，都可以通过大数据建立动态的监测系统，并在信息平台上公之于众，供大家监督和分享。① 显然，通过这样的大数据手段对食品安全实现"从农田到餐桌"的全过程无缝隙信息化监管，可以为食品安全风险交流提供更多令人信服的信息资料，从而提高风险交流的实际效果。

最后，要通过一定的规范，大力推进国家食品安全舆情引导技术的建设，提升国家食品安全网络舆情监控的水平。当前伴随互联网的普及，食品安全风险交流活动很多是通过网络来进行的，因此，加强对食品安全网络舆情的技术性引导，避免某些食品安全不实信息、甚至食品安全谣言快速而广泛的传播是必须要解决的一个问题。如前文所述，这一点可运用网络信息监控技术来进行，具体地说，可运用内容分级技术和信息过滤技术两种手段。内容分级技术是指将网上内容根据某种标准划分为若干级别，通过设置访问限制，过滤某些信息，实现对网络信息内容的有控制的存取。目前这种内容分级系统采用较多的技术标准是World Wide Web Consortium(W3C)于1995年提出的"互联网内容选择平台"(Platform for Internet Content Selection, PICS)。信息过滤技术，主要又可以分为路由过滤技术、网关过滤技术、域名控制技术、内容过滤技术、防火墙技术、数字认证技术和其他网络控制技术七种技术手段。它主要是指通过各种信息筛查、过滤等技术手段对网络中的访问地址、访问内容等进行屏蔽，以阻碍食品安全不实信息或谣言的快速传播。②

第五节 责任导向

治理结构在本质上是分担公共责任，它意味着多元主体在网络中被各自分配最优的公共职责。因此，责任机制是促成法律治理良性运转的重要保证。③ 在持

---

① 王永强，管金平. 精准规制：大数据时代市场规制法的新发展[J]. 法商研究，2014(6)：55-62.

② 洪巍，吴林海. 中国食品安全网络舆情发展报告(2013)[M]. 北京：中国社会科学出版社，2013：390-395.

③ 谭海波，何植民. 论法律治理机制及其整合[J]. 社会科学家，2011(2)：108-112.

有整体主义社会观的学者看来，"责任"一词具备两个相互联系的二元属性，即"第一责任"和"第二责任"。① 第一责任通常是指预期责任，是面向未来的义务和职责；第二责任通常是指过去责任，是面向过去的法律课责和制裁。尽管法律责任通常都只注重过去责任，而忽略预期责任，但是两者对于理解法律责任同样重要。预期责任的概念具有独立于有责任性或制裁的课责的重要性和价值，它使得我们认识到，法律既告诉了我们如何行为，也使我们对我们行为的方式负责。② 过去责任只有在未完成预期责任时才能寻求到角色和意义，就此而言，它反而是从属或寄生的。

无独有偶，自19世纪开始，责任在伦理学中也开始不断扩张其含义。在法律和大众文化的背景下，责任通过对职责和义务进行界定，弥补了"义务"含义本身的缺憾。③ 不仅如此，哲学家汉斯·约纳斯还在技术时代的基础上开创了"责任伦理学"的学说体系。他从韦伯有关道德行为之后果的责任观念出发，提出了自己的责任原则，其核心就是积极关涉对人类行为造成的未来后果的责任。他强调，这种责任是一种前瞻性的责任，与对事后过失的问责和惩罚完全不同，它更多地体现为现代人作为未来人之委托人所承担的一种"负责任"的美德，即人们意识到应当对其行为在未来可以有所交代的一种特定的良好的个人品质，因此，就伦理学角度而言，这是一种远距离的责任伦理学。④

不论是从上述法律责任的时间维度，还是从责任伦理的距离角度，我们都可以从中获得这样的启发，那就是，应该综合这两种不同的责任观念来设计食品安全风险交流法律治理中的责任制度规则，即一方面依照预期责任和前瞻性责任的理念，加强对食品安全风险交流法律治理中各主体的责任激励，另一方面也要通过过去责任和现实责任的威慑和惩戒，加强对食品安全风险交流法律治理中的责任约束。这两者的有效结合可以实现食品安全风险交流责任导向的充实与完善。

---

① 王虎，李锌淦. 整体主义视野下我国食品安全私人执法模式研究[J]. 华中科技大学学报（社会科学版），2013(5)：75-82.

② 皮特·凯恩. 法律与道德中的责任[M]. 罗李华，译. 北京：商务印书馆，2008：49-55.

③ 特里·L. 库珀. 行政伦理学——实现行政责任的途径[M]. 张秀琴，译. 北京：中国人民大学出版社，2001：11.

④ 甘绍平. 一种超越责任原则的风险伦理[J]. 哲学研究，2014(9)：87-94.

一、引导责任激励

责任的极端性总是产生于提出自己的问题的未来之前，而这些问题是任何人都无法避免的，因此，它总是强调我们去着眼未来，着眼那些可以预料的行动后果，以期来指导我们正在实施的行为。① 法律同样如此，它既告知我们责任是什么，鼓励我们负责地作为，同时又在我们没有完成我们的责任的时候判定我们有责任并制裁我们。② 因此，当法律在告知我们责任，并鼓励我们去负责任地实施行为时，这种责任就是一种预期责任，具有了积极意义上的行为导向作用。预期责任在广义上可以分为两类。在第一类里，一些预期责任产生好的结果（"建设性"责任），另一些则是预防坏的结果的发生（"预防性"责任）；第二类则致力于避免坏的结果发生，可称之为"保护性"责任。保护性责任与预防性责任的区别在于，前者是防止不当行为所造成的损害，后者是防止由于不行为而未能预防损害。③ 预期责任的理念对于防止争议和促进合作与建设性的行为而言具有重要性。无论怎样，预防总比治理更好，让行为人履行预期法律责任总比惩罚其未完成的行为或修补其造成的后果要好。

作为一种不同于传统强调"课责"的法律责任观，预期责任近些年在一些新兴的法律部门（例如经济法、社会法等）开始日益受到关注，并常常被适用于一些不适宜进行严格法律制裁的社会领域。造成这一法律现实变化的根本原因是社会治理模式的改革。正如美国学者斯图尔特所说："过度依赖命令和控制的管制方法，是我们在过去一百年中为达到管制目标主要使用的方法。"④但是，僵化和非回应性的控制已经在日益复杂的行政现实中疲态尽显，一个利益多元、风险横生的社会期盼着公共管理转型时代的到来，"治理"取代"管制"终会成为历史的必然。在倡导治理的时代中，协商民主对代议民主、网络化结构对官僚科层制结构、合作行政对命令行政、软法对硬法等都提出了一系列挑战。反映到责任领

---

① 宋同飞. 责任伦理学视角下的中国食品安全问题[J]. 太平洋学报，2012(4)：56-62.
② 皮特·凯恩. 法律与道德中的责任[M]. 罗李华，译. 北京：商务印书馆，2008：48.
③ 皮特·凯恩. 法律与道德中的责任[M]. 罗李华，译. 北京：商务印书馆，2008：50.
④ L. B. 斯图尔特. 二十一世纪的行政法[J]. 苏苗罕，译. 环球法律评论，2004(2)：165-177.

域，这一挑战便体现为预期责任对传统的过去责任的一种补充和完善。法律制裁是对过去责任的一种回应，而预期责任则更多体现为一种激励。尽管，从广义上来看，约束也是激励的一种形式，但是，法律对个体行为的激励，是通过法律激励个体合法行为的产生，是使个体受到法律的鼓励做出法律所要求和期望的行为，以最终实现法律所设定的整个社会关系的模式系统的要求，取得预期的法律效果，形成理想的法秩序。①

食品安全风险交流的法律治理需要我们充分重视预期责任的激励效应，通过对它的充分设计来实现主体对食品安全风险交流治理的有效参与。有学者在论及风险交流的制度构建时，曾经从软法的维度强调，风险交流需要更多的指引性而非强制性的规范。他的理由是，风险交流在主体、内容、形式、目标和策略等方面皆无定式，需结合实际情况进行差别对待，因此，不适宜以强制手段使其受到严格约束。② 事实上，食品安全风险交流中确有相当一些情况即属于此。例如，按照我国《食品安全法》第十条的规定，各级人民政府应当加强食品安全的宣传教育，普及食品安全知识，鼓励社会组织、基层群众性自治组织、食品生产经营者开展食品安全法律、法规以及食品安全标准和知识的普及工作，倡导健康的饮食方式，增强消费者食品安全意识和自我保护能力。同时，该条第二款还规定，新闻媒体应当开展食品安全法律、法规以及食品安全和知识的公益宣传，并对食品安全违法行为进行舆论监督。有关食品安全的宣传报道应当真实、公正。显然，无论是各级政府、社会组织、基层群众性组织、食品生产经营者还是新闻媒体，法律都无法详细规定他们在食品安全健康教育、知识普及、公益宣传、舆论监督上的具体内容和方式，也无法通过明确的法律义务将之确定和落实，更无法在义务不履行或履行不适当时以法律制裁来追究其责任。显然，在这种情况下，只有通过预期责任的引导方式来强化相关主体的责任意识，以鼓励其开展负责任的食品安全风险交流活动。

那么，如何开展负责任的风险交流活动呢？Bovens 曾经将它界定为由七个相互关联的部分组成的体系，它们分别是：第一，必须在行动者和论坛之间建构关

---

① 付子堂. 法律功能论[M]. 北京：中国政法大学出版社，1999：68-69.
② 沈岿. 风险交流的软法构建[J]. 清华法学，2015（6）：45-61.

联性；第二，在这个论坛那里行动者有义务去进行信息发布；第三，向论坛解释和证实他的行为；第四，在这个论坛行动者可以被问询；第五，问询可以涉及其行为的合法性；第六，行动者的行为需要经过合法性判断；第七，它可以产生某种后果。① Arcur Albach 等人则在这个基础上进一步将风险交流中的"负责任"整合为三个主要要素：包容性（Inclusiveness）、透明性（Transparency）和回应性（Responsiveness）。其中，包容性是指对利益相关者的包容，即给他们表达自己关心的问题的机会；透明性是和包容性紧密联系的，它主要强调对信息进行充分和开放的供给；回应性比包容性更进一步，强调交流者要在包容的基础上进一步展开行动。② 显然，在西方风险交流学者看来，对负责任"的强调，更多的是对其如何通过积极有效的风险交流行动来达到风险交流预期目标和实际效果的强调。

如同过去责任的落实离不开法律课责与制裁一样，预期责任的法律实践也离不开一定的激励性手段，否则，这一责任难免沦为空谈。实践证明，责任激励机制对于许多非强制性的监管方式而言有重要作用。例如，在环境保护领域，西方许多国家都通过税收返还、经济补助和绿色贷款等方式来对鼓励企业加强清洁生产的预期责任进行激励，以促进其切实承担起环境保护的责任。在食品安全风险交流中，也应当采取相应的手段来鼓励和促进相关主体积极参与风险交流。

一般而言，激励的手段有很多种，既有经济诱因的，也有非经济诱因的。前者包括直接经济利益的获得和间接经济利益的获得；后者主要指精神奖励，例如人格魅力奖励、满足需要奖励、工作内容奖励、组织文化奖励，等等。在食品安全风险交流中，无论是经济诱因的激励手段还是非经济诱因的激励手段都可以发挥作用。例如，针对政府、专家和媒体等一些公共职能突出的部门和个人，我们可以多采取非经济诱因的激励手段，对其中积极主动参与食品安全风险交流，并取得良好社会效果的组织和个人，进行一定的精神奖励。例如，

---

① Bovens, M.. New forms of accountability and EU-Governance[J]. Comparative European Politics, 2007：104-120.

② Artur Albach, Johannes Gamroth, et al.. Trust-building risk communication in the Post-trust era[J]. Revista Lberoamericana de Truismo, November, 2016：103-146.

对于专家来说，可以在考评指标体系、课题申报或人才申报工作中，增加社会服务这一项，并将积极参与食品安全风险交流确认为社会服务活动的表现形式之一。针对企业，我们可以多采取经济性激励。例如，对于积极从事食品安全风险交流的企业，可以在信贷、补贴等方面享受一定的优惠政策。根据我国证监会在 2018 年 7 月对《关于改革完善并严格实施上市公司退市制度的若干意见》的修订，上市公司涉及国家安全、公众健康安全等"五个安全"重大违法行为时，可以予以强制退市。显然，我们也可以考虑，对于那些积极从事食品安全风险交流、切实履行公众健康安全保护社会责任的食品企业，在同等条件下给予优先上市的待遇。

二、加强责任惩罚

忽略制裁及其执行将使我们对于责任的研究日益贫瘠。由于道德缺乏一个强大的执行机制和机构，因此，道德责任在制裁方面通常缺乏太多讨论的空间。法律责任则不同，法律制裁是对过去责任的一种严肃回应，对行为人具有强烈的威慑效应，对由违法而引起的社会危害具有一定预防性作用。它通常可以分为三类：惩戒性的、修复性的以及预防性的。惩戒性的制裁注重负有责任的人，通常包括监禁和罚款；而修复性的和预防性的制裁同时考虑赋予责任后所要造福的那些人的利益，前者可能包括支付补偿金、恢复原状、消除影响，等等，后者则主要包括拘留、颁发禁止其违反法律的某种行为的命令或要求其避免违反法律而行为的命令。①

尽管如前文所述，有学者认为，食品安全风险交流只能诉诸软法之维，多采取引导性规范，而少采取强制性措施。② 但是，我们也必须认识到，将食品安全风险交流完全诉诸软法途径，只片面依赖预期责任来激励风险交流者做一个"负责任的人"，并承担"作为美德的责任"，显然是不够的。食品安全风险交流往往隐藏着巨大的经济利益，并可能严重侵犯他人权益，造成破坏性社会后果。例如，有些政府机构在食品安全事故发生后，为了逃避责任，故意隐瞒不报，不积

---

① 皮特·凯恩. 法律与道德中的责任[M]. 罗李华，译. 北京：商务印书馆，2008：68.
② 沈岿. 风险交流的软法构建[J]. 清华法学，2015(6)：45-61.

极稳妥开展食品安全风险交流活动，导致危害未能被及时控制；又如有些食品生产经营者可能为了打击竞争对手，故意开展目的不纯的食品安全风险交流活动，破坏其他同行的商誉；再如还有一些公众人物，可能为了一己私利，在不尊重客观事实的基础上，盲目吹嘘某种食品，严重误导消费者。因此，对于这样一些在食品安全风险交流中屡见不鲜的实际情况，如果不进行严格的法律课责，是很难防患于未然的。

在食品安全风险交流中，责任惩罚同样可以通过惩戒、修复和预防三种方式来进行，并可分别依据不同的法律部门，追究法律责任。

首先，对于严重违反法律强制性规定，不履行食品安全风险交流职责和义务的机构、部门和个人，可以进行惩戒。对于政府机构及其工作人员来说，在法律规定应当积极进行食品安全风险交流信息公开的环节，不履行或怠于履行职责，可以进行行政问责，并对直接当事人进行警告、降级、撤职、开除等行政处分；对于食品生产经营者来说，如果故意实施目的不纯的食品安全风险交流活动，或者在食品安全风险交流中故意提供虚假信息，对其他经营者或消费者造成了一定的利益损害的，可以按照我国《反不正当竞争法》《消费者权益保护法》的有关规定，进行相应的罚款；对于一些意见领袖、网络大咖在食品安全风险交流中故意散布虚假的食品安全信息，并造成严重社会后果的，可以进行罚款；对于一些公众人物，如文娱明星、体育明星等，在食品类广告中利用自身的知名度，故意做虚假宣传，恶意夸大某些事实或隐瞒重要信息，造成了严重社会危害的，也应当进行罚款。

其次，对于某些危害了他人和社会利益的食品安全风险交流行为，应当要求其予以填平或恢复。例如，食品生产经营者在风险交流中对其他经营者或消费者造成了经济利益损失，应当承担赔偿责任；造成了其他经营者商誉损失的，还应当承担消除影响、赔礼道歉、恢复名誉等民事责任。公众人物恶意进行的虚假食品广告宣传，如果给消费者造成了经济损失，也应当和生产者、经营者、广告发布者承担连带民事赔偿责任。

最后，对于某些未来可能继续给食品安全风险交流造成不利影响的行为人，可以要求其承担预防责任。例如，对于意见领袖、网络大咖屡次恶意发布食品安全不实信息，情节严重，影响恶劣，并经有关部门约谈后拒不改正的，可以由有关部门对其采取关闭微信号、微博账号等处罚手段。

第五章　我国食品安全风险交流法律治理的需求与供给

　　食品安全风险交流作为一项重大举措，对于当前提升社会整体食品安全意识、增进国家食品安全风险防控能力，弥补公众食品安全风险感知和政府食品安全治理效果之间差距均具有显著意义。因此，从最广义的角度来说，无论是市场主体，还是国家部门，均对食品安全风险交流法律治理存在一定的主观需求。但是，考虑到市场主体这一需求通常根源于市场机制自身的固有缺陷，具有强烈的内生性；同时，积极了解市场主体需求，也对有效引导市场主体参与食品安全风险交流具有重要的意义，因此，笔者在这一部分主要只分析市场主体的主观需求，这或许能帮助我们更加深入地理解食品安全风险交流法律治理的市场促生动力和制度完善方向。另外，尽管相关的国家机关和职能部门也是食品安全风险交流法律治理的需求主体，但是他们的这一需求往往是基于职责性约束，而非自发性生成；更重要的是，不同的国家机关既是食品安全风险交流法律治理的需求主体，更是供给主体，其对食品安全风险交流法律制度的制定、执行及适用发挥着重要的作用，这就导致他们的需求往往能够通过自我修正和完善的方式来予以相对有效的满足。因此，笔者在这一部分主要讨论国家机关对食品安全风险交流法律治理的供给状况，并试图借此来深入揭示当前我国食品安全风险交流法律治理在实践中存在的主要问题和不足。

第一节　市场主体的需求分析

　　依据尼尔逊、达比和卡尼等学者对商品质量特征的划分，食品质量是搜寻品、经验品和信任品特征的综合体。① 基于此，食品质量安全市场是一个信息严重不对称的市场，也即阿克诺夫所谓的"柠檬市场"。食品安全市场的这一特征使得开展有效的食品安全风险交流成为一种弥补市场机制不足的重要手段，因此，无论是食品消费者还是食品生产经营者，他们作为食品安全的市场主体，都对通过合理有效的食品安全风险交流法律治理来引导相关工作的积极有序开展，存在着较强烈的主观需求。

一、消费者需求

消费者是食品安全最直接的利益相关者，因此，他们对食品安全风险交流法律治理存在着显著的需求。现实中，这一需求主要与以下几方面因素相关：

（1）与消费者对当前国家食品安全满意度和国家食品安全建设成效之间的差距相关。近 10 年来，已有不少机构或学者对我国公众的食品安全满意度进行过相关调查。资料显示，自 2015 年以后，我国公众食品安全满意度每年均有稳步提升，但总体情况仍需改善。例如，根据 2020 年云南省食安办在该省范围内开展的城乡居民食品安全满意度调查显示，虽然该年度城乡居民食品安全综合满意度比上年提高了 2.46 个百分点②，但该省昆明市当年整体群众食品安全满意度总体评分仅有 79.1 分③，总体分值并不很高。又如，2022 年年底，根据江南大学食品安全风险治理研究院发布的《中国公众食品安全状况评价的网络调查报告》显示，有 39.51%、7.68% 的受访者对当地食品安全状况分别持比较满意、非常满意的评价。按照国务院食品安全委员会办公室关于食品安全满意度（食安全办发〔2021〕10 号）的计算公式，本次调查公众食品安全满意度分值为 68.38 分。④尽管相对于 2014 年，这一数据已有显著提升，但无论从百分比还是分值看，仍有较大进步空间。

① 韩青. 中国农产品质量安全：信息传递问题研究［M］. 北京：中国农业出版社，2008：41.

② 2020 年度我省城乡居民食品安全满意度调查结果出炉综合满意度比上年提高 2.46 个百分点［N］. 云南日报，2021-02-01.

③ 2020 年度食品安全满意度调查情况公布［N］. 昆明日报，2021-02-09.

④ 于海军. 公众对食品安全满意度稳中向好［EB/OL］.（2023-02-13）［2023-12-11］. https：//baijiahao. baidu. com/s？ id＝1757644369194901083&wfr＝spider&for＝pc.

　　尽管公众的食品安全满意度仍有较大提升空间，但根据我国官方数据显示，近10年来，我国食品安全抽检合格率却一直稳中有涨，并于近几年一直保持在95%以上，2023年更是达到了97.69%的极高水平。[①] 由此可见，当前我国公众的食品安全满意度和政府食品安全治理成效的匹配度还有较强提升空间。以北京市为例，根据北京市市场监督管理局发布的《2023年度消费者权益保护状况报告》显示，2023年该市33大类食品安全抽检合格率高达99.1%，但消费者满意度为87分。[②] 这意味着，公众食品安全风险感知和我国食品安全风险现实之间存在鸿沟。尽管造成这一现象的原因是多方面的，但是，食品安全风险交流渠道的单一、内容的匮乏、效果的欠佳是其中的重要因素，而这些因素都需要通过规范的引导来予以解决。因此，就消费者而言，至少在这一点上，对食品安全风险交流法律治理存在着迫切的需求。

　　（2）与消费者的食品安全风险感知相关。风险感知主要是指人们对风险的危害性大小、发生规模、发生概率、风险收益、危害后果出现的时间延迟度、可接受度等维度的判断。[③] 目前国内不少学者已经对消费者的食品安全风险感知及其影响因素进行了研究，并分别从不同地域、人群和食品种类等角度开展过大量调研。张红凤等人在2021年以山东省37个县域为样本，对食品安全满意度影响因素和地区差异性进行了研究。结果显示，消费者对食品安全的满意度评价具有典型的层级结构特征。同时受到个体的诸多因素的影响，以及更高层次的群组性因素的影响。例如，消费者对食品安全满意度评价会受到自身客观因素比如年龄、职业特征等的影响，随着年龄的增长会出现对当地的食品安全满意度评价降低的趋势。[④] 同样，杨鸿雁等人在2020年完成了对西部欠发达省Y省所做的一项为

---

　　① 国家市场监管总局：2023年全系统食品安全监督抽检不合格率2.72%［EB/OL］.（2024-01-31）［2024-02-18］. https：//baijiahao. baidu. com/s？ id = 1789578959156214493&wfr = spider&for = pc.

　　② 食安抽检合格率超99%，消费者满意度87分，2024年北京消费者"买买买"更安心［EB/OL］.（2024-03-13）［2024-03-19］. http：//xinsanban. 10jqka. com. cn/20240313/c655889023. shtml.

　　③ 张金荣，等. 公众对食品安全风险的感知与建构——基于三城市公众食品安全风险感知状况调查的分析［J］. 吉林大学社会科学学报，2013（2）：40-49.

　　④ 张红凤，李萍，王超. 食品安全满意度的影响因素研究——基于多层线性回归模型及Easterlin悖论的验证［J］. 经济与管理评论，2021，37（3）：98-109.

期数年的调查。通过该调查，他们发现消费者食品安全状况满意度与消费者社会属性特征、其食品安全认知行为和风险偏好均有关联。具体来说，在社会属性上，消费者的文化程度与消费者食品安全状况满意度呈弱关联性；在食品安全风险认知行为上，消费者食品安全状况满意度与消费者对食品风险感知的信息获取渠道信任程度呈较强关联性；在风险偏好上，消费者食品安全满意度与自身是否遭遇食品不安全事件及其遭遇频次有强关联性。[①] 从更早一些的调查来看，孙志斌等人在 2012 年对广州市 7 城区共 600 名消费者进行了调查，结果显示，影响消费者食品安全风险认知的因素包括：政府信息、媒体报道、企业及品牌知名度、食品标签及其他质量标识、食品外观、购买经验、亲友推荐及消费者性别、文化程度、家庭收入等，其中，后两者具有显著影响。[②] 徐匡根等人在 2018 年完成了一项为期两年的江西省城乡居民食品安全满意度调查工作，结果显示，在"农药污染""非法添加""微生物污染"和"重金属污染"四类食品安全风险上，公众对风险后果的严重性感知均十分显著、对风险的可接受度均较低。[③]

从上述学者们的研究可见，影响消费者食品安全风险感知的主要因素大致可分为外在因素和内在因素两个方面。其中外在因素主要是指食品安全风险的客观性表征，大致可分为道德性风险、人为性风险和科技性风险三种情况。道德性风险是指由生产经营者商业道德不足所引发的食品安全风险，例如地沟油、假冒食品、滥用和违规使用食品添加剂等；生产性风险是指由食品生产过程中外在的客观物质环境所引发的食品安全风险，例如由于农业种植土壤污染所引发的农药残留、重金属残留等有毒有害物质残留；科技性风险主要指由于人类对科学技术认识不足所可能引发的食品安全风险，例如合法合规使用的食品添加剂、转基因技术等可能引发的风险。外在因素对食品安全风险感知的影响又可以分别从危害度、失控度、陌生度和激惹度四个方面来进行建构。其中，危害度是指危害的严

①　杨鸿雁，周芬芬，田英杰. 基于关联规则的消费者食品安全满意度研究[J]. 管理评论，2020(4)：286-297.

②　孙志斌，等. 广州市消费者食品安全风险认知及对风险来源关注度调查[J]. 中国食品卫生杂志，2014(1)：78-82.

③　徐匡根，徐慧兰，等. 2016 年江西省城乡居民食品安全满意度调查[J]. 卫生研究，2018(2)：246-249.

重程度、是否影响特殊人群(例如婴幼儿、儿童、病人等);失控度是指风险的可控制程度;陌生度是指对风险及其危害的了解和熟悉程度;激惹度是指风险对个人情绪以及社会心理所造成的愤怒和伤害程度。内在因素主要又可以分为人口学意义上内在因素和心理学意义上内在因素两类。前者主要是指年龄、性别、婚姻状况、受教育程度、经济收入、职业类别等;后者主要指食品安全心理创伤度、个人心理健康度等。但需要说明的是,由于个体差异,这些因素的影响显著性并非绝对的。

消费者食品安全风险感知在一定程度上影响着消费者对食品安全风险交流法律治理的需求。这是因为,首先,影响风险感知的外在因素决定了食品安全风险交流的议程中心和机制设计。例如,如前文所述,有学者根据风险的危害度和激惹度之间的关联性,将食品安全风险分为"高风险—高愤怒""高风险—低愤怒""低风险—高愤怒""低风险—低愤怒"四种类型,其中不同的风险类型需要确定不同的交流频次和交流机制。① 其次,影响风险感知的内在因素决定了食品安全风险交流的特殊针对人群以及具体工作方式。例如,对于处于不同年龄段、不同受教育程度和不同经济收入水平的消费者来说,他们在食品安全风险交流的需求水平、需求程度和需求内容上可能也会有所差异;经受过食品安全风险事件或者缺乏足够心理安全感的消费者对食品安全风险交流的需求也可能具有一定的特殊性。因此,我们在进行食品安全风险交流法律治理的建构与完善时,必须综合考量消费者的这些风险感知因素。

(3)与我国当前食品安全风险交流的实际成效相关。根据上述徐匡根等人2018年左右完成的对江西省12个县区常住居民展开的调查结果显示,消费者对风险交流的满意状况欠佳。其中有36.2%的居民认为"食品安全信息不透明",有34.0%的居民认为"食品安全投诉举报渠道"不通畅,有32.0%的居民对"食品安全知识宣传"不满意。② 在风险交流的内容上,张星联的调查结果显示,消费者依次关注的是风险对健康的影响、风险防控科普知识、食品安全标准、热点

---

① 刘鹏. 风险程度与公众认知:食品安全风险沟通机制分类研究[J]. 国家行政学院学报,2013(3):93-97.
② 徐匡根,徐慧兰,等. 2016年江西省城乡居民食品安全满意度调查[J]. 卫生研究,2018(2):246-249.

问题专业性解读、风险监测评估相关情况、风险发生的机理知识、风险管理的政策法规;① 而到了 2020 年，根据北京市消费者协会发布的《后疫情时代食品安全消费调查报告》显示，当年消费者最关心的食品安全问题主要集中在食品抽检结果、禁食野生动物、冷链食品风险、食品安全消费提示、自制食品问题、野生食品中毒、代糖代餐食品谎言以及其他食品安全问题八个方面。② 这也在一定程度上印证了食品安全风险特征这一外在因素在影响食品安全风险感知的基础上也会进一步影响食品安全风险交流的判断。在消费者获取食品安全信息的主要渠道上，根据 2020 年北京市消费者协会的调查，新闻媒体和网络查询是受访者获取食品消费信息的主要渠道，占比分别为 64.23%和 49.66%。此外，通过企业宣传获取食品消费知识的受访者占 21.92%，通过朋友介绍获取食品消费知识的受访者占 21.14%，通过消费教育活动获取食品消费知识的受访者占 7.25%，另有4.91%的受访者表示通过其他方式获取食品消费知识。③ 值得一提的是，社交媒体作为一种更具颠覆性的媒体新形式，是目前消费者从事食品安全风险交流的最主要渠道。早在由中国健康传媒集团舆情监测中心发布的《2018 年食品安全谣言治理报告》中就显示，微信在当年已是食品安全谣言和辟谣数据传播最多的渠道，占比高达 69%，其次是微博。④ 在 2024 年召开的两会上，全国政协委员、中国工程院院士、北京工商大学教授孙宝国，再次提交了关于强化食品安全谣言整治力度的提案。他指出，食品安全谣言屡禁不止，既不利于我国食品产业的健康可持续发展，也严重影响了人民群众的幸福感和安全感。⑤ 总之，消费者对当前我国食品安全风险交流成效的总体满意度，对其中具体交流内容的关注度，对交流渠道和方式的应用程度，以及对食品安全谣言传播整治的有效度等，这些都理应

---

①　张星联，张慧媛. 北京市消费者对农产品质量安全风险交流的诉求调查研究[J]. 食品安全质量检测学报，2017(1)：318-323.

②　消费者关心哪些食品安全问题? 数读"嘴"边的那些事儿[EB/OL]. (2020-11-23)[2023-11-12]. https：//baijiahao. baidu. com/s? id=1684136626002202090&wfr=spider&for=pcl.

③　后疫情时代，消费者更关心哪些食品安全问题? [EB/OL]. (2020-12-02)[2023-11-20]. https：//www. sohu. com/a/435781482_100013791.

④　食品安全谣言亟待"靶向治理"[EB/OL]. 工人日报，2019-06-26.

⑤　全国政协委员孙宝国：强化食品安全谣言整治力度[EB/OL]. 中国经营报. 2024-03-08.

成为我国在食品安全风险交流法律治理建构与完善时应予综合考虑的因素。

二、生产经营者需求

食品产业是国民经济领域中的一个重要部门，它的自身特征在某种程度上决定了行业内部企业和从业人员对我国食品安全风险交流法律治理的需求程度。

1. 食品产业特征

首先，食品产业规模大、分布广、从业人数多。根据原国家食品药品监督管理总局官方网站发布的《2017 年度食品药品监管统计年报》显示①，截至 2017 年 11 月底，全国共有食品生产许可证 15.9 万张，食品添加剂生产许可证 3695 张；共有食品生产企业 14.9 万家，食品添加剂生产企业 3685 家。同期内，全国共有食品经营许可证(含仍在有效期内的食品流通许可证和餐饮服务许可证)1284.3 万件，其中新版食品经营许可证 896.3 万件，食品流通许可证(旧版)267.5 万件、餐饮服务许可证(旧版)120.4 万件。同期内，全国共有保健食品生产许可证 2317 件。因此，如果再加上广大的食用农产品生产者，那么我国直接或间接从事食品生产经营的企业、个人及其他经济组织在数量上是非常多的。

其次，食品产业占国民经济比重大。自 2013 年开始，规模以上食品工业企业主营业务收入已经超过 10 万亿元。② 2019 年，食品工业资产占全国工业的 6.2%，创造营业收入占全国 8.7%，实现利润总额占全国 10.8%。③ 2022 年 1—10 月份，当期食品工业完成工业增加值占全国工业增加值的比重为 6.2%，对全国工业增长贡献率 6.3%，拉动了全国工业增长 0.3 个百分点。④ 2024 年 1—2 月全国食品行业营业收入达到 3390.9 亿元，累计增长 6.1%。行业实现利润总额达

① 自 2018 年始，由于机构合并，仅国家药品督管理局继续按年度发布《药品监管统计年报》，原《食品药品监管统计年报》不再发布。

② 中国食品包装机械工业协会．2016—2017 年度中国食品工业装备行业发展报告[C].2017-12-17.

③ 2019 年 1—12 月规模以上食品企业工业增加值保持稳定增长[EB/OL].（2020-04-01）[2023-12-27]. https：//www.chinanews.com.cn/cj/2020/04/01/9144269.shtml.

④ 中国食品工业协会．2022 年全国食品工业经济运行与科技创新发展报告[EB/OL].（2022-12-29）[2023-12-27]. https：//mp.weixin.qq.com/s?＿＿biz＝MzA5MjQxNDg2NQ＝＝&mid＝2650590653&idx＝1&sn＝ae58a459cfe85b455dd216fc774582e0&chksm＝88651b43bf1292557d2b7de7e5cb0134d62580346c7a51f6c00b538b94bbda068cb8efb9f3e8&scene＝27.

到 285.1 亿元, 累计增长 15.8%。[①]

最后, 食品产业内部分类多、竞争激烈、发展不均衡。首先, 食品产业分类多, 例如, 仅以食品工业为例, 就有水产饲料、水产罐头、糕点和面包、味精、卷烟、碳酸饮料等多达 56 个小类行业。其次, 食品产业内部竞争激烈, 主营业务收入和利润分配不均衡。仅以食品制造业为例, 根据中国轻工业信息中心发布的数据(以下简称《轻工业中心数据》)显示, 2018—2019 年, 我国食品制造业七个细分行业中, 其他食品制造业资产统计分别为 4217.25 亿元、4426.00 亿元, 利润总额分别为 408.81 亿元、375.57 亿元; 调味品、发酵制品制造业资产统计分别为 2266.09 亿元、2347.44 亿元; 罐头食品制造业资产统计分别为 900.63 亿元、892.34 亿元, 利润总额分别为 76.98 亿元、85.14 亿元; 乳制品制造业资产统计分别为 3145.84、3175.16 亿元, 利润总额分别为 230.4 亿元、371.87 亿元; 方便食品制造业资产统计分别为 2183.38 亿元、2247.35 亿元, 利润总额分别为 213.99 亿元、217.50 亿元; 糖果、巧克力及蜜饯制造业资产统计分别为 1083.98 亿元、1075.92 亿元, 利润总额分别为 141.39 亿元、135.81 亿元; 烘焙食品制造业资产统计分别为 1844.73 亿元、1864.28 亿元, 利润总额分别为 236.09 亿元、240.62 亿元[②]。

2. 食品产业特征影响食品生产经营者对食品安全风险交流法律治理的需求

首先, 食品生产经营者对我国食品安全风险交流法律治理的需求受到食品生产企业规模较显著的影响。由于目前, 我国食品企业一方面数量多、规模大、分布广, 而另一方面, 规模以上的食品工业企业数量和主营业务收入又在年年增高, 这就导致规模较小的食品生产经营者, 势必对规模较大的食品企业产生一定的产品质量搭便车行为, 进而使后者的食品安全社会信誉度遭受一定损害。因此, 相对于其他食品生产经营者, 规模较大的食品企业对积极有效的食品安全风险交流法律治理必然有着更高的需求。基于此, 我们在建构和完善我国的食品安全风险交流法律治理时, 必须着力依托规模较大食品企业的力量, 充分发挥它们

[①]　中商产业研究院编制. 2024 年 1—2 月中国食品行业经济运行月度报告[EB/OL]. (2024-04-03)[2024-04-11]. https://www.xdyanbao.com/doc/8xtxsazwv1.

[②]　数据来源: 中国轻工业信息中心、智研咨询. 2019 年中国食品制造业发展现状分析[C]. (2020-07-24)[2023-12-21]. https://www.chyxx.com/industry/202007/884345.html.

在食品安全风险交流法律治理中的作用。

其次，食品生产经营者对我国食品安全风险交流法律治理的需求受到食品工业行业发展结构较显著的影响。一般而言，在食品行业中，农副食品加工业在企业数量、资产总额、营业收入和利润总额上均处于领先地位，紧随其后的依次是食品制造业、酒、饮料和精制茶制造业。从历史上来看，这一行业发展结构对食品生产经营者的食品安全风险交流法律治理需求也存在着一定的影响。根据江南大学食品安全研究基地曾经对"城乡居民最担忧的食品安全问题"的一项连续性调查结果显示，总体样本受访者认为，最突出的食品安全风险主要依次为农兽药残留超标、滥用添加剂与非法使用化学物质、微生物污染超标、重金属超标和食品本身的有害物质超标。[①] 可见，无论是从行业发展结构来看，还是从城乡居民调查结果来看，来自农副食品加工业中的农兽药残留超标和食品制造业中的滥用添加剂与非法使用化学物质始终是当前食品安全中最突出和严峻的问题。因此，这无疑也就意味着，在食品工业中，农副食品加工业和食品制造业对食品安全风险交流法律治理的需求显然也是最强烈的。因此，我们在进行食品安全风险交流法律治理的建构与完善时，也应当充分发挥该行业该领域食品生产经营者对食品安全风险交流的参与作用。

最后，食品生产经营者对我国食品安全风险交流法律治理的需求还受到食品产业链结构的一定影响。食品产业链在总体上可分为生产、流通与消费三个环节。根据江南大学食品安全研究基地一项历史调查显示，在食品生产、流通与消费三个环节中，相比较而言，食品安全在生产环节的风险大于消费环节，而消费环节的风险大于流通环节。[②] 这一调查结果与实践中不同环节的食品生产经营者对食品安全风险交流的需求程度应该呈正相关。目前，在分处不同环节的食品生产经营者中，生产加工者对食品安全风险交流的需求程度最高，其次是消费环节的食品经营者，最后是流通环节的销售者。原因在于：第一，相对于流通环节和消费环节，生产加工环节是食品供应链的源头，在食品安全风险事故中往往需要

① 吴林海，王晓莉，等.中国食品安全风险治理体系与治理能力考察报告[M].北京：中国社会科学出版社，2016：245-247.
② 吴林海，徐玲玲，等.中国食品安全发展报告2015[M].北京：北京大学出版社，2015：347-359.

承担最终的赔偿责任，因此食品生产加工者应当对食品安全风险交流的需求最强烈。第二，相对于流通环节，消费环节的食品经营者往往是食品安全风险事故中的直接侵害人，需要第一时间承担损害赔偿责任，且由于举证困难，他们也很难把责任转嫁给食品生产者和销售者，因此，他们对食品安全风险交流的需求也较强烈。第三，处于流通环节的食品经营者一般只负责销售产品，该环节很难纯粹由于自身原因而造成食品安全风险事故发生，因此，他们对于食品安全风险交流的需求程度是最低的。

总体来说，处于食品产业链不同环节的食品生产经营者对于食品安全风险交流的需求程度，在某种意义上，也影响他们对我国食品安全风险交流法律治理的需求程度，因此，这也就意味着，在我国的食品安全风险交流法律治理构建与完善中，必须重点发挥食品生产加工者的力量，充分发挥食品消费环节经营者的力量，相对发挥食品流通环节经营者的力量，以有针对、有层次地形成我国食品产业链各环节中食品生产经营者参与食品安全风险交流法律治理的产业合力。

第二节　国家机关的供给分析

目前，我国立法、行政和司法机关，均在其各自职权范围内，分别通过立法、执法和司法活动，参与了对我国食品安全风险交流的法律治理。在它们的主导下，我国现行与食品安全风险交流相关的法律规则也在运行实践中，相应形成了法的制定、法的执行和法的适用三个主要环节。总的来说，当前在这些环节中，我国食品安全风险交流法律治理存在的主要问题是：第一，立法供给仍存有不足和待完善的空间。首先，当前在食品安全风险交流的法律规则供给方面，我国只有在2015年修订后的《食品安全法》第二十三条才涉及了食品安全信息交流的内容，且规定得较粗略和简陋。除此之外，虽然原国家卫生与计划生育委员会在2014年颁布了《食品安全风险交流工作技术指南》以对食品安全风险交流工作开展进行了细化指导，但伴随2015年我国《食品安全法》修订后，国家食品安全监管体制面临了整体性变革，该《指南》的适用空间也大受局限。此外，上述两个规范性文件在某些具体规定上也存在一定不完善、不合理之处，致使即使依照其有关规定，食品安全风险交流的实际效果也难以在实践中得到有效保障。第二，执法水平仍有提升的可能，部门合作治理意识还可进一步增强。当前，伴随政治体制改革的不断深入，我国行政机关的执法理念和水平逐年提升，执法环境不断完善，但是，仍然在一定程度上存在对市场或社会主体利益诉求重视不充分的情况，从而导致食品安全风险交流执法效果得不到最佳实现。第三，司法保障相对不够，相关司法意见对食品安全风险交流工作开展的引导性还需提高。当前，在司法实践中，一些可以被归为食品安全风险交流领域的司法判决还引起过一些争议，未能对食品安全风险交流工作的开展起到理想化司法导向作用。下文将分别对此加以评述。

一、立法环节

目前，在涉及自然灾害、环境保护、公共卫生和食品安全等一系列亟须开展风险交流的社会议题中，食品安全风险交流立法走在前列，其标志就是 2015 年我国《食品安全法》修订时所增添的第二十三条规定。除此之外，原国家卫生与计划生育委员会颁布的《食品安全风险交流工作技术指南》也是我国目前对食品安全风险交流进行细化规定的一部重要规范性法律文件。

1. 法律——《中华人民共和国食品安全法》第二十三条

《食品安全法》第二十三条（以下简称二十三条）明确规定："县级以上人民政府食品药品监督管理部门和其他有关部门、食品安全风险评估专家委员会及其技术机构，应当按照科学、客观、及时、公开的原则，组织食品生产经营者、食品检验机构、认证机构、食品行业协会、消费者协会以及新闻媒体等，就食品安全风险评估信息和食品安全监督管理信息进行交流沟通。"根据该规定，我国食品安全信息交流制度的主要内容是：首先，确定了食品安全信息交流的主体，即上述有关主体。其次，确定了食品安全信息交流的组织者，即县级以上人民政府食品药品监督管理部门和其他有关部门、食品安全风险评估专家委员会及其技术机构。再次，确定了食品安全信息交流的基本原则，即科学、客观、及时、公开。最后，确定了食品安全信息交流的主要内容，即食品安全风险评估信息和食品安全监督管理信息。

该条规定尽管没有明确的使用"风险交流"这样的专用名称，但是总的来说，相关立法的解读资料一般都将之解释为风险交流制度。实际上，在 2013 年 10 月

10 日，原国家食品药品监督管理总局向国务院报送的《〈食品安全法〉修订草案送审稿》中(以下简称《送审稿》)，曾经对"风险交流"有过十分正式的规定，其名称不仅在第二章中有所体现，且在第十九条和第一百二十九条还分别强调了国家建立食品安全风险交流制度以及食品安全风险交流的具体定义。但此后，经全国人大常委会两次审议的法律草案以及最终的法律正式文本中均未再明确出现"食品安全风险交流"这样的字眼。显然，相对于原国家食品药品监督管理总局的《送审稿》，现有《食品安全法》第二十三条尽管也涵摄了食品安全风险交流制度的有关内容，但却是一种相对较弱化的表达。因此，有学者一直呼吁，应当将食品安全风险交流明明白白入法。[①]

其实，相对于《送审稿》，我国《食品安全法》第二十三条不仅在表达上对风险交流有所弱化，在内容上也值得商榷：首先，该条对风险交流内容的规定不够详尽。有学者认为，食品安全风险交流的内容可以分为微观、中观和宏观三个层次。其中，微观是指有关"风险评估和监督管理"的信息；中观是指食品安全风险、风险相关因素以及风险认知；宏观则不仅包括风险、风险相关因素和风险认知，还包括由食品造成的危害。[②] 显然，第二十三条的规定，仅仅只涉及对微观层次上的风险信息进行交流，内容不够全面。其次，该条对风险交流主体地位的规定未显平等。尽管第二十三条对食品安全风险交流的参与主体进行了较广泛的设定，但是依其规定，有权组织开展风险交流的主体却只有两个具有官方色彩的部门——县级以上人民政府食品药品监督管理部门和其他有关部门，以及食品安全风险评估专家委员会及其技术机构，其他主体均无权组织，只能被动参与。这显得交流主体的地位不够平等。最后，该条对风险交流原则的规定不充分。目前第二十三条仅只规定了风险交流的四个原则，即科学、客观、及时、公开。从这四个原则来看，仍较多体现的是风险交流的单向性色彩，未能充分体现风险交流应有的互动性特征。

2. 规章——《食品安全风险交流工作技术指南》

2014 年，根据《国家食品安全监管体系"十二五"规划》《国务院关于加强食

---

① 王伟国. 宜将风险交流制度明明白白入法[N]. 中国食品安全报，2015-04-11；A2.

② 姚国艳. 论我国食品安全风险交流制度的完善——兼议《食品安全法》第 23 条[J]. 东方法学，2016(3)：96-105.

品安全工作的决定》有关要求，原国家卫计委组织制定了《食品安全风险交流工作技术指南》(以下简称《指南》)。该《指南》的颁布，为各级疾病预防控制机构、卫生监督机构开展食品安全风险交流工作提供了重要的指导和帮助。

《指南》主要分为九个部分，依次为概念及基本原则、基础条件、基本策略、舆情监测与应对、科普宣教中的风险交流、政策措施发布实施过程中的风险交流、食品安全标准的风险交流、食品安全风险评估的风险交流、风险交流的评价。总的来看，这九部分大致可以分为四个方面：第一方面由前三部分(概念及基本原则、基础条件和基本策略)构成，主要规定了"风险交流的含义、原则、条件和策略"等一般性内容，相当于指南的"总则"篇；第二方面由第四部分(舆情监测与应对)构成，主要规定的是应当如何对食品安全信息传播、受众诉求和舆论反应等问题进行分析，以为下一步开展食品安全风险交流工作做好充足准备；第三方面由第五、六、七、八四个部分(科普宣教中的风险交流、政策措施发布实施过程中的风险交流、食品安全标准的风险交流、食品安全风险评估的风险交流)构成，主要是分别结合风险交流的不同内容，针对性地设计了风险交流的具体形式和策略；第四方面由第九部分构成，主要是强调食品安全相关机构应当对风险交流工作进行评价，以提高未来的工作水平。总体而言，《指南》是目前我国国家层面唯一现行有效的对风险交流进行技术指导的规范性文件，它具有一系列的优点，并具有十分重要的意义，表现在：

首先，《指南》在整体上具备形式完整性和逻辑连贯性。如上文所述，《指南》的九个部分在整体上涉及了"基本规定""前期准备""内容交流"和"交流评价"共计四个方面，基本涵盖了食品安全风险交流的整体流程，具有形式完整性。同时，《指南》还较具体地规定了风险交流的评价机制和方式，从而通过对风险交流反馈性机制的强调而展现出其背后的逻辑连贯性。例如，《指南》强调，风险交流应当从程序、能力和效果三个方面进行评价，同时，这种评价还应当包括预案演练、案例回顾、专家研讨、小组座谈和问卷调查等多种形式。这都在一定程度上体现了该规范性文件的逻辑连贯性。

其次，《指南》对食品安全风险交流的具体制度进行了明确的规定。尽管有学者查证过，目前我国各类正式文件中出现过"风险交流"或"风险沟通"字样的一共有100多部，但是，这些文件大致只涉及一些原则性规定，鲜有对风险交流的具体制度进行明确规定的。①《指南》与它们不同，它在前三个部分分别从概念、原则、条件和策略四个维度对食品安全风险交流的主要问题进行了较明确的规定，特别是在食品安全风险交流的条件方面，《指南》分别强调了"组织保障""专家队伍""人才建设""经费支持"等一系列基本条件；在食品安全风险交流的策略方面，《指南》强调要"了解利益相关方需求""制定计划和预案""加强内外部协作""加强信息管理"四个主要侧重点。这些无疑都是具有开拓性的。

再次，《指南》明确规定了食品安全风险交流的主要内容，并针对性地设计了不同的交流机制和策略。尽管有学者认为，《指南》并没有对风险交流的内容进行明确规定②，但是这一判断只是建立在《指南》对食品安全风险交流的定义基础之上，略显狭隘。就整体而言，《指南》对食品安全风险交流的内容是进行了非常具体的规定的，不仅如此，它还针对不同的内容分别设定了不同的交流形式和策略。例如，针对食品安全风险知识所进行的风险交流，《指南》强调交流的主要形式应当是制作和散发科普读物和开展公众活动；针对政策措施发布实施过程中的风险交流，强调应通过"配套相关解读材料"和"针对特定群体开展培训和讲座"来进行。这种"以受众为中心"来设计风险交流内容和形式的做法是非常符合风险交流发展的理念和演变趋势的。

尽管《指南》在许多方面都体现出了作为食品安全风险交流指引性文件的先进性，但是，囿于各种原因，它仍有一些需要改善之处，表现在：

首先，《指南》的效力及适用范围有待提升和拓展。目前，《指南》的制定主体为原国家卫计委，因此，在法律渊源上仅属于部门规章，这就导致其适用范围主要被限定在国家卫生管理系统范围内。然而，按照我国《食品安全法》对食品安全监管体制的设计，除国家卫生部门外，尚有其他一些政府部门也需涉及食品安全管理事务，由此也需要积极开展食品安全风险交流。因此，建议把该《指南》从部门规章上升成为行政法规，提升其法律效力。另外，自2015年我国《食品安全法》修订以及2018年机构改革后，我国食品安全监管体制已经发生重大变

---

① 沈岿. 风险交流的软法构建[J]. 清华法学，2015(6)：45-61.
② 姚国艳. 论我国食品安全风险交流制度的完善——兼议《食品安全法》第23条[J]. 东方法学，2016(3)：96-105.

化，食品安全监管职责主要统一由国家市场监督管理总局行使，并且，按照该法第二十三条规定，我国食品安全风险交流的主要组织者也是"县级以上食品安全监督管理部门"。因此，即使依旧沿用部门规章形式，也理应由国家市场监督管理部门而非卫生部门来负责牵头制定，或者由我国食品安全管理统一协调机构——国家食品安全委员会来负责颁布，如此则显得更适宜。

其次，应当突出食品安全风险交流的互动性。尽管在界定食品安全风险交流时，《指南》强调它应当是"利益相关方对食品安全风险、风险所涉及的因素和风险认知相互交换信息和意见的过程"，但是，在确定食品安全风险交流的原则时，《指南》却只规定了"科学客观""公开透明""及时有效""多方参与"四个原则，并未强调"互动性"。另外，在五、六、七、八四个部分，尽管《指南》按照利益相关方设计了不同的交流形式和策略，一定程度上体现出了"以受众为中心"的特征，但是，在其所设计的交流策略中，较多使用的还是"解释""解读""说明""答疑""警示"等词语，而缺乏"听取""理解""反馈"等表达。这说明，《指南》在一定程度上还是强调对信息的单向告知，而非双向的沟通与交流。

最后，应当突出食品安全风险交流的价值、意义以及理念。尽管《指南》在前三个部分，分别对食品安全风险交流的定义、原则、条件和策略四个方面进行了具体的设计，但是纵观其条文，却缺乏对食品安全风险交流制度的价值、意义以及理念等内容进行规定。这导致《指南》作为食品安全风险交流制度的规范性指引文件，在一定程度上对制度所应当具备的内在精神考量不足，使得该规范的指导性作用大打折扣。

二、执法环节

当前我国食品安全风险交流的行政执法主要是由国家市场监督管理机构中的食品安全监管部门来负责，但也不排除其他一些负有食品安全监管行政职责的国家部门，例如食品安全委员会、卫生部门、农业部门，等等。甚至，在某些特殊情形下，还可能涵盖一些虽不具有食品安全监管职责，但却与食品安全风险信息传播管理职责有关的行政部门，例如，网信、广电、文化、甚至公安等部门。这种食品安全风险交流执法主体的多元化，与食品安全风险交流的复杂性有关。正是由于食品安全风险交流涉及诸如食品安全、信息传播和公共安全等多个社会管理领域，因此，才导致上述相关部门都可能具备对食品安全风险交流进行执法的职责。不过，鉴于《食品安全法》第二十三条把这一职责主要交给了国家食品安全监管部门和其他相关部门，因此，笔者在这里主要只讨论以国家食品安全监管部门为代表的、直接具有食品安全监管职责的行政部门在我国食品安全风险交流中的执法问题。总体来说，它大致表现为三个方面，即面向社会的信息公开、面向公众的宣传教育和面向生产经营者的行政约谈。另外，行政部门内部之间的信息协调与合作，虽不属于执法环节，却与食品安全风险交流执法工作密切相关，因此笔者在此对之也一并讨论。

1. 面向社会的信息公开

食品安全风险的本质特征是信息不对称，如果信息能够实现自由而充分地流动，就能有效防范风险。李克强同志曾说过，目前我国信息资源的80%以上都掌握在各级政府部门手里，如果任其"深藏闺中"，则是极大的浪费。① 因此，政府向社会进行信息公开，是政府参与食品安全风险交流的一种重要方式，也是对食品安全风险交流进行执法的一种重要形式。从历史角度来看，我国食品安全政府信息公开制度经历了一个从无到有的过程，目前，经过多年努力，该制度已基本成形。

现阶段，对我国食品安全政府信息公开进行规范的法律主要有 2021 年修正的《中华人民共和国食品安全法》，法规主要有 2019 年修订的《中华人民共和国食品安全法实施条例》(以下简称《条例》) 和 2007 年颁布、2019 年修订的《中华人民共和国政府信息公开条例》，规章主要有 2010 年原国家卫生部会同农业部、商务部、国家工商行政管理总局、国家质量监督检验检疫总局、国家食品药品监督管理局等颁布实施的《食品安全信息公布管理办法》，2011 年原国家卫生部下发的《关于加强食品安全信息公布管理工作的通知》，2011 年原国家食品药品监督管理总局颁布的《餐饮服务单位食品安全监管信用信息管理办法》等。在《食品安全法》中，该法涉及与政府信息公开的条款总共多达 21 条，占总数的近 15%。

---

① 中国社科院国家法治指数研究中心. 政府信息公开工作年度报告发布情况评估报告 [R]. 中国社会科学出版社，2017：1.

在第一百一十八条，该法确立了食品安全政府信息公开的法律地位，明确了食品安全风险警示信息、重大食品安全事故及其调查处理信息和国务院确定需要统一公布的其他信息均由国家食品安全监督管理部门统一公布。另外，根据《条例》第四条的规定，食品安全监督管理部门应当公布食品安全信息，为公众咨询、投诉、举报提供方便，并且，任何组织和个人均有权向有关部门了解食品安全信息。可见，根据《食品安全法》及其配套《条例》的有关规定，再结合我国其他相关的规范性法律文件，我国食品安全政府信息公开基本制度已经充分确立。

我国食品安全政府信息公开在实践中也取得了相当大的成就，表现在：首先，建立了食品安全信息的统一发布平台。自 2013 年 3 月，国家实施食品安全监管体制改革后，国务院办公厅颁布的《国家食品药品监督管理总局主要职责内设机构和人员编制规定》明确规定原国家食品药品监督管理总局负责建立食品安全信息统一公布制度，公布重大食品安全信息，并明确规定其内设的新闻宣传司专门负责"拟定食品安全信息统一公布制度、承担食品药品安全科普宣传、新闻和信息发布工作"。这意味着，我国食品安全信息的统一发布平台已经建设成形。

其次，整合了食品安全标准的信息发布。食品安全标准的信息公开应当是统一和权威的，但是在 2012 年以前，我国食品安全标准的信息发布体系较混乱，给社会带来了不便。2012 年原卫生部发布了《关于做好食品安全标准信息公开工作的通知》，强调各级卫生部门要按照《食品安全法》及其实施条例的规定，依职责主动公开有关食品安全标准信息。2014 年，原国家卫计委办公厅又发布了《食品安全国家标准整合工作方案（2014—2015）》，提出要争取完成对食用农产品质量安全标准、食品卫生标准、食品质量标准以及行业标准中强制执行内容的整合工作；要基本解决现行标准重复、交叉、矛盾的问题；要形成标准框架、原则与国际食品法典标准基本一致，主要食品安全指标和控制要求符合国际通行做法和我国国情的食品安全国家标准体系。

最后，类型化食品安全信息发布的内容。食品安全信息名目繁多、内容庞杂，因此，将之予以归类以便公众查阅是十分重要的。目前，根据国家食药监管理总局官方网站显示，政府公布的食品安全信息大致可以专题化为抽检、预警、处罚、许可等几个方面（见表 5-1）。

表 5-1   政府食品安全信息公开的主要种类

食品安全信息名称	简 要 说 明
法规信息	法律法规、政策解读、公告通告、征求意见
许可信息	权力清单、行政审批事项清单、中介服务事项清单
抽检信息	食品安全监督检查过程中获得的信息，主要有食品安全状况、不合格产品名称、批次等
预警、教育、消费提示等信息	对可能出现危害的一种警示和教育，属预防性信息
生产企业信息	企业法人资料、档案等
行政处罚信息	企业受行政处罚的次数、案由、罚款金额、没收产品名称等
虚假信息揭示披露	对食品、保健食品欺诈和虚假宣传整治，对谣言或不实信息进行曝光和揭露
质量安全风险分析报告	各产地食品存在的区域性、系统性食品安全风险数据分析报告

　　尽管成就巨大，但相对而言，仍有进一步完善的空间与可能，表现在：首先，信息公开的豁免范围可进一步细化。2019 年修订后的《中华人民共和国政府信息公开条例》第十四条规定了可不予公开的三类信息，分别是依法确定为国家秘密的政府信息；法律、行政法规禁止公开的政府信息；公开后可能危及国家安全、公共安全、经济安全、社会稳定的政府信息。第十五条规定凡是涉及商业秘密、个人隐私等公开后会对第三方合法权益造成损害的政府信息，行政机关不能予以公开，除非第三方同意公开或者行政机关认为不公开会对公共利益造成重大影响的，方能予以公开。因此，依照这些规定，对于某些信息，政府可以公开豁免。但是，由于"国家秘密""国家安全""公共安全""经济安全""社会稳定""商业秘密"等词语往往过于抽象，导致这些可予公开豁免的信息在具体认定时往往易于产生争议。因此，若能予以进一步明确，则将进一步增强政府信息公开的公信力程度。

　　其次，涉及食品安全统一信息公开事项的政府层级权限界定不明晰。按照我国《食品安全法》第一百一十八条的规定，食品安全风险警示信息、重大食品安全事故及其调查处理信息和国务院需要统一公布的其他信息由国务院食品安全监管部门统一公布。但是，食品安全风险警示信息和重大食品安全事故及其调查处理信息的影响限于特定区域的，也可以由有关省、自治区、直辖市人民政府食品安全监管部门公布，未经授权不得发布上述信息。然而，在实践中，"特定区域"的指涉并不明确。当前，伴随电子商务和物流业的快速发展，网上购物已成常态，食品的跨国境跨地区流通十分普遍。在这种情况下，很难界定某一食品安全信息的影响是否仅限于某一特定区域。因此，在实践中，若缺乏对"特定区域"的明确界定，则可能造成要么应当由国家食品安全监管部门公布的信息被省级食品安全监管部门公布，造成"越权行政"；要么应当由省级食品安全监管部门公布的信息未予公布，造成信息公开缺失。

最后，食品安全信息公开的程序机制不健全。目前，我国《政府信息公开条例》第三章专章规定了信息公开的方式和程序，但是，在我国《食品安全法》及其实施条例中，却缺乏有关食品安全信息公开的程序性规定。因此，可以理解为，食品安全信息公开应当依照《政府信息公开条例》来进行。然而，从实践来看，目前我国有关部门在进行食品安全信息公开时未充分遵照该《条例》所规定的程序和方式。例如，根据该《条例》第二十六条的规定，属于主动公开范围的政府信息，应当自信息形成或者变更之日起 20 个工作日内予以公开，除非法律、法规另有规定。但是，现实中我国一些地方食品安全监管部门在其官网主页上公开的政府信息还相对滞后，未能充分体现上述时效考量。

2. 面向公众的宣传教育

如果说食品安全风险的本质特征是信息不对称的话，那么政府积极开展面向公众的食品安全宣传教育，以增强消费者对食品安全信息的获取和理解能力，就成为政府对食品安全风险交流进行执法的另一个重要手段。我国现行《食品安全法》第十条规定，各级人民政府应当加强食品安全的宣传教育，普及食品安全知识。相对于修订前的《食品安全法》，这是对政府职责的一个新增规定，意味着法律正式确认了政府在食品安全宣传教育方面的义务和责任。另外，2011 年 5 月，国务院食品安全委员会印发了《食品安全宣传教育工作纲要（2011—2015）》（以下简称《纲要》），要求各级食品安全议事协调机构和食品安全委员会各成员单位要广泛开展面向全社会的食品安全宣传教育，切实增强食品安全宣传教育工作的系统性和实效性。这是我国在食品安全宣传教育方面的一个重要规范性文件，对于我国食品安全风险交流工作的开展具有长远的意义。

　　该《纲要》总共分为指导思想、主要目标、重点任务和工作要求四个部分。其中，指导思想主要强调要广泛普及食品安全知识，提高公众食品安全意识，增强经营者诚信守法意识，提高监管人员责任意识和业务素质，营造人人关心和维护的食品安全氛围。主要目标分为总体目标和具体目标两部分。总体上是要建立起基本的食品安全宣教工作机制，形成全社会共同参与的宣传教育网络体系。具体目标则主要有五个：一是要实现公众食品安全基本知识知晓率80%以上；二是要保证各级食品安全监管人员每人每年接受不少于40小时的食品安全集中专业培训；三是各类经营单位负责人每人每年接受不少于40小时的食品安全法律法规、科学知识和行业道德的集中培训，主要从业人员每人每年接受不少于40小时的集中专业培训；四是中小学课程教育要渗透食品安全教育内容，中小学生食品安全基本知识知晓率要达到85%以上。五是各级食品安全办公室要协调本地媒体开设食品安全专栏、专版、专题报道，做到食品安全专题报道经常化。重点任务主要有社会科普、新闻宣传和教育培训三个方面。其中，社会科普强调要在全国范围内开展"食品安全宣传周"主题宣传活动、在城市开展"食品安全进社区"活动、在农村开展"食品安全进农村"活动、在学校开展"食品安全进校园"活动、编辑出版科普读物和音像制品、刊播公益广告、加强与媒体沟通交流等。新闻宣传强调要大力宣传食品安全工作方针政策和重要措施、要办好政府及部门食品安全网站、要高效研判处置食品安全舆情、要开展典型案例警示教育、要积极宣传正面典型。教育培训强调要加强对食品安全监管人员培训、对食品生产经营者培训、农产品质量安全专业培训。工作要求主要是强调要强化组织领导和政策保障，要动员社会各界积极参与，要建立健全媒体联络机制，要加强督促检查和考核评价。

　　总的来说，该《纲要》在指导我国各地区各部门提高食品安全宣传教育水平方面发挥着重要的作用，并在某些方面形成了一些常态化的规范性措施。例如，按照《纲要》对社会科普工作任务的布置，自2011年开始，我国在每年六月都举办了声势浩大的"全国食品安全宣传周"活动，迄今已经举办了十多届。该活动由国家食品安全委员会办公室作为牵头单位，成员单位从最初的9家，发展到了现在包括食安办、中央文明办、教育部、工信部、公安部、商务部、农业部、卫生计生委、国家市场监督管理总局、全国铁路总公司、国家互联网信息办公室等在内的 19 家部门。目前，该活动不但参办主体日益增多，活动的形式和内容也是日渐丰富，已经逐渐成为我国当前食品安全宣传教育活动的一张靓丽名片。再如，按照《纲要》对新闻宣传工作任务的布置，目前，至少在全国地市级以上的食品药品监管部门已经依托官方网站，开设了食品安全宣传教育窗口和栏目，加强与公众的食品安全信息沟通和交流。这些主题窗口和栏目已经成为公众了解政府食品安全信息发布的重要途径和渠道。总之，自该《纲要》颁布以后，在很多方面，国家食品安全宣传教育有了总体性的指导方针和工作布局，并逐渐成为各级各地政府及食品药品监管部门的一项日常性、规范性和建设性的重要工作。

不过，尽管该《纲要》在实践中发挥了巨大的作用，但为了更好地促进面向人民群众的食品安全宣传教育工作，未来仍有值得完善之处：首先，宣传教育目标设计应进一步增强可计量性与可操作性。以上述《纲要》所涉及的五个具体目标来看，第一个目标是"实现公众食品安全基本知识知晓率 80% 以上"。一方面，食品安全基本知识的概念并不明确，难以实现量化统计；另一方面，公众本身也是一个抽象性概念，其范围难以计量。因此，"公众 80% 的食品安全基本知识知晓率"在现实中是难以被量化实现的。其次，应进一步对社会主体开展食品安全宣传教育的功能和任务予以分工和明确。以该《纳要》为例，尽管已经意识到要形成政府、企业、行业、组织、专家、消费者和媒体共同参与的食品安全宣传教育网络体系，但未能进一步根据这主体的不同特征，明确其参与食品安全宣传教育时的具体功能和任务。这就可能导致上述主体在实际从事食品安全宣传教育工作时，出现分工不明，从而影响宣传效果的现象。

3. 面向食品生产经营者的行政约谈

面向食品生产经营者的行政约谈制度是我国《食品安全法》在第一百一十四条所规定的一项重要制度。按照该条规定，食品生产经营过程中存在食品安全隐患，未及时采取措施消除的，县级以上食药监部门可以对生产经营者的法人代表或负责人进行责任约谈。除此之外，国家以及地方各级食药监还在各自管辖范围内颁布了许多与食品安全行政约谈相关的部门和地方规章。从全国及各地立法实践来看，尽管行政约谈制度在设计之初主要是为了对食品生产经营者进行告诫谈话，并督促整改，但是，在实践过程中，这一制度却越来越应当体现出，政府和生产经营者在面对食品安全生产经营风险时的一种交流协商、共同发现和解决问题的态度。因此，在某种程度上，行政约谈也可以理解为是政府面向食品生产经营者所进行的一种风险交流执法活动。

尽管行政约谈相对于其他行政手段而言，具有了越来越多的民主化特征，但是，囿于传统行政行为法教义学的进路，它在实践中或多或少还带有一种建构在政府权威基础上"以问题为中心"的制度设计导向，这在一定程度上限制了其作用的发挥。具体表现在：第一，目标偏差导致行政约谈性质不清、效果欠佳。当前在食品安全领域中，行政约谈制度设计多强调行政部门对生产经营者的教育、告诫、督促等纠错功能，却相对忽略了沟通、交流等协商功能，这使行政约谈与其他行政手段功能重合、效用不明；第二，启动情形僵化导致行政约谈功能矮化、作用单一。当前在食品安全领域中，行政约谈的启动过于强调问题的违法性，而忽略风险的不确定性，这使得行政约谈问责性强、商谈性弱；第三，过于强调威慑功能导致行政约谈程序价值弱化。当前，行政约谈更多被视为一种执法手段，而非有内在构成价值的程序，这使得行政约谈威慑功能过于突出，易于引起相对人反感和抵触。① 因此，基于上述不足，食品安全领域中的行政约谈制度应当突破传统行政行为型式化的进路，转而强调一种"以过程为中心"的制度新理念。

4. 行政部门的内部通报与报告

为了加强行政部门内部及其和有关单位之间的信息沟通与交流，我国《食品安全法》详细规定了食品安全信息通报与报告制度。目前，在《食品安全法》中，涉及"通报"字样的法条有第十四、十六、十九、二十、三十二、四十八、九十五、一百条共计 8 条；涉及"报告"（除自查"报告"、检验"报告"、实验"报告"等作名词使用的"报告"之外）字样的法条有第十四、十六、三十二、四十七、六十一、六十二、六十三、六十四、一百零三、一百零四、一百零五、一百一十九、一百二十八、一百三十、一百三十一、一百四十四、一百四十五条共计 17 条，其中，涉及行政部门内部之间报告的法条主要有第十六、六十四、一百零

---

① 王虎. 风险社会中的行政约谈制度：因应、反思与完善[J]. 法商研究，2018(1)：22-29.

三、一百一十九、一百四十四、一百四十五条共计 6 条。因此，除开第 16 条，由于既涉及行政通报，又涉及行政报告，被重复计算以外，总体上涉及行政部门内部通报与报告规定的法条共计 13 条。

通过对《食品安全法》上述 13 条规定进行总结，可以得出，我国行政部门内部的食品安全信息通报与报告制度主要由以下几部分组成：第一，同级行政部门之间的信息通报制度。它主要是指同级食品药品监督管理部门、卫生行政部门、农业行政部门、质量监督部门、出入境检验检疫部门等在各自职责范围内行使食品安全监管职权时，发现应当由其他部门处理的食品安全信息后，应当及时告知其他同级部门的制度。涉及该制度的法条主要是第十四、十六、十九、二十、三十二、九十五、一百、一百零三条。第二，上下级行政部门之间的信息报告制度。它主要是指下级食品药品监管部门、卫生行政部门一旦发现应当上报的食品安全信息时，应当及时向同级人民政府及上级职能部门进行报告的制度。涉及该制度的法条主要有第十六、一百零三和一百一十九条。第三，第三方机构向有关行政部门进行的报告制度。它主要是指从事企业质量认证、产品检验检测等一些社会化服务的第三方机构在工作过程中发现相关需要报告的食品安全信息时，应当及时向有关部门进行报告的制度。涉及该制度的法条主要有第四十八、六十四条。第四，信息通报和报告责任制度。主要是指有关行政部门及其工作人员在接到食品安全信息报告后未及时履行处理职责，或者有关行政部门及其工作人员未履行以及未适当履行相关信息通报和报告职责时所应当承担的法律责任。总体来说，经过《食品安全法》修订以后，我国在加强行政部门内部食品安全信息交流工作建设上还是作出了长足的努力，并建立起了较规范的制度。

三、司法环节

司法机关尽管不直接主动参与食品安全风险交流治理活动，但是最高人民法院关于食品纠纷类案件审理所发布的司法解释及其针对该司法解释的理解与适用所发布的说明，以及各级人民法院针对与食品安全风险交流相关案件所作出的司法裁判，都在一定程度上体现出我国司法部门对食品安全风险交流活动开展的相关态度和意见；同时，在此基础上所形成的一系列司法政策、意见和判例又会反过来影响我国食品安全风险交流活动开展的具体实践，因此，在某种意义上，司法机关的相关司法解释和裁判行为也可被理解为是我国食品安全风险交流法律治理的重要内容和环节之一。

1. 司法解释

2013 年 12 月 23 日，最高人民法院发布了《关于审理食品药品纠纷案件适用法律若干问题的规定》(法释〔2013〕28 号)的司法解释(以下简称《规定》)，该《规定》共计 18 条，其中与食品安全风险交流有关的规定主要是第十一条、十二条和十三条的规定。这三条规定都与向消费者提供食品安全虚假信息有关。第十一条主要涉及虚假广告。按照该条规定，消费者因虚假广告推荐的食品存在质量问题遭受损害时，可依据消费者权益保护法等相关法律规定请求广告经营者、广告发布者承担连带责任；社会团体或者其他组织、个人，在虚假广告中向消费者推荐食品，使消费者遭受损害，消费者也可请求其与食品生产者、销售者承担连带责任。第十二条和十三条则分别规定的是，食品检验机构、认证机构因故意出具虚假检验报告、认证报告，或因过失出具不实检验报告、认证报告，消费者可请求其承担连带责任或相应责任。

2. 最高人民法院关于上述司法解释理解与适用的说明

针对第十一条中的食品安全虚假广告规定，最高人民法院认为，首先，虚假广告应主要从主客观两方面予以认定。在客观方面应主要考量广告本身是否虚假不实，商品宣传的内容与商品的生产者、成分、质量、性能和功效等是否相符，在主观方面应主要考量广告是否对消费者产生了误导。其次，广告经营者和发布者在虚假食品广告中的归责原则应当适用严格责任原则。除上述两者之外，针对广告代言人在虚假食品广告中的责任承担问题，最高人民法院还认为，广告代言人是指在商业广告中，利用自己的形象、表演、体验、陈述及知名度等自身资源，通过各种形式的传播媒介或宣传方式，直接或间接向公众推荐、证明商品的人，包括社会团体或者其他组织、个人。在归责原则上，广告代言人也应当承担无过错责任。[1]

针对第十二条和十三条中的有关机构出具虚假或不实认证报告和虚假或不实检验报告的规定，最高人民法院认为，在适用该两条规定时，首先，要充分考虑

---

① 最高人民法院民一庭. 最高人民法院关于食品药品纠纷司法解释理解与适用[M]. 北京：人民法院出版社，2015：153-159.

食品检验机构和认证机构的主观过错问题，要区分其主观态度上的故意与过失状态；其次，要正确理解消费者损害问题，消费者损害必须和虚假或不实的认证报告和检验报告之间有相当的因果关系时，才能要求检验机构和认证机构承担相关责任。最后，对于消费者在司法实践中如何被视为完成了对检验和认证机构的过错证明责任，最高人民法院认为，在具体个案中，应适当放宽对受损消费者举证程度的要求，只要受损消费者有初步证据证明食品检验、认证机构在工作过程中有有一定的不合规情形，即可认为其完成了举证任务。①

3. 人民法院对有关食品安全风险交流案件的司法审判

目前，人民法院审理过的涉及食品安全风险交流方面的案例并不是很多，但近几年有一些案件引起过媒体和社会的广泛关注。这些案件大致分为两种类型：第一种是行政诉讼，主要涉及公民对政府食品安全信息公开申请答复不服方面的行政纠纷，这方面的重要案例有 2015 年的杨某陆、李某珍、田某萍诉农业部孟山都农达实验报告信息公开案（〔2015〕三中行初字第 178 号）、2015 年的黄某平不服农业部作出的政府信息公开答复意见函行政诉讼案（〔2015〕三中行初字第 00103 号）。第二种是民事纠纷。民事纠纷又可具体分为两种类型，一是公民间由食品安全风险交流所引发的侵权纠纷，这方面最典型的案例是 2015 年方某民上诉崔某元名誉权纠纷案（〔2015〕一中民终字第 07485 号案）；二是消费者和企业间对食品安全标准理解不一致而引起的产品侵权纠纷，这方面的典型案例有 2016 年杨某诉南京顶津食品有限公司民事侵权纠纷一案等。下面对这四个案例及相关司法判决进行分析。

（1）两起申请政府信息公开的行政诉讼案件。

①黄某平不服农业部作出的政府信息公开答复意见函行政诉讼案。案情介绍：2013 年 6 月 25 日，原告黄某平向被告原农业部提交了政府信息公开申请表，要求被告公开包括农业转基因生物进口的种类以及每一种类在 2011 和 2012 年的进口数量等五个方面的信息内容。2013 年 7 月 15 日，原农业部作出农办科函〔2013〕89 号《农业部办公厅关于黄乐平申请政府信息公开答复意见的

---

① 最高人民法院民一庭. 最高人民法院关于食品药品纠纷司法解释理解与适用[M]. 北京：人民法院出版社，2015：162-191.

函》，并向黄乐平答复如下：A. 批准的农业转基因生物种类、农业转基因标识管理文件以及抗除草剂大豆 CV127、抗虫大豆 MON87701 和抗虫耐除草剂大豆 MON87701×MON89788 相关的安全评价资料已在农业部官方网站上公布。可登录 www. moa. gov. cn 点击"热点专题"的"转基因权威关注"相关栏目查询。B. 农业转基因生物标识管理办法已在农业部官方网站上公布。可登录 www. moa. gov. cn，点击"热点专题"的"转基因权威关注"栏目"政策法规"项查询。C. 政府信息公开申请表中其他申请属于对有关问题的咨询，不属于政府信息公开的范畴。

原告收到答复后不服决定，向北京市第三中级人民法院提起了行政诉讼，并称被告行为违反了我国《政府信息公开条例》的有关规定，也侵犯了原告的知情权，因此，请求法院撤销被诉答复函，并责令被告依法答复原告的政府信息公开申请。

法院审理：在该案的审理过程中，北京市第三中级人民法院认为，本案的争议焦点为：一是针对原告提出的"落实农业转基因生物标识制度的具体措施"的政府信息公开申请，被告公开农业转基因标识管理文件是否适当；二是原告申请被告公开的其他 4 项信息是否属于政府信息公开的范畴。经审理后，关于焦点一，法院认为，《农业转基因生物标识管理办法》对农业转基因生物标识工作的主管机关、标识的标注方法以及违反办法规定的处罚作出了明确规定，系被告落实农业转基因生物标识制度的具体措施之一，故被告答复并无不当。关于焦点二，法院认为，《政府信息公开条例》第二条①规定："本条例所称政府信息，是指行政机关在履行职责过程中制作或者获取的，以一定形式记录、保存的信息。"根据上述规定，政府信息应当是由具备行政职权的行政机关客观掌握，并通过特定载体反映的既已存在的信息。本案中，原告申请公开的其他信息内容，并非客观存在的信息，不符合《政府信息公开条例》所规定的"政府信息"的特征要件。最终，法院判决驳回原告黄某平的诉讼请求。

②杨某陆、李某珍、田某萍诉农业部孟山都农达实验报告信息公开案。案情介绍：三原告曾于 2014 年 3 月 11 日向被告提交了政府信息公开申请，要求公开美国孟山都公司于 1988 年为草甘膦除草剂"农达"获得中国的农药正式登记而提

---

① 此应为我国 2007 年颁布、2019 年修订之前的《中华人民共和国政府信息公开条例》——笔者注。

交的"农达毒理学试验报告"。2014 年 3 月 28 日，被告作出《农业部信息公开申请答复书》(农公开(农)〔2014〕5 号)，告知三原告其申请公开的农达毒理学试验报告因涉及孟山都公司的商业秘密，应书面征求孟山都公司意见。2014 年 6 月 4日，被告作出《农业部信息公开申请答复书》(农公开(农)〔2014〕8 号)，以孟山都远东有限公司北京代表处认为试验报告系该公司重要的商业秘密，含有重要的个人隐私及商业保密信息，在全球范围从未向公众公开过，不同意公开该报告为由，决定对相关政府信息不予公开。被告同时告知三原告 2014 年 2 月 25 的公开即是试验报告结果的公开。后三原告不服，申请行政复议，但被告作出了维持原答复的复议决定。三原告遂向北京市第三中级人民法院提起了行政诉讼，要求判令被告撤销该答复决定，并向三原告公开相关信息。

法院审理：北京市第三中级人民法院在审理过程中认为，原告所提供的大部分证据(共计 45 个证据)与本案被诉答复书的合法性审查并无直接关联，故不予采纳。同时，按照《农药管理条例》第十条的规定，国家对获得首次登记的、含有新化合物的农药的申请人提交的其自己所取得且未披露的试验数据和其他数据实施保护。根据这一规定，法院认为被告不公开商业秘密的行为不会对公共利益造成重大影响的判断是正确的，因此被告作出的被诉答复书认定事实、适用法律并无不当，故最终判决驳回原告要求被告公开相关信息的诉讼请求。

③对两起行政诉讼案件司法判决的分析。综合来看，法院对两起申请农业部进行信息公开的案件，基本上均作出了驳回原告诉讼请求的判决结果。司法机关的态度表明，当前公众和国家机关在对于《政府信息公开条例》中所规定的政府信息公开范围以及信息公开豁免事项这两个关键问题上的理解还存在一定分歧。因此，司法机关在审理类似案件时，应当注意以下几个事项：一是要认真审查受诉行政机关是否负有制作相关信息的行政职责。例如，在第一起案件中，关于原告提出的其他 4 项信息公开内容，法院应当告知原告被告是否具有制作相关信息的义务，并说明理由；二是要认真审查原告申请被告公开的信息是否属于被告应当或者可以公开的信息范畴。如前文所述，在《政府信息公开条例》所规定的信息公开豁免事项中，由于"公共安全""经济安全""社会稳定""国家机密""商业秘密"等词语的内涵过于丰富，因此，在决定相关信息可否予以豁免公开时，政府拥有较大的自由裁量空间，并由此形成此类案件争议之焦点。司法机关作为保

障公民知情权的最后一道防线，在审查这类案件时，应当更加注重司法论证过程，充分说明判决理由，保障司法判决公平公正。三是行政机关在处理信息公开申请时应切实判断是否牢牢贯彻了"以公开为原则，以不公开为例外"的基本要求。对此，法院应重点审查相关信息是否属于绝对不公开的信息范畴。对于相对不公开的信息，更应仔细考量相关信息与原告之间的密切关系①，以及相关信息公开与否对涉及第三人的商业利益、个人隐私和原告所代表的社会利益之间的冲突程度和利弊大小，并在此基础上作出裁决。

（2）两起民事纠纷案件。

①方某诉崔某、崔某反诉方某名誉侵权纠纷案。案情介绍：方某是自由职业者、科普作家。崔某原系某电视台节目主持人，现为某传媒大学高级编辑。方某、崔某均在新浪微博上拥有大量粉丝。2013年9月8日，腾讯新闻官方微博以"方某：应创造条件让国人天天吃转基因食品"为题转发了《京华时报》的报道，文中提到"方某表示，品尝转基因玉米虽无科学研究价值，但有科普价值，应创造条件让国人可以天天吃转基因食品"。当天，崔某在腾讯微博上称："转基因食品，你吃吗。你可以选择吃，我可以选择不吃。你可以说你懂科学，我有理由有权利质疑你懂的科学到底科学不科学。你可以说我白痴，我也可以说你白吃。"随后，方某在腾讯微博上称："你当然可以选择不吃，但是不要传谣阻碍中国农业技术发展。我科普的是国际权威科学机构认可的科学，你根本不懂，有何资格质疑?"此后，双方论战不断升级，各自连续发表若干针对对方的具有一定人身攻击性的微博言论，并直至最后对簿公堂。在审理过程中，二人也均称对方发布的微博构成侮辱、诽谤，自己发布的微博内容属实、评论适当，并按照各自本诉、反诉的主张，分类提交了相关证据。

法院审理：在审理过程中，针对原被告双方所诉对方的侵权分析，法院综合判断如下：第一，针对具体微博的侵权分析。法院认为，转基因食品安全问题属于科学争议。双方当事人在该问题上的意见分歧，属于学术自由以及对涉及公共利益的议题的讨论范畴。这一争论，要通过科学实验、分析和论证来解决，而不能依靠大众舆论或司法裁决来替代科学研究给出答案。但鉴于双方讨论的话题并

---

① 曾祥华. 食品安全法治热点事件评析[M]. 北京：法律出版社，2017：13.

非单纯的科学问题，还涉及公众知情选择权、食品健康安全等社会公共利益，为避免窒息对有关公共议题的讨论，并在争论中求得真理、达成共识，法院认为人人可以就此发表自己的观点。因此，对双方在微博中指责对方在转基因等科学问题上"传谣""造谣"之类的言论，虽然个别用语令人不快，但仍属于法律上要求当事人应保持适当宽容度的言论，不构成侵权。考虑网络用户对网络言论具有较高的宽容度，微博用户在发言时仅需证明其言论有一定的、合理的事实依据，主观上不具有恶意，未对事实进行捏造、歪曲、夸大，并未借机进行侮辱、诽谤，一般即可免责。第二，构成侵权的微博言论。法院认为，微博言论虽具有简短、随意、情绪宣泄色彩浓的特点，但微博用户在发表涉及他人名誉的事实陈述或意见表达时，也应有一定的事实依据，不能有任意夸大、歪曲事实或借机贬损、侮辱他人人格的恶意。违反上述情形，则构成一定侵权行为。

综合来看，法院认定，双方的微博论战经历了从正常讨论公共议题向恶意人身攻击的性质转变，均有借机诽谤、侮辱对方的主观恶意。因此，不能以部分微博尚属于合理质疑、批评和意见表达的范畴，而否定二人主观上均产生了侮辱、贬损对方名誉的概括恶意。故法院作出整体判断，认为崔某和方某连续发表针对对方的、具有人身攻击性质的系列微博言论，均构成对对方名誉权的侵害。最终，法院作出了双方互相赔礼道歉、各自赔偿对方几乎等额的精神损害抚慰金及诉讼合理支出等判决结果。

②杨某诉南京顶津食品有限公司食品安全侵权纠纷一案。2016 年 4 月，职业打假人杨某向有关部门举报了南京顶津食品有限公司涉嫌使用工业氮气作为食品添加剂加入"优悦"包装水中。同月 25 日，检测结果显示，康师傅南京顶津食品有限公司所使用的液氮为食用级液氮，符合 GB29202—2012《食品安全国家标准 食品添加剂 氮气》的标准。但是，杨某对此检测结果表示不服，将该公司起诉到了南京某地方法院，并形成了案号为〔2016〕苏 0104 民初第 4018 号的民事纠纷案件。在该案件审理过程中，原告在获得了被告作为证据提交的数百页资料后撤诉。①

---

① 由于本案的诉讼资料及司法判决书无法通过包括中国裁判文书网在内的网站进行查询，因此，本案的一些大致情况是根据南京大学法学院沈小军同志发表在 2018 年第 2 期《法学》杂志上的论文《食品安全案件审理中法官的适度谦抑》中的一些信息整理而成。

③对两起民事诉讼案件司法判决的分析。在第二起案件中，由于原告最终撤诉，故并未形成司法判决，但之所以仍将其作为典型案例在此加以研究，概因考虑到该案件已在相当程度上折射出广大消费者与大型食品生产企业就食品安全标准的认定和理解所存在的严重信息不对称问题。该案给我们留下的思考是：面对食品安全案件中的专业性技术问题，司法机关应当如何审理才能有效弥合消费者和大型食品企业之间的信息鸿沟？

第一起案件的司法判决结果总体上应该是公正的，且可以产生一定的公共价值导向。通过该案判决，对于公民之间，特别是公众人物之间，在食品安全风险交流中应当考虑的重要原则性问题，法院作出了如下强调：一是科学问题的可讨论性。该判决书指出，转基因食品安全问题一直存在着科学研究、产业政策、社会接受度等各方面的争议，并因此而引发了公众广泛而热烈的讨论。双方当事人在该问题上存在意见分歧，并各自提出对对方观点的质疑，属于学术自由以及对涉及公共利益的议题的讨论范畴。二是科学争议的解决终端依旧是科学，而非大众舆论和司法裁判。该判决指出，对于科学问题、学术问题和产业政策上真理的求得，在最根本的意义上，还是要回归到科学研究的领域之中，通过务真求实、规范严谨的科学实验、分析和论证来解决，而不是依靠大众舆论或司法裁决来代替科学研究给出准确的答案。三是公民，特别是公众人物对于科学争议的讨论应该在宽容、适度的基础上进行。该判决指出，由公共利益优先原则决定，公众人物的人格利益在法律保护上应当适度克减。公众人物对待他人的批评和指责性意见，应当有一定的宽容与接纳度，以保证公民在涉及公共事务的辩论中享有充分的言论自由。四是公民在公开讨论科学问题时，一旦超出科学争议的范畴，是可以构成民事侵权，并应当承担相应法律责任的。该判决指出，公民社会评价的高低不能以部分人的好恶作为标准，即使是对他人的不当言论进行回击，也仍然应当遵守相关的法律规范。在网络虚拟空间中，网络用语虽然可以相对率性随意，却也不能逾越法律的底线。五是公民在公开讨论科学争议时，应当对引用材料的真实性、合法性进行合理审查，并持有主观善意，否则，恶意引用或未尽到合理注意而引用他人材料，一旦造成对他人的侵权损害，依然需要对此承担相应的法律责任。该判决指出，在引用、转发他人微博中的相关内容来作为论据时，引用人、转发人明知或者应知其内容构成对他人权利的侵犯而仍然引用、转发的，其引用、转发行为同样也构成侵权，但是，引用人、转发人不明知且也不应知其内容构成侵权的，其引用、转发行为不构成侵权。受诉法院通过该案判决所表达出来的以上若干审判原则，对于指导我国公众如何针对具有较大科学争议的食品安全风险问题进行合理合法的公开交流和讨论，具有重要的意义。

第三节　供需之间的失调分析

如前文所述，我国当前的食品安全风险交流法律治理还面临着市场主体需求未能得到充分满足和国家机关供给未能实现充分有效的局面。此两者之间的失调，又进一步制约了我国食品安全风险交流活动的有序开展。究其原因与表现，大致体现在以下四个层面：

一、风险交流价值认识分歧导致治理目标不一

市场主体和国家机关在我国食品安全风险交流法律治理供需失调上的表现之一，就是两者对风险交流的价值认识存在一定分歧，从而导致食品安全风险交流的法律治理目标不能得到有效的统一。其主要表现以下几个方面：

（1）市场主体通常关注食品安全风险交流的伦理性价值，而国家机关则往往更重视它的工具性价值。市场主体通常偏重于把食品安全风险交流理解成为一种沟通和理解的过程。相对于结果，他们更重视交流过程的本身，因为正是通过这一过程，公共价值伦理才能得以被塑造。但是，受行政任务所限，政府机关往往倾向于赋予食品安全风险交流更多的工具性色彩，使之成为一种让风险管理政策得以顺利通过和实施的途径。价值认识的这一分歧，进而导致了双方对食品安全风险交流目标的认识性差异，并由此影响了我国食品安全风险交流法律治理目标的统一性厘定。

（2）市场主体通常关注食品安全风险交流中的公平性价值，而国家机关则往往更注重它的效率性价值。市场主体和国家机关对于食品安全风险交流价值认识的第二个分歧，即在于市场主体通常关注交流的内容、途径、方式和过程等是否公平，而国家机关，特别是行政机关通常更关注交流的效率。例如，前文已述，消费者风险感知对于其食品安全风险交流的法律治理需求有显著影响，而风险分

配的公平性又作为一个"激惹度"因素对于风险感知的影响巨大。因此，这意味着，风险分配的公平程度会成为消费者在食品安全风险交流中重点关注的内容。然而，对于以行政效率为己任的行政机关以及其他一些国家机关而言，风险交流的效率更值得关注。例如，在政策的制订和实施中，他们更加渴望借助风险交流快速定位争议焦点，显现障碍和阻力因素，以迅速制订方案或采取措施。价值认识的这一再次分歧，进一步导致了市场主体和国家机关对食品安全风险交流目标的认识性差异，并再次影响我国食品安全风险交流法律治理目标的统一性厘定。

二、风险交流功能取向不一导致治理原则不清

市场主体和国家机关在我国食品安全风险交流法律治理供需失调上的表现之二，就是由于双方对食品安全风险交流价值认识的分歧，导致其在风险交流的功能取向上无法做到进一步的明确和统一，从而使得我国的食品安全风险交流法律治理在一定程度上也未能形成清晰有效的原则性指引。其主要表现在以下几个方面：

（1）市场主体更加注重食品安全风险交流的保护性功能，而国家机关更加注重共识性功能。尽管如前所述，按照美国学者雷吉娜和安德里亚的分类，风险交流可以分为保护性交流、共识性交流和危机性交流三种类型，并且，每一种类型都在实践中针对不同的风险来源和表明不同的风险交流功能，但是，实际上，这三种类型的风险交流并不能予以完全割裂。例如，危机性交流往往被认为是在风险事件发生时，由相关部门、机构、组织和个人面向受害群体和其他利益相关体所开展的风险交流活动。然而，在这个过程中，它常常也会同时体现出保护性交流和共识性交流的需要。此外，在保护性交流中，往往也会隐含共识性色彩；而反之，在共识性交流中，也通常并不排斥保护性元素。这说明，它们之间是既可分离但又相互联系的。然而，在风险交流实践中，由于存在各自不同的利益诉求，市场主体往往习惯于立足公众健康和公共安全立场，强调风险交流的保护性功能倾向；国家机关则通常会在通约衡量各种公共价值基础之上，更注重自身政策制定和实施的正当与合法性，因此相对而言，其更加注重风险交流的共识性功能倾向。以转基因食品安全风险交流为例，消费者群体在风险感知上往往更加注重转基因食品的风险确定性、危害性、可控性以及风险分配的公平性，等等，但

是，国家机关可能在此之余，还须通盘考量国家粮食安全、生命科技战略等更多因素。由此，双方在转基因食品安全风险相关信息的公开力度和范围上，就可能产生较大的认识差异。这种对食品安全风险交流功能的不同偏重，难免也会影响我国食品安全风险交流法律治理在原则上的明晰和统一。

（2）市场主体更加注重风险交流的沟通性功能，而国家机关更加注重风险交流的传播性功能。在食品安全风险交流实践中，市场主体往往更加注重通过食品安全风险交流表达自我食品安全风险诉求，并渴望得到有关部门的关注和重视；而国家机关则往往更加强调如何通过食品安全风险交流传递食品安全信息，以通过说服和教育，改变公众风险认知，并进而推动食品安全相关政策顺利实施。这一点，从前文所提及的我国原卫计委2014年颁布的《食品安全风险交流工作技术指南》的具体规定中可见一斑。尽管该指南在第一部分"概念及指导原则"中也明确强调了"食品安全风险交流工作以科学为准绳，以维护公众健康权益为根本出发点"等，但是，在其第六部分"政策措施发布实施过程中的风险交流"中，却在"针对不同利益相关方的风险交流策略"上，强调"政策制定的背景、依据、目的和意义要对所有利益相关方进行解释说明，不同利益相关方有不同的侧重点"。可见，在具体的政策措施发布实施过程中，相关部门可能仍然倾向于认为，风险交流的主要目的还是要通过"解释"和"说明"来推动政策实施。这种"倾听"性的不足，与市场主体的期望之间存在一定偏差。因此，市场主体和国家机关对食品安全风险交流功能理解的这一差异，也会再次影响我国食品安全风险交流法律治理原则的有效达成。

三、风险交流性质理解差异导致治理模式偏差

市场主体和国家机关在我国食品安全风险交流法律治理供需失调上的表现之三，就是二者对食品安全风险交流性质的理解差异。这在一定程度上影响了我国食品安全风险交流法律治理模式的应然选择。对此体现最明显的，就是前文提及的我国食品安全行政约谈制度。如前文所述，当前，我国无论是在《食品安全法》中，还是在原国家食药监局2010年颁布的《关于建立餐饮服务责任人约谈制度的通知》中，又或是在各级地方性的食品安全行政约谈规范性文件中，都或多或少存在对食品安全行政约谈性质的理解偏差问题。

当前我国食品安全行政约谈制度设计主要秉承大陆法系以"行政行为"作为核心构成的传统行政法教义学范式,试图将行政约谈刻画成一款具有一定实施前提、方式和效果的型式化行政行为。例如,在 2014 年颁布的《甘肃省食品药品监督管理局食品安全约谈制度》中,该规定详细地设计了约谈的原则和目的、范围、主要内容、方式、权限、程序及后续处置等相关内容,这就充分体现出上述"型式化"行政行为设计的立法进路。又如,同年出台的《济南市食品药品安全责任约谈办法(试行)》规定,约谈的主要内容应包括"告知其可能造成的影响及应负有的责任""提出整改措施和要求"这两项,同时还规定"被约谈单位无正当理由拒不按时参加约谈或者未按要求落实整改的,应将其纳入重点监管对象;需给予行政处罚的,对其依法从重处罚。约谈记录纳入诚信档案,并作为不良记录,与企业信誉评定等级挂钩"。显然,依照这一规定,济南市有关部门在实施食品安全行政约谈行为时,该行为对当事人不仅具有法律拘束力,也会产生特定法律后果。由此可见,行政约谈制度在我国主要被形塑为一种具有特定法律效力的具体行政行为。

然而,依此设计的食品安全行政约谈制度,由于相对忽略了食品企业的参与意愿和诉求表达,从而在实施中可能会出现诸如约谈对象积极性不高、约谈内容针对性不强和约谈气氛热烈度不够等一系列问题。[1] 实践中产生的这些问题本质上反映出我国当前对行政约谈制度性质认识的偏差。事实上,行政约谈不宜被理解成为型式化的行政行为,而应被视作一种过程意义上的行政决定策略,其产生和发展是为适应现代行政任务扩张和行政功能转变:首先,行政约谈制度的设立目的主要应是促成行政决策乃"最符合客观理性之最适当决定",而非是为了防止相对人权利受侵害或为相对人进行利益之给付。其次,行政约谈的主要旨趣是在利益多元、分歧日显的社会新常态下,增进行政形塑社会的过程公开、透明、民主及合理性,而非为单纯追求传统社会下使行政恪守法律保留原则的形式合法性。[2] 因此,如果不以"过程意义上的行政决定策略"来对行政约谈进行"以过程

①　冯竹云. 食品安全行政约谈存在问题及改进方法[N]. 江苏经济报,2012-11-13.

②　王虎. 风险社会中的行政约谈制度:因应、反思与完善[J]. 法商研究,2018(1):22-29.

为中心"的制度设计完善，则该制度的实施效果和法律作用必将受到影响。

行政约谈制度作为一个缩影，体现出当前我国市场主体和国家机关对食品安全风险交流的性质理解还有所差异。国家机关可能会更多侧重通过授予和行使公权力来强调国家意志通过风险交流得到贯彻和落实，而市场主体则往往期望于能在风险交流中获得相对更加灵活和自由的表达场所和空间，以期能实现私权利和公权力的有效互动。二者差异导致我国食品安全风险交流法律治理未能形成具有差别适应性的相对有效模式。

四、风险交流合作意识不够导致制度供应不足

市场主体和国家机关在我国食品安全风险交流法律治理供需失调上的表现之四，就是二者食品安全风险交流合作意识不够导致我国食品安全风险交流法律治理存在制度供应不足的现象。具体表现在：

（1）主体参与制度供应不足。当前，由于市场主体和国家机关合作意识的相对不足，导致我国食品安全风险交流法律制度在主体参与上设计不足。例如，尽管我国《食品安全法》第二十三条明确规定了"食品安全管理部门和其他有关部门、食品安全风险评估专家委员会及其技术机构，应当组织食品生产经营者、食品检验机构、认证机构、食品行业协会、消费者协会以及新闻媒体等，就食品安全风险评估信息和食品安全监督管理信息进行交流沟通"。但是，该规定仅只赋予了政府食品安全管理部门和其他有关部门，以及食品安全风险评估专家委员会及其技术机构在开展食品安全风险交流时的组织性主体功能，以及其他相关主体的参与性主体功能。然而，对于后者，其参与的具体形式、方法和途径均未涉及；同时，针对前者，在"组织"之余，是否还应有其他的参与角色、身份和功能？法律对此也规定不详。

（2）程序引导制度供应不足。市场主体和国家机关合作意识的相对不足还导致了我国食品安全风险交流法律制度在程序引导上的相对匮乏。同样以我国《食品安全法》第二十三条为例，其并未对政府食品安全管理等部门组织开展食品安全风险交流的程序作出任何规定。在随后修订的《食品安全法实施条例》中，这一问题也同样未能有所体现。尽管原国家卫计委在 2014 年出台的《食品安全风险交流技术指南》中对交流程序有所涉及，但也十分简略，不易操作。

（3）信息传递制度供应不足。如前所述，在涉及重大食品安全信息政府公开等问题上，我国普通公众和政府部门之间还存在公开的标准、范围、方式等问题上存在着一定的认识分歧。这种分歧既在相当程度上是由两者风险交流合作意识的不足所引发，同时又反过来撕裂了二者之间合作意识的进一步弥合。因此，这也体现出，我国当前在有关食品安全政府信息公开的制度设计上，还存在需要向以"更妥善促进风险交流"为目的的方向去改善。

第六章 食品安全风险交流治理的
国际经验分析与借鉴

食品安全不仅是一个国内性问题，也是一个国际性问题。作为当今世界重要的国家和地区，美欧均积累了较丰富的食品安全治理经验。同时，在日益倡导全球合作的今天，世界卫生组织（WHO）作为联合国系统内卫生问题的指导、协调机构，联合国粮农组织（FAO）作为旨在提高全世界人民营养水平和生活标准的专门机构，也对全球食品和粮食安全起到了十分重要的作用。食品安全风险交流是食品安全治理中的关键一环，目前，两大国际组织均致力于制定一些具有示范意义的规范性框架，并借以指导全球食品安全风险交流工作的开展，美欧也在食品安全风险交流治理实践上起步较早。因此，分析借鉴这些国际组织、有关国家及地区的相关经验和教训，对帮助我国进一步完善食品安全风险交流法律治理具有重要意义。

第一节 国际规则

目前，根据对官方网站的查阅，世界卫生组织（WHO）和联合国粮农组织（FAO）在与食品安全和公众健康有关的风险交流议题上出版的指导性文献或制定的国际性规则主要有 2006 年两者联合出版的《食品安全风险分析——国家食品安全管理机构应用指南》（*Food Safety Analysis-a Guide for National Food Safety Authorities*）、2008 年 WHO 单独印发的《世界卫生组织重大疫情风险交流计划指南》（*World Health Organization Outbreak Communication Planning Guide*）、2016 年两者联合印发的《食品安全风险交流手册》（*Risk Communication Applied to Food Safety Handbook*）以及 2016 年由世界卫生组织（WHO）和泛美卫生组织（Pan American

Health Organization)共同制定的《齐卡病毒：风险交流的步骤性指引和社区工作》(*Zika Virus Infection: Step by Step Guide on Risk Communication and Community Engagement*)。这些文件都对各国开展与食品安全和公众健康有关的风险交流活动提供了重要指引。

一、FAO/WHO《食品安全风险分析：国家食品安全管理机构应用指南》

《食品安全风险分析：国家食品安全管理机构应用指南》是由 FAO、WHO、许多来自风险分析各领域的国外专家以及国际生命科学学会(ILSI)和产业发展委员会(ICD)于 2006 年共同合作完成的。按照 FAO 和 WHO 的解释，该指南制定的主要目的是旨在推动食品安全监管者理解，并在本国食品安全体系内应用风险分析。指南介绍的不是如何实施风险分析的具体说明，而是国际认可的原则、风险分析各部分应用的通用框架以及有充分代表性的案例。指南总共分为四个部分，第一章首先阐述了风险分析如何为有效的食品安全管理提供基本框架；后三章则分别介绍了风险分析的三个基本组成部分——风险管理、风险评估及风险交流的原则与机制。其中，风险交流作为最后一章，共分五节，分别是"引言""了解风险交流""食品安全风险分析过程中风险交流的关键内容""风险交流的实践""推荐阅读文献"。

在这五节中，主体性内容是第三节和第四节这两部分。第一节"引言"主要强调了风险交流在风险分析中的重要作用和地位。第二节"了解风险交流"则主要是对风险交流的概念、特征等进行界定，并特别强调了风险交流在本质上是一个双向过程，它涉及无论是风险管理者与风险评估者之间，还是风险分析小组成员和外部的利益相关方之间的信息共享。"对外公布信息"是风险交流的关键功能之一，但是"获得信息"的交流也同等重要。第五节"推荐阅读文献"主要是向有关人员进行一些相关有价值的文献推荐。下面重点介绍第三节和第四节两节内容。

第三节主要强调了食品安全风险交流应当具备的关键内容。按照该指南的描述，良好的风险交流在整个风险管理体系的实施过程中都非常重要，但是对于其中的几个关键点来说，有效的风险交流尤为重要。它们主要包括以下一些阶段：

第一,识别食品安全问题。在风险管理的起始阶段,所有利益相关方之间开放式的信息交流有助于准确识别食品安全问题;第二,建立风险轮廓。在这个步骤中,关键的交流环节主要是在风险管理者与负责建立风险轮廓的风险评估者和其他科学家之间进行。同时,如果能在轮廓描述过程中保持开放的交流网络,则可以提高风险轮廓的建立质量;第三,建立风险管理目标。在确定目标时,风险管理者与风险评估者和利益相关方之间的交流非常重要;第四,制定风险评估政策。在这个环节中,吸收外部利益相关方的知识和观点参与风险评估政策的选择,是适当而且有价值的;第五,委托风险评估任务。这里,最重要的交流就是风险评估者和管理者之间的交流。交流所涵盖的最核心主题是风险评估者应回答的问题、风险评估政策指南和评估成果的形式,其他还包括风险评估的目的和范围,以及可提供的时间和资源;第六,实施风险评估。风险评估者与管理者保持交流非常必要,但和掌握重要数据的相关方(厂商、企业等)进行交流也十分必要;第七,完成风险评估。风险评估一旦完成,通常进入了另一个集中交流的阶段。风险管理者不但需要理解风险评估的结果、风险管理可能产生的影响,同时,评估结果还应当向社会公布,征求意见和反馈;第八,风险分级并确定优先次序。这应当是一个广泛参与的过程,因为这是一个价值判断的过程。在这个过程中,所有受到影响的利益相关团体都应该参与。第九,识别并选择风险管理措施。风险管理的关键是在风险分布和均衡性、经济性、成本效益和实现适当保护水平方面形成决议。该阶段有效的风险交流对风险分析的成功非常重要。第十,实施。为确保所选择的风险管理措施得到有效实施,政府风险管理者需要与承担实施任务方保持密切交流。此阶段强调的是对外公布信息的交流,政府需要向有关人士解释政府希望他们做什么,要建立收集反馈意见的机制,了解政策实施成功或难以执行的信息。第十一,监控和评估。在这个阶段,风险管理者需要收集相关数据,以评估控制措施是否达到了预期效果。这个阶段与公共卫生机构的交流尤为重要(见图6-1)。①

---

① WHO/FAO. 食品安全风险分析——国家食品安全管理机构应用指南[M]. 毛雪丹等,译. 北京: 人民卫生出版社,2008: 51-56.

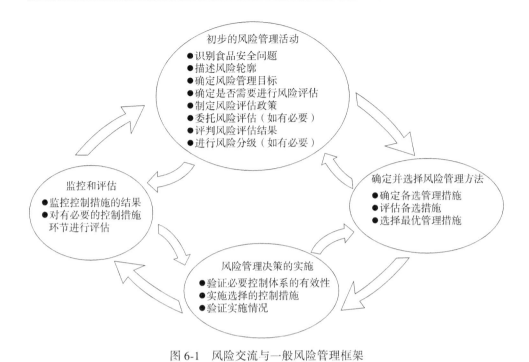

图 6-1 风险交流与一般风险管理框架

　　第四节主要是对风险交流实践中各个要素进行组织和规划。它们包括：第一，交流的目的。在计划进行交流时，首要的一步是确定交流的目的。正在计划交流的人应确定：交流的主题是什么、谁应该参与、用哪种形式来交流。特别需要强调的是，要避免选择不合适的风险交流目标，例如把风险交流当作公众教育、公共关系等。第二，交流的策略。有效的风险交流策略应当区别适用于各种情况，包括在不同文化背景下食品安全的情况。例如，在食品安全风险分析中与外部利益相关方有效交流的策略中，就应当注意要了解外部利益相关方对该风险的关注点，要识别他们对某些问题所保持的敏感性，要识别他们拥有并希望表达的信息种类，要确定需要从他们那里获得的信息种类，要确定给不同类型利益相关方散发信息，等等。第三，识别利益相关方。当一些受到影响的利益相关方并不了解参与交流的必要性或机会时，应当主动联系他们。例如，在风险分析中，应当考虑哪些团体可能会受到风险管理决策的影响？哪些团体掌握有价值的信息和专业技能？在以前相似的风险情况中都涉及哪些团体？在以前相似的决策中哪些团体愿意参与？第四，交流的方法和途径。交流的方法和途径要取决于食品安全问题的性质、涉及利益相关方的数量和性质等，具体有会议性和非会议性两种技巧形式（见图6-2）。①

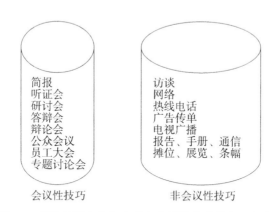

| 会议性技巧 | 非会议性技巧 |

图6-2　利益相关方参与食品安全风险交流的方法和途径

二、WHO《世界卫生组织重大疫情风险交流计划指南》

WHO《世界卫生组织重大疫情风险交流计划指南》(*World Health Organization Outbreak Communication Planning Guide*)是世界卫生组织在2008年为帮助成员国应对疫情暴发准备工作而制定的重要文件。该文件对指导由食源性疾病而引发的食品安全风险交流可起到重要的作用。WHO强调，应用该指南的目标主要是：(1)确保风险人群能够获得他们应对风险时所需要的信息。(2)支持合作并充分利用各种资源开展有效的交流。(3)向被涉及的非健康主管部门提供相关的公众健康信息。(4)将对经济和社会的破坏程度降至最低。(5)最重要的是，在疫情发生和结束后，维持和建立公众对健康管理部门的信任。该指南的正文主要由两部分构成：基础和步骤。

在基础部分，指南强调早在2004年，WHO就开始着手建设有扎实基础的、经过一定领域检验的交流指南，以在重大疫情暴发时能够促进公众健康，控制危害程度。WHO的这一交流指南的基本原则可以被概括为以下几点：(1)信任。

---

① WHO/FAO. 食品安全风险分析——国家食品安全管理机构应用指南[M]. 毛雪丹等，译. 北京：人民卫生出版社，2008：56-60.

疫情交流的核心原则是在公众和风险管理者之间建立、维持或修复信任。(2)尽早地告知。对实在或潜在的健康风险进行积极的交流对于预警那些受灾人群并尽可能降低疫情的威胁是非常重要的。即使在没有充足的信息的情况下，早一点进行风险告知，也会有利于阻止谣言和不实信息的传播。(3)透明。要想在整个疫情暴发过程中都获取公众信任，就必须要持续地保持工作的透明性，包括对风险和风险管理及时和完整的信息公开。(4)听。理解公众们对风险的感知、观点和所关心的事情对开展有效的交流和增强风险管理措施的受支持程度具有决定性的作用。(5)计划。重大疫情事故中的公开交流势必会给政府带来严峻挑战，因此，事先制订风险交流的计划是必须的。但是，更重要的是，要把计划付诸实践。

在步骤部分中，该指南为成员国推荐了风险交流的七个详细步骤，它们被大致概括为：(1)评估。要对公众的风险交流能力和社区人群的理解能力进行一个评估和研究，要考量的因素包括人口统计分析、文字水平、语言表达能力、社会经济地位和文化背景。(2)合作。确认交流伙伴并发展合作机制。(3)公开。要在告知公众相关信息的基础上作出决策。(4)在事故中学会倾听。要建立一个能持续获取公众与风险相关的知识、态度和行动的信息搜集体系。(5)交流评价。要确保建立一个能够证明风险交流效果的评价机制。(6)制订一个紧急的交流计划。在总结前述步骤的基础上，制订一个紧急交流计划。(7)练习。要通过模仿、演练等训练活动来做好正式交流开展前的准备工作。

三、FAO/WHO《食品安全风险交流手册》

2016 年，世界卫生组织和联合国粮农组织通过总结早先各国在处理一些重大全球性(global)、区域性(regional)和地区性(national)食品安全事件中的经验后，进一步意识到了开展积极有效的食品安全风险交流对于提升全球食品安全治理水平的重大意义。因此，为指导各国食品安全以及更广泛的公共卫生管理部门正确开展食品安全风险交流工作，在经过为期三年的不懈努力以后，两大组织再次联名发布了《食品安全风险交流手册》(*Risk Communication Applied to Food Safety Handbook*)。在某种意义上，这是世界卫生组织和联合国粮农组织对其在 2006 年联名发布的《食品安全风险分析：国家食品安全管理机构应用指南》的一次继承与发展，是在该《指南》基础上对食品安全风险交流指导工作的一次专门化与细化，对于全球食品安全风险交流的理论与实践具有里程碑的意义。该手册共分为四章，分别是"食品安全风险交流的界定及其意义""良好风险交流的基本原则""开展食品安全风险交流前应予考虑的关键要素""把食品安全风险交流付诸实践"。下面逐一介绍其主要内容。

1. 食品安全风险交流的界定及其意义

这一章主要阐述了食品安全风险交流的基础性知识体系。FAO/WHO 在这部分共强调了七个方面的问题：第一，概念。风险交流是风险评估者、风险管理者、消费者和其他利益相关方就风险以及与风险相关的其他因素所进行的观点和意见的交换。第二，意义。良好的风险交流有利于增进公众身体健康、提高消费者对国家食品供给和管理的信任、保护我们的生活环境、提升人们的生活质量。第三，目标。风险交流的总体目标是通过向人们提供充足的信息以使他们能够在信息完全的情况下进行食品消费，保护自我身体健康。其具体目标又分为：（1）促进包括消费者在内的所有利益攸关方对食品安全问题的理解和对话。（2）通过社会参与来改进风险的分析过程。第四，挑战。它们包括：（1）识别所有目标受众，了解其认知和需求。（2）建立信任。（3）传达不确定性。（4）确保风险沟通适应外部环境的变化。（5）确定科学专家和目标受众之间的知识差距/差异。（6）确定与每个目标受众群体有效沟通的障碍。（7）不同部门的协调性。（8）及时性与准确性。（9）沟通的意外后果。第五，食品安全风险感知的重要性。主要强调并解释了食品安全风险感知对于食品安全风险交流的影响及原因。第六，运用中的差异性。主要强调了食品安全风险交流尽管具有普遍性，但仍应注意对不同的风险类型采取不同的信息策略。第七，利益相关者和目标受众。FAO/WHO 认为，在可能的情况下，一切利益相关者都应介入风险交流之中。

2. 良好风险交流的基本原则

这一章主要阐述了要开展系统有效的食品安全风险交流所应当具备的前提、遵循的原则、必要的准备。在这部分 FAO/WHO 主要分析了三个方面的问题：（1）重要条件——对信息和管理机构的信任。有效的风险交流既离不开信任，也在创造信任。FAO/WHO 认为公众信任与机构的风险知识储备、风险应对能力相关，同时也与其信息发布的动机有关。因此，如果要获得公众信任，所发布的信息就应该尽量满足下列条件：第一，没有非常明显的原因，不应具有偏见和为自我利益服务性；第二，符合公共价值和公众关切；第三，能够证明建议是有利于保护公众健康的。(2)基本原则——公开性、透明性、及时性、回应性。第一，风险评估、管理和交流均应当以公开的方式，以使得所有的利益相关者均有机会获得信息，并依此采取行动。第二，透明性意味着一套政策、做法和程序，它们应当使利益相关者和感兴趣的公众可以了解到风险评估、管理和沟通的决定是如何作出的。第三，及时的交流有助于创造和维护信任。在互联网的快速传播环境下，及时交流就显得更加重要。因此，即使食品安全风险具有很强的不确定性，也仍应当及时开展交流。第四，回应性是指负责食品安全的人在其传播活动中对目标受众的风险传播需求和期望的处理程度。因此，为了进行有反应的风险宣传，必须了解目标受众的信息需要和宣传期望，并在宣传活动中解决这些问题。(3)必要准备——计划。计划对于开展有效的风险交流来说至关重要。尽管风险交流有很多不可预知的因素，但早作计划、提前准备仍对更加快速和有效的启动风险交流具有重要意义。一个好的风险交流计划应当包括：第一，优先考虑食品安全问题并搜集信息；第二，识别所需的风险交流活动；第三，收集可用于沟通活动的人员和资源信息，并确定能力和其他资源方面的差距；第四，识别和理解目标受众，并与受众合作；第五，编制和传播信息；第六，监控和评价过程。

3. 开展食品安全风险交流前应予考虑的关键因素

这一章主要阐述了理解食品安全风险特点和受众特征对于选择合适食品安全风险交流方式的重要性，同时也讨论了为什么进行食品安全风险交流一定要考虑食品安全问题发生的历史、政治和环境因素，最后，该手册针对如何更好地考量这些因素给出了具体建议。主要内容有：(1)理解食品安全问题的特性。FAO/WHO认为，为使食品安全风险交流有效，交流者就必须了解：第一，他们要交流的食品安全风险和相关的利益关涉状况(受风险影响的主体及其情况、程度、结果、可能性、迫切性)；第二，危害的特性；第三，评估可用数据的质量/确定性；第四，了解面对风险所能够采取的措施；第五，预测并设法处理意外情况。(2)理解目标受众的需求。了解受众需求对于成功开展食品安全风险交流同样重要。为此，FAO/WHO建议交流者应当注意以下内容：第一，目标受众的文化和社会经济背景(食物的文化和社会属性、性别角色、语言需求、阅读能力)；第二，获取受众。为有效开展交流，交流者必须选择最合适的信息来源、渠道和方式。(3)了解风险的历史状况，政治背景和媒体风格。食品安全风险的历史、政治和媒体环境对于食品安全风险交流成效有重要影响，一个成功的风险交流必须要加以考虑。(4)明确交流人员的交流职责。交流人员应当根据特定的交流情形合理设定自身的交流职责。

4. 把食品安全风险交流付诸实践

这一章主要是在整合前三章的基础上对食品安全风险交流提出具体的可行性建议。它们包括：(1)了解目标受众。要了解受众需求，并针对不同的风险交流对象，有侧重地编制风险信息。(2)如何了解目标受众。为帮助促进对受众的了解，FAO/WHO 预设了一些需要关切的问题，并针对不同的受众(例如孕妇、免疫低下的病人、盲人、聋哑人、老人、乡村或偏远地区、离群索居之人、儿童、有学习障碍的人、穷人)分别设计了不同的风险交流网络；同时，针对获取目标受众的方案，FAO/WHO 还给出了如下的建议：第一，会谈并反馈；第二，和目标受众代表组成小组探讨；第三，定性和定量的消费者研究；第四，监控媒体以了解受众已知晓的信息及其反应；第四，最近期的人口普查情况；第五，营养和膳食调查；第六，市场调查与研究(关于食品消费和处理习惯)；第七，关注网站和社交网络；第八，和相关的社会团体合作。(3)协调利益相关者行动。食品安全风险交流涉及不同的部门、机构、组织和个人，必须使他们的行为协调一致。为此应当：第一，建立和维护联系人列表，以便在需要时能够共享信息，并快速参与利益相关者的工作；第二，定期与利益相关者分享信息以保持长期合作关系；第三，定期与利益相关者会面，交换信息；第四，选择契合利益相关者的会议形式(例如双边对话、电话会议的小组简报、市政厅、公民小组、在线咨询)；第五，寻求共同点并尽可能地建设和使用具有交互性的通信计划和协议。(4)应对不确定性。即使在信息不确定的情况下，食品安全风险交流也要及时开展。这时重要的是：第一，承认存在不确定的领域；第二，阐明正在为减少不确定性而作出的努力；第三，解释仍存在的不确定性对食品安全的影响；第四，为人们如何保护自己提供建议；第五，及时发布和讨论最新的信息，并提供相应修订后更加完善的解决方案。(5)编制信息。信息编制必须要总结需要交流的问题，具体步骤为：第一，识别特定问题；第二，分析所关注的问题，以确定重复出现的主题和需要处理的一般概念；第三，为那些需要解决的问题(一般的和具体的)开发关键信息；第四，对于每一条关键信息，确定事实和支持它们的信息；第五，在目标受众的参与下测试信息；第六，为信息的传递制订计划。(6)选择合适的交流工具、渠道和方式。要根据风险交流的目标、信息内容或性质、目标受众的可获得性和使用程度来选择有效的交流渠道。(7)和媒体进行协调。为此，第一，要了解媒体报道食品安全问题的动机；第二，提前做好协调准备(确立并保持与定期采访的记者的关系、确定和培训能对媒体讲话的发言人、为媒体准备有关常见食品安全风险的背景材料、与主要利益相关者合作并计划如何协调媒体对食品安全风险事件的报道)；第三，协调时应予遵守事项(积极主动的态度、为服务于目标受众的媒体渠道量身定制媒体材料、尽可能与利益相关方协调媒体回应、充分利用与媒体利益相关者接触的各种方法、检测纠错：密切监控媒体报道并纠错)；第四，事后评估与媒体互动状况(检讨和分析媒体对食品安全问题的报道；与涉众一起完善协调)。(8)和其他国家及国际组织进行协调。及时开展和其他国家以及国际组织的风险交流将有助于优化国际资源，确定集体行动方案。(9)监控与评估。监控与评估机制可以实现目标受众反馈，它们对提高风险管理水平而言具有很高的价值，具体可通过以下途径进行：第一，在食品安全风险解决后或解决时，和利益相关者对话，以了解他们的意见；第二，监控社交媒体，通过了解目标受众的风险关切及时调整交流策略；第三，监控和分析媒体，根据报道进展及时更新信息；第四，对网络进行分析，以便了解信息材料是如何被公众所使用，并加以及时调整；第五，对受众进行调查，以了解哪些人以及多少人接收并接受了风险信息，以便改进交流渠道和方式；第六，持续进行风险评价，了解现实中风险的变化情况，以检视风险交流是否有效。

四、WHO《寨卡病毒：风险交流步骤指引和社区工作》

2016 年，为针对当时在全球肆虐的寨卡病毒感染(Zika virus infection)，世界卫生组织和泛美卫生组织联合发布了名为《寨卡病毒：风险交流步骤指引和社区工作》(*Zika Virus Infection*：*Step by Step Guide on Risk Communications and Community Engagement*)的指导性文件，以对由寨卡病毒引发的公众健康问题提供合理的风险交流建议。该文件的主要内容包括交流目标、基本假定、关键信息指导、交流指导原则、评估风险感知、主要的交流渠道、受众、具体交流工作等几个部分。尽管寨卡病毒是经由蚊虫叮咬而非食物来进行传播的，但是，该文件对与公众健康有关的风险交流所提供的指导性意见仍有普遍的参考意义。特别是，作为一个专门针对特定风险事件而设计出来的交流计划，该文件对于危机性风险交流活动有着十分突出的示范效应。下面对其内容进行分析：

1. 交流目标

该文件强调的交流目标主要有九个：（1）及时交流并向公众发布准确的寨卡病毒及其他有关健康的信息。（2）努力通过个体行为改变和社区积极参与来控制疫情。（3）让受灾公众能够获取信息，并向他们解释目前我们已知的和正在做的事情。（4）散发科学的材料，维护公众的信任。（5）建立信息监控体系，以尽快纠正不实的信息传播。（6）对公众的信息需求和关注进行快速反应。（7）构筑由政府主导具有统一及一致性的交流战略和行动。（8）建立统一和连贯的信息发布体系。（9）进行第一时间的信息分享，以让公众尽早意识到风险。

2. 基本假定

基本假定主要是针对寨卡病毒肆虐的根源和途径而设定的交流时可能遇到的情形和应对，它们包括：（1）当感染人群在美洲国家数量增多时，媒体应当先于官方告知情况。（2）应当尽量缩短第一个病例在报告和确诊之间的时间差，以避免公众和媒体无谓的猜测。（3）当病例被确认后，应当立即公布于众。（4）公众、国内和国际媒体必然都存在大量的信息需求。（5）社交媒体将呈几何级数的增加信息需求压力，同时也可能增加谣言的快速传播。（6）不实信息、谣言将涌现，并会影响人们的决策。（7）健康管理部门、合作伙伴、媒体、其他管理者、一般公众和其他组织都将面对快速、大范围和持续的信息需求，这要求政府要快速的反馈事实。（8）人们对病毒了解得越多，公众健康指南和建议就会改变得越多，必须尽快向受风险影响的公众进行更新。

3. 关键信息指导

这一部分主要是设计了一些应当及时准确地向公众进行传播的信息目录，它们包括：（1）有关寨卡病毒的基本信息，例如，什么是寨卡？有什么症状？如果发现感染症状了应该做什么？谁在负责和正在处理这件事情？人们、特别是怀孕的妇女对病毒传染的担忧程度如何？怎样保护自己和家人免受病毒威胁？病毒是否致命、能否治愈？病毒可否通过血液和性接触传播？等等。(2)控制和消除病毒的基本方法。它主要包括强调没有蚊虫就没有寨卡病毒、告知蚊虫的生理和繁殖规律、每个人应当如何参与控制和消灭蚊虫的过程。(3)个人保护措施，例如包裹自己的皮肤、穿长袖衣服和长裤、睡觉时挂蚊帐、用官方推荐的驱蚊剂、杀虫剂，等等。

4. 交流指导原则

交流指导原则主要是强调有关组织和人员在开展病毒风险交流工作时，应当遵循的准则，具体包括：(1)当风险尚不确定时，官方也应尽可能在社会广泛关注前，就如实告知公众有关风险的真实程度和应当立即采取的保护性措施。(2)应及时、透明、准确地发布科学信息以建立起公众信任。(3)要抢在可能产生的社会混乱之前进行组织合作，并制作和发布风险信息。(4)优先考虑信息，特别要关注那些可能对事态发展和公众行动产生巨大冲击的信息。(5)公众应有获取信息的途径，并且，这些信息应当是科学的、有针对性的和有帮助的。(6)为消灭蚊虫做好社会动员和社区参与的准备。(7)信息发布应当尽可能地留有余地，要避免过度解读数据和表达对公众健康调查和控制措施的过度信任。(8)必须认识到随着对疾病更加深入的了解，所有的建议都可能会有所改变。(9)制订应急计划，以应对包括社会敏感行为在内的紧急情形。(10)行动的改变应当建立在教育的基础上，学校和社区是关键。(11)和记者持续保持联系，随时告知其事态进展。

5. 评估风险感知

为了能让个人和社区采取有效的预防性措施，对不同受众的风险感知进行分析是必要的。为此，世界卫生组织和泛美卫生组织针对寨卡病毒设计了两个调查表格(见表 6-1 和表 6-2)。

表 6-1　　　　　　　　　公众对寨卡和其他病毒风险感知程度对比

	非常高风险	高风险	中度风险	低风险
登革热				
原因				

续表

	非常高风险	高风险	中度风险	低风险
基孔肯雅病				
原因				
寨卡				
原因				
头小畸形				
原因				

表 6-2　　　　　　　　　　公众对寨卡及其传染源的风险感知情况

维度	寨　卡	伊　蚊
熟悉度	你了解这个风险吗	你了解它吗
不确定度	你预测你在五年内是否会感染？（问题的关键不在于你认为你会不会感染，而是你能不能预测）	你预测你在五年内是否会被蚊虫叮咬？（问题的关键不在于你认为你会不会被咬，而是你能不能预测）
可控度	我个人能否采取预防措施减少风险	我个人能否采取措施减少蚊虫数量
利害关系	感染了有好处吗	控制蚊虫及其繁殖场所有好处吗
恐惧度	你害怕感染吗 害怕你或家庭成员怀孕并感染吗	你害怕被蚊虫叮咬后感染的疾病吗
不信任度	是否有机构正在对预防病毒感染采取措施	是否有机构在负责预防和控制蚊虫的繁殖和数量增加
可扭转度	一旦感染是否可治愈	能够治愈由蚊虫叮咬后感染的疾病
个人利益	你觉得你会感染登革热吗	你觉得你会感染基孔肯雅病吗
伦理和道德	你认为感染者是否有风险	你认为被蚊虫叮咬者是否有风险
了解受害者	你感染了吗	
其他	你认为我国是否正经历疫情风险	你认为我国是否正处于蚊虫风险中

6. 主要的交流渠道

主要的交流渠道包括但不限于：（1）召开包括电话和电视会议在内的媒体见面会。（2）社交媒体。（3）有关于病毒详细信息的互联网站。（4）广播。（5）印刷材料。(6)其他社会和社区动员。

7. 受众

不同的受众可能既有共同的，也有特殊信息需求，为了维护信任，应当针对不同受众进行针对性的交流。

8. 具体交流工作

针对具体交流工作，该文件一共设计了多达 29 个细节性问题，这些问题总的来说可以分为如下几个部分：(1)风险交流团队的内部组织任务，包括形成透明的政策以用来解释向公众发布信息的标准、确定交流团队和其他伙伴之间的联络人并启动信息监控机制、指定有权批准向公众进行信息发布的人员、指定和训练发言人、在征求专家意见的基础上决定应当采取的措施和准备发布的信息、坦诚及时地发布第一次公告、通知媒体信息更新的时间和地点、通过各种渠道和公众进行持续交流。(2)确认最受影响人群的需求，包括难以接触人群和易受影响人群的识别机制、确认适用易受影响人群的交流渠道、准备面向目标人群的信息和交流材料。(3)和利益相关者建立伙伴关系，包括建立一个协调小组、确认可以合作的伙伴、获得医护人员的支持、和名人及其他有话语权的人合作。(4)准备，包括做好信息传递方式及其负责人的准备工作、让公众做好应对恶性病例的准备。(5)信息传递渠道，包括准备好关键信息、选择交流渠道、持续更新信息。(6)对交流进行监控，包括执行交流效果的评价监控机制、建立信息监控团队和电话辅助热线。(7)和媒体进行联系，包括在新闻媒体上公布和更新数据、做好与媒体合作时的信息保障并持续更新。(8)社区参与，主要是要迅速动员社区参与危机处理。

第二节　其他国家和地区规则

作为世界上组织开展食品安全风险交流较早的国家和地区，欧洲与美国既形成了一些可予关注的经验，也为我们提供了可资借鉴的教训。其中，值得关注的经验主要就是两地的食品安全管理部门都非常重视在国家层面制定食品安全风险交流的相关战略、规划和指南。同时，这些战略、规划和指南在制定和实施过程中所积累和反馈出的一些问题，也成为我们可资借鉴的教训。因此，通过对上述两个地区颁布的相关规范性文件进行文本分析，以凝练其中的经验教训，可在一定程度上助力我国食品安全风险交流法律治理的完善。

一、美国 FDA 风险交流战略计划

技术的快速发展使病人和消费者能够越来越多地实现对他们健康和福祉的自我管理。为了更加促进这样的行动，2009 年 9 月 30 日，FDA 出台了《风险交流战略计划》，以推动对最佳医疗产品和安全食品消费的最有效沟通。在该文件中，FDA 阐述了对风险交流的如下理解：（1）风险交流是多方面的。在 FDA 的职责范围内，风险交流活动分为两大类，一类是交互式分享风险和收益信息，以使人们能够对 FDA 监管产品作出明智的判断；另一类是为相关行业提供指导，让他们能够最有效地交流 FDA 监管产品的风险和收益。（2）风险交流所传达的信息不仅应当包括积极的信息还应当包括消极的信息。（3）风险交流是双向的。同时，FDA 还认为，风险交流应遵循三个基本原则，分别是以科学为基础、以受众为中心、以结果为导向。

在基本战略的设计上，该计划以目标为核心，从理论、能力以及政策三个方面描述了 FDA 的 14 种具体战略行动。这三个方面在实践中是经常相互重叠的，它们共同对改进风险交流发挥着重要的作用。

在讨论了每种战略之后，风险交流战略计划还列举了 FDA 必须在未来五年内应当采取的行动清单，以为实现这些目标明确进一步的行动方向(详见表6-3)。

表 6-3 目标、战略和行动

目标/战略	行 动 步 骤
扩充 FDA 风险交流的理论	
S1：识别在风险交流关键领域知识和实践的差距，并努力填补这些差距	✓ 制定研究议程供公众传播，并提供技术援助和其他支持以促进研究。 ✓ 开发和进行研究，以确定最有效的形式和内容，向接受新处方的患者传播有关处方药的信息 ✓ 开发和开展研究，确定最有效的方式和内容，向客户传达有关伴侣动物的新处方药的信息 ✓ 开发和开展研究，确定最有效的方式和内容，向用户和处方人员传播医疗设备的信息 ✓ 进行研究，就 FDA 交流活动的有效性提供反馈 ✓ 开发一个专家模型来描述与烟草使用相关的消费者决策，并更好地理解 FDA 对烟草产品的监督可能产生的影响

续表

目标/战略	行 动 步 骤
S2：评估 FDA 风险交流和相关措施的有效性，并监督其他利益相关者	√ 设计一系列公众调查，以评估公众对 FDA 医疗产品传播的理解和满意度，为定期调查 FDA 重要目标受众提供模板 √ 建立 FDA 门户，接受不同利益相关者(尤其是医疗专业人士)对 FDA 风险交流工作的非正式评论/反馈 √ 对药物风险评估和缓解策略(REMS)的赞助商评估发布指导 √ 监控风险传播信息的媒体和网络报道，调查消费者在食品危机爆发/召回期间对风险传播的理解和报告行为 √ 评估社交媒体工具(Web 2.0)达到目标受众的效用/有效性，包括社交媒体如何在召回期间报道 FDA 的消息
S3：将研究/评估获得的知识运用于实际	√ 回顾文献并应用研究成果，如何将研究成果转化为对 FDA 风险交流开发人员有用的内容 √ 建立、维护一个有用、容易访问的 FDA 和其他相关风险交流研究的内部数据库 √ 增加中心之间关于研究、应用和最佳实践的 FDA 内部交流 √ 对 FDA 员工进行健康知识、基本风险交流原则、注意事项和应用方面的培训 √ 将健康素养研究转化为易于在实践中实现的研究，并跨机构部门就健康素养最佳实践进行交流 √ 定期为目标受众检测公共文件的语言平实度和适当的阅读水平
提高 FDA 生产、传播和监督有效风险交流的能力	
C1：简化和协调风险交流信息和风险交流活动	√ 在影响其他 HHS 运营部门的问题上，与兄弟机构加强信息开发的机构内部协调 √ 加强与各州、地方在多个州食品危机爆发和召回交流方面的协调 √ 为 FDA 定期发生事件的新闻稿开发模板(例如，批准、召回、公共卫生建议/通知) √ 建立机制来跟踪新闻的发布和发布时间 √ 评估和改进跨 FDA 信息、通信产品的开发和传播程序 √ 推出 FDA-wide wiki 和其他适当的基于 Web 的工具，以更有效地共享信息和协作 √ 增加 OPA 等媒体关系人员，特别是具有翻译能力的

续表

目标/战略	行 动 步 骤
C2：制订危机情形风险交流计划	✓ 建立决策矩阵或问题集： 什么构成了 FDA 的紧急事件和/或危机 确定何时发生紧急情况，何时结束 FDA 何时会就改变产品风险信息进行交流 ✓ 建立一个重要的新数据收集机制，以即时测量消费者对食品召回和暴发的反应，以在紧急情况下调整信息，以达到最大的效果 ✓ 更新 FDA 和 CFSAN 应急响应计划，以简化疫情/召回期间交流的作用和职责 ✓ 建立微博机制（如 Twitter），在公共卫生通告、召回事件等方面发布紧急短消息，让公众了解最新动态 ✓ 危机期间定期、频繁与媒体交流 ✓ 开发一个关于食品安全实践的多媒体传播"图书馆"，用于通识教育，并与食品污染事件的危机传播一起使用（例如，安全处理产品，停电期间的食品安全） ✓ 就 FDA 用于制定受监管产品决策的数据的内在局限性以及这对公众信仰和预防行为意味着什么进行教育交流 ✓ 制定并实施教育计划和活动，以增进公众、医疗专业人员和媒体对医疗产品监管的了解
C3：简化风险交流研究、检测和评估程序	✓ 建立内部网络非正式测试 FDA 员工信息 ✓ 改进程序和机制，使 FDA 能够及时进行公共风险/利益交流的测试 ✓ 探索新的合作关系，可以提供关于高优先级通信有效性的及时数据
C4：明确参与起草、审查、测试和清理信息的工作人员的作用和职责	✓ 制定 FDA 指南，明确不同 FDA 专家在通信开发中的角色和职责 ✓ 教育科学和法律工作人员关于受众需求、信息精确性/完整性和信息过载之间的权衡
C5：增加决策专家和行为科学专家的雇员人数，并让他们参与交流设计和信息开发	✓ 雇佣个人来增加适当的专业知识 ✓ 培训现有 FDA 员工了解形成性和评估性研究的需要，以及如何应用已知的决策/行为科学发现

目标/战略	行 动 步 骤
C6：提高 FDA 网站和 Web 工具作为与不同利益相关者交流的主要机制的有效性	✓ 定期向 FDA 消息开发人员报告/传播现有的 Web 使用统计数据，尽可能由目标受众细分 ✓ 增加提供目标反馈机制的页面/站点数量 ✓ 开发消费者安全食品处理实践的视频流，以预防疾病并将其放置在 Web 和外部媒体分发站点上 ✓ 定期监控误导地报告 FDA 信息的非 FDA 网站，并在适当的情况下制定谈话要点，以解决交流不当问题 ✓ 评估建立 FDA 网站的价值，向公众提供有关 FDA 行为的虚假网络谣言信息，或与现有网站合作，以实现同样的目标 ✓ 增加使用中心和项目专用博客等社交媒体工具与公众交流 ✓ 建立专门的 FDA 网站，作为公众获取所有已知假冒药品的批准医疗产品图片的中央门户 ✓ 作为召回通知/信息的一部分，发布受 I 类或高优先级 II 类召回影响的 FDA 监管产品的图片 ✓ 探索创建一个与 FDA 网站相关联的虚拟世界，以显示 FDA 在设施和边境的检查活动 ✓ 审查建立社交网络工具(如虚拟论坛、系列讲座、培训)所需的基于 Web 的软件的可行性和成本，使 FDA 专业人员能够与内部和外部同事联系，保持对其领域最新研究、政策、实践和技术的最新了解 ✓ 探讨和研究使用不同的电子选项(网络工具、电子娱乐系统)交流烟草使用风险的可行性
C7：通过加强与政府和非政府组织的合作，改善双向交流和传播	✓ 建立使用特定医疗专业协会的程序，以评估针对其利益相关者的交流可理解性 ✓ 与 MedSun 网络的临床设施合作，评估 FDA 对设备安全建议的影响 ✓ 与消费者和患者组织合作，获得关于 FDA 交流的可理解性和有效性的反馈 ✓ 识别并与消费者和患者组织合作，以增加 FDA 在各种语言和文学方面的交流的可用性 ✓ 从报道 FDA 的记者那里征求反馈意见，了解 FDA 如何能对信息要求做出更积极的反应 ✓ 扩大与消费者和医疗专业人士经常访问的网站的合作，增加与 FDA 有关受监管产品信息的外部链接 ✓ 定期评估咨询委员会会议是否有效促进双向交流

续表

目标/战略	行 动 步 骤
优化 FDA 有关风险和利益交流的政策	
P1：制定指导一致且易于理解的 FDA 风险交流原则	✓　制定有效风险交流的循证指南手册(文献综述整合) ✓　制定以研究为基础的战略计划，以品牌推广和促进下一代食品安全的教育伙伴计划，保障食品安全
P2：确定何时以及如何传达新出现的风险信息的一致标准	✓　通过 FDA 协调医疗产品(药物、生物制剂和设备)新出现风险的适当标准、标题、内容和格式 ✓　协调美国农业部、美国疾病控制与预防中心以及受影响的州和地区的多州食品召回公告 ✓　与国际组织和外国监管机构协调国际公告
P3：重新评估和优化与合作伙伴合作的政策，以促进有关受监管产品的有效交流	✓　评估围绕 FDA 机密信息共享的法定和监管框架，以便更早地与外部医疗专业专家和组织分享和反馈即将出台的医疗产品监管行动(如警告和召回) ✓　评估围绕 FDA 机密信息共享的法定和监管框架，以便尽早就联邦食品监管行动(如警告和召回)与州和地方监管机构进行共享和反馈 ✓　扩大与医疗专业人员关于新兴医疗产品风险信息的双向交流，确定对任何额外政策和流程的需求，识别和接触具有最大双向交流潜力的组织
P4：评估和改进 FDA 在公共卫生影响较大领域的交流政策	✓　基于目标受众调研和反馈，建立一份单一文件的解决方案，确保患者获得关于他们服用的处方药的有用书面信息 ✓　评估 FDA 对处方药促销活动(广告、促销标签、赞助商与医疗专业人员的互动)的监管框架，并确定是否需要修订或增加立法或监管 ✓　确定医疗产品促销材料中风险信息呈现的指导意见 ✓　确定使用社会化媒体(Web 2.0)的政策和程序的需求，以改善 FDA 和公众在受监管产品问题上的双向交流

二、欧盟 EFSA 食品安全风险交流指南

《当食物烹起风暴：风险交流的有效方法》(*When Food is Cooking Up a Storm*: *Proven Recipes for Risk Communications*)是欧洲食品安全局(EFSA)和欧洲国家食品

安全管理部门联合发布的文件。由于此项目希望能够持续汲取过往的经验与教训，以加强欧洲食品安全体系内的风险交流，因此，这是一份随着实践案例的变化而不断更新的文件。目前较新的版本发布于 2017 年。这份指南的目的是为不同国家的公共卫生部门提供一个制定风险交流方法的通用框架，促进成员国的风险评估员与欧洲安全与合作署之间的合作和协调。其内容分为五个部分，前四个部分是对风险交流通用框架的分解性介绍和剖析，包括：简介和目标、良好交流的指导性原则、影响交流水平和类型的因素、交流的工具和渠道。第五部分为文件的主体部分，以案例分享的形式说明了如何针对不同的交流目的适用不同的交流工具和渠道，这一部分案例的定期更新是该份文件"活"的体现。

第一部分指出，虽然很难找到一种适合欧盟 27 个成员国的统一方法，但是本书不是危机交流手册，而是旨在分享风险交流的最佳实践。第二部分提出了良好风险交流的四个基本原则：（1）开放。要及时公布风险评估，并在风险评估过程中，与利益相关方公开对话。（2）透明。透明度与开放密切相关，包括透明的决策和透明的方法——解释一个组织如何运作、治理，如何作出决策。（3）独立。风险评估人员需要独立于政治决策者、行业、非政府组织或其他既得利益者。（4）及时。第一时间开展交流通常是至关重要的。

第二部分强调，基本原则并不能完全保证良好的风险交流，实践中的交流还需要注重以下方面：（1）发布所有关键文档。需要在网站上提供会议记录、重要会议上提交的文件和其他材料，以建立认识、理解、信任和信心。（2）让信息变得易于理解。将科学语言准确地翻译成相对简单的语言以便非专业风险管理者、利益相关者和更广泛的受众理解。（3）及时交流。风险评估和有关的信息在得出结论后应尽快发表，以便以开放的方式告知决策和可能采取的行动。（4）风险评估员和管理者之间的对话。风险评估人员和风险管理人员应当考虑科学观点可能产生的相关兴趣领域，预测风险评估可能被问到的问题类型，确保职权范围既服务于科学目的，也服务于传播目的。（5）与利益相关者对话，了解受众。双向接触和对话是交流中必不可少的，了解利益相关者和其他目标受众的需求是实现有效传播的最大关键。（6）承认并交流可能存在的不确定性。如果存在不确定性，就应该承认并描述它，以便有预期的听众能够了解正在采取哪些步骤，并使他们确信正在解决不确定性问题。

第三部分从八个方面总结了影响交流水平和类型的因素。包括：（1）从交流的角度看风险水平。（2）危害的性质。（3）谁会受影响。（4）人们/动物/植物/环境是如何受到影响的。（5）接触危害/风险的程度。（6）控制风险的能力。（7）其他与风险感知相关的因素。（8）需要的交流水平。

第四部分阐述了在目标明确、目标受众确定之后，如何选择有效的交流工具和渠道，分别从适合、有时适合、不适合三个方面介绍了十种交流的渠道，包括媒体、网站、印刷出版物、数字化出版物、会议和研讨会、公共协商、合作伙伴/利益相关者的网络、社交网络、推特、博客等。

第五部分作为指南的主体内容和亮点，依次从三个层次列举了 11 起相关案例，分别是：（1）当"天空晴朗"时，应当预期受众需求和目标，然后寻求主动交流的方法。这部分列举了 4 起案例：分别是 2015 年的丙烯酰胺事件、2014 年咖啡因事件、2011—2012 年食源性人畜共患病传播事件、2004—2009 年食盐事件。（2）"阴天"来临时，由于问题的性质和敏感性，应当在受到限制之后，选择相对被动的交流方法。这部分列举了 5 起案例：2008 年动物克隆的风险评估、2007—2008 年南安普敦大学一项某些人工色素对儿童健康影响的研究、2009 年瑞典的食物补充剂、2013 年挪威的铅暴露事件、2012—2013 年波罗的海鱼污染事件。（3）"风暴酝酿"中，在危机情况下采取的方法和吸取的教训，此处只有两起案例：2009 年荷兰的 Q 热病和 2008 年爱尔兰二噁英危机。这一部分的案例介绍均以第三部分提出的八个方面为框架，例如，以爱尔兰二噁英危机为例，主要介绍了风险水平、需求的交流水平等八个部分。

第三节　经验借鉴与教训分析

总体来看，上述国际组织、国家及地区在组织开展食品安全风险交流活动的相关规则制定上，主要存在如下值得借鉴的经验与可予反思的教训：

(一)经验分析

1. 注重树立食品安全风险交流战略目标

例如，在《重大疫情风险交流计划指南》和《寨卡病毒：风险交流步骤指引和社区工作》中，WHO 也首先强调了该两部文件的"应用目标"。这说明，正确理解和确定战略目标对于指导食品安全风险交流工作开展至关重要。当然，需要指出的是，不同国家和地区由于面对的食品安全形势不同，公众的食品安全风险文化差异也较大，因此，必须要制定与自身国情相适宜的食品安全风险交流战略目标。

2. 注重归纳食品安全风险交流基本原则

食品安全风险交流强调情境和细节，具有很强的灵活性，因此难以对其进行程式化设定。这就凸显出对食品安全风险交流原则把控的重要性。例如，WHO 在《重大疫情风险交流计划指南》中，将风险交流的原则概括为"信任、尽早告知、透明、倾听和计划"五个方面。FAO 和 WHO 在《食品安全风险交流手册》中，强调食品安全风险交流应当坚持"公开、透明、及时、回应"四个基本原则。FDA 在《风险交流战略计划》中，强调风险交流应当"以科学为基础、以受众为中心，以结果为导向"三个基本原则。EFSA 在《当食物烹起风暴》中则强调了"开放、透明、独立和及时性"这四个基本原则。这意味着，上述国际组织、国家和地区在开展食品安全风险交流工作时，都非常重视在原则层面对风险交流的方式、方法和策略加以强调和把控。

3. 注重设计食品安全风险交流完整流程

在上述国际组织制定的相关规范性文件中，都体现出食品安全风险交流应是一个具有内在整体性逻辑的完整过程，而非只强调交流阶段本身。例如，WHO 在《重大疫情风险交流计划指南》中对风险交流工作规定的七个详细流程，除了"公开"和"倾听"直接涉及交流本身外，还包括之前的"评估""合作"和之后的"评价""计划"与"练习"。在《寨卡病毒：风险交流步骤指引和社区工作》中，该文件第八部分针对具体风险交流工作的开展一共强调了从"风险交流团队内部组织任务"到"社区参与"的 8 个步骤，其间也设计了许多准备性工作。可见，上述国际组织十分强调应将风险交流视为一个包括"准备""实施""评价"等在内的完整性过程，而并非只重视仅作为实施阶段的交流本身。

4. 注重强调食品安全风险交流系统思维

从前述规范性文件来看，上述国际组织、国家和地区较为注重从系统性的角度来理解食品安全风险交流在食品安全风险分析整体框架中的功能与作用，而并非以孤立的视角来看待食品安全风险交流，从而割裂其与食品安全风险评估、风险管理之间的有机联系。例如，WHO 和 FAO 在《食品安全分析：国家食品安全管理机构应用指南》第三节中，明确强调了风险交流应当具备的 11 个阶段。其中从"识别食品安全问题"开始，一直到"监控与评估"结束，基本上将食品安全风险交流囊括进了从食品安全风险识别、到风险评估、再到风险管理的每一个阶段之中。再如，EFSA 在《当食物烹起风暴》中，也明确强调在风险交流实践中，应当注重实现风险评估员和管理员之间的对话。这都说明，在上述国际组织、国家和地区看来，风险交流应当嵌入至食品安全风险分析框架的每一个部分。

5. 注重强调食品安全风险交流受众特性

总体来看，前述规范性文件都特别强调要根据受众特征选择合适的风险交流方式、策略和渠道。例如，在《重大疫情风险交流计划指南》中，WHO 强调要评估公众的风险交流能力，并选择适于其理解的交流语言和方式。在《食品安全风险交流手册》中，FAO/WHO 不仅专章强调了理解目标受众的重要性，还给出了具体建议。在《寨卡病毒：风险交流步骤指引和社区工作》中，WHO 把受众分成一般公众、医护工作者、游客和旅游工作者以及社区组织者四种类型，并强调"为了维护信任，就必须针对性地进行交流"。EFSA 在《当食物烹起风暴》中，也明确强调要确定目标受众，并据此选择适合的交流工具和渠道。

6. 注重强调食品安全风险交流合作机制

总体来看，前述规范性文件还十分强调风险交流中的主体合作机制建设。例如，在《重大疫情风险交流计划指南》中，WHO 在交流的目标和步骤两方面都强调了"合作"的重要性。在《寨卡病毒：风险交流步骤指引和社区工作》中，WHO 也指出，在交流的过程中，应当和利益相关者建立合作机制，形成伙伴关系。

7. 注重强调食品安全风险交流工作方法

总体来看，前述规范性文件都很重视通过案例、表格等方式来进行相关的说明和指导。例如，在《当食物烹起风暴》的最后一部分，EFSA 结合食品安全事件的发展形势，通过 11 个风险交流的案例说明进一步阐释了指南具体内容。在《寨卡病毒：风险交流步骤指引和社区工作》中，WHO 使用了大量的表格来说明应当如何了解公众的风险感知情况。

(二) 教训总结

就上述欧洲与美国的规范性文本来看，其在为我们提供了一些可予借鉴的经验的同时，在制定和实施过程中反映出的一些问题也值得我们加以反思，主要表现在：

(1) 对风险交流的类型分析考量的不够全面，在面对风险交流的过程引导和管理上，过于注重危险性风险交流，而相对忽略保护性和共识性风险交流。以美国 FDA 风险交流战略计划为例，其在 C2 明确强调了要"制订危机情形风险交流计划"，但却并未将保护性和共识性风险交流工作的日常开展计划的制定提至同样高度。这在一定程度上体现了美国在食品安全风险交流战略上对公共危机事件的重视程度高于对民众健康的关注程度。

(2) 对风险交流的规范设置大多属于示范性或指引性的软法规范，相对缺乏义务与责任等硬性规定，导致效力偏弱，社会治理效果较差。同样以美国为例，尽管 FDA 风险交流战略计划就性质而言本身属于政府指南，但如果不能配套相应的具有一定强制效力的规范性指导，则难以有效遏制食品安全风险交流过程中的食品谣言恶意传播行为，从而影响食品安全风险交流的良好社会效果实现。

第七章　我国食品安全风险交流法律治理
完善的对策与建议

如前所述，食品安全风险交流法律治理应当构建一个既具一定内在逻辑结构，又可灵活付诸实施的完整体系，而我国当前围绕此所展开的法治各环节均存在一定可予改善之处。因此，在总结有关国际组织和他国规范性文件的经验和教训的基础上，我国食品安全风险交流法律治理可以从法治目标、法治原则、法治模式和法律制度四个方面进行相应的补充和完善。

第一节　明确基于"话语共识"的法律治理目标

尽管由于食品安全风险成因和状态的复杂性，食品安全风险交流可能会被不同的学者划分为不同的类型，[①] 而每一种类型在交流的目标、策略、方式和途径等方面都可能存在着一定差异。然而，客观来说，无论从何种角度划分，它们本质上都从属于食品安全风险交流范畴，在目标上仍具有根本一致性。在某种意义上，食品安全风险交流法律治理就是要通过不懈的制度化和法治化努力以追求这一目标的实现。因此，深入理解和阐明这一目标，不仅有利于澄清食品安全风险交流的内在价值，也有助于完善对食品安全风险交流法律治理的设计，使制度的构建和实施在方向上得到根本的统一。总的来说，食品安全风险交流法律治理目标就是要实现"话语共识"，这在根本上是由多元社会的现实决定的。

---

① 例如，如前文所述，国外学者雷吉娜·E. 朗格林和安德里亚·H. 麦克马金从功能角度将之分为保护性风险交流、共识性风险交流和危机性风险交流三种类型；国内学者刘飞则从时间角度将之分为常规性交流和危机性交流两种类型。

258

一、食品安全风险交流法律治理的外在空间——多元社会

随着社会的发展，人们已普遍意识到，现代社会是多元社会。所不同的是，相对于传统社会，这种多元性究竟是有本质区别还是仅有程度差异？对此，尚有分歧。我国台湾学者林毓生认为，所谓多元社会，并非仅指社会内部的分殊化，它更加强调的是"社会成员在法律秩序之内，根据自我的兴趣与素养可以做自己所要做的事情的一种社会。法治与自由正是多元社会的核心基石"。① 因此，在某些学者看来，只是社会在职业、思想、参与、分配或其他任何领域上的分化，并不就意味着多元社会的出现。一个可称之为多元社会的社会形态，必须具有一定程度的个人自由，且同时，社会成员也只有在思想上能够达成共识，才能产生真正的多元社会。这是因为，只有真正意义上的个人自由能够得到实现，社会才应当且需要去追求成员的思想共识，否则社会就可能出现涂尔干所谓的"失范状态"，而不成为多元社会。但无论如何，相对于传统社会，现代社会的多元性特征更加明显，这已成为学界共识。

食品安全风险交流得以产生的重要原因之一正是多元社会的出现。或许正缘于此，食品安全风险交流才直至最近半个世纪方成为全球治理的共同话题。首先，只有生产的不断发展才能为人们提供更多的生活自由。正如笔者在第三章所言，人类食物从供应短缺到适度充足是食品安全风险交流产生的重要经济性背景。正是由于物质世界的不断丰富，人们才能逐渐摆脱贫困所带来的不自由，进而享有更多的食品消费自主权。然而，自由在不断扩张的同时，也给人们带来更多选择的"义务"。也正缘于此，人类才需要进行食品安全风险交流以在食品消费的自由选择上谋求共识。其次，不断的思想解放为人们生活方式的自主性选择迎来了契机。自近代社会以来，人们的权利意识蓬勃生长，对自由的关注逐渐挑战了对道德规约和公共伦理的强调。"Do What I Want to Do""Just Do it""我的地盘我作主"，曾经一大批个性张扬、自我解放的广告用语，在一定程度上诠释着这个时代的精神内涵。因此，在现代社会中，人们，特别是青年人群，开始拥有更多的独立空间和自我选择。这种现象在食品消费领域也得到了一定的体现。例

① 林毓生. 政治秩序与多元社会[M]. 台北：聊经，1989：148.

如，在现代许多大城市，在外就餐和网购食品，已经成为许多年轻人的主要饮食方式。据上海市有关部门报道，上海居民在外就餐率高达 61%，其中主要人群以 15~44 岁为主。① 另据最高人民法院 2018 年司法大数据专题报告显示，该地 2017 年网购纠纷中食品占比即超过 50%，其中 26 岁提起诉讼的人数最多。② 可见，个性化的生活方式正在相当程度上引导着年轻人群的食品消费习惯，而这也在一定程度上引发了食品安全风险交流的进一步需求。最后，个人自由的扩张对社会的信任带来了威胁。"禁忌的大门一旦打开，由于快乐经验的熏陶，对解放寓言的体味和实践便不断向纵深挺进。经过一系列耐人寻味的变化，肉体的欲望不仅可以探索和表现，甚至被日益视为激发创造力的源泉。"③这意味着，个人自由扩张在带来社会解放的同时，也可能导致价值虚无主义的盛行，进而加剧社会的不信任感。当前，诸如食品添加剂等食品安全领域中的许多问题，在一定程度上也是由不同的社会群体、阶层和成员之间缺乏必要的信任所致，因此，通过持续的交流来增进社会的信任，形成最大的社会公约数，这也是食品安全风险交流需求产生的又一重要根源。

二、食品安全风险交流法律治理的内在价值——话语共识

在多元社会中，共识的形成有助于使社会群体在内心趋同和信念一致的基础上消除分歧、增强合作、促进稳定。共识的这种功能大致可以通过三种方式来实现：一是尽量减少分歧的出现；二是尽可能控制分歧形成所依托的社会情感和心理强度；三是力图在不同社会群体和成员之间培养一种和平裁定分歧的意愿。④

在有关共识的理论研究当中，尤尔根·哈贝马斯所构筑的宏伟思想体系具有重要的启发作用。哈贝马斯是 20 世纪西方哲学的集大成者，他通过将理性与话语相结合开创了现代社会的交往理性理论，并对解决现代性困惑和生活世界的殖

① 上海居民在外就餐率高达 61%，以 15—44 岁中青年为主[EB/OL].（2018-05-12）[2022-12-28]. http://www.thepaper.cn/newsDetall-forward-2126223.

② 冼小堤. 七成网购纠纷来自这两大平台，最易出问题的商品是……[EB/OL].（2018-06-16）[2023-10-24]. https://www.sohu.com/a/236088643_170817.

③ 张凤阳. 论虚无主义价值观及其文化效应[J]. 南京大学学报(哲学·人文社会科学·社会科学)，2003(6)：68-76.

④ 王秀娜. 多元社会的共识理论研究[D]. 长春：吉林大学，2013：58.

民化产生了非凡的意义。在哈贝马斯看来，交往理性是继工具理性之后，人类理性的又一次启蒙运动，它建构在如下一些理论假设基础之上：一是理性主体的角色从认知转为交往；二是理性运用的方式从个体的自我意志反思转为相互的意志交流与理解；三是理性的实践依托从对自我权利保护的实体性规范转为话语表达规则的程序性建构。在面对人类作为情感与理智的复合体这一问题上，交往理性的理论提出在一定程度上解决了康德实践理性无法实现人类目的理性和工具理性相统一的悖论，并相对化解了个体理性与集体理性之间冲突与反差的张力。在马克思主义者看来，人的本质属性乃是社会性，人不可能完全脱离于社会而孑然自在，因此，人类规则的普遍性无法完全通过个体的自我反思就合理生成，而必须依赖主体间性，通过致力于他者立场，并自觉接受更具说服力的理由才能最终实现。在交往理性的社会实践中，人们不断为自己的自由意志进行辩护，并在辩护中尽可能提供自我的行动理由，但这个理由并不因为生成于主体的先验理性就自然成为社会行动规范。相反，它是不断"说服"的过程，并最终借助于此，从他人那里获取完全的合法性。通过这个主体的语言交往过程，人们就可以在道德和法律的规范上形成最基本的一致。①

人们的日常生活中，存在着一个"关于内容、观点也就是意见的交往网络"，在哈贝马斯看来，这就是"公共领域"，它构筑了人们交往理性的实践场所。那么，交往理性在公共领域中应当通过何种途径发挥作用，"才能令人幸福的、富有影响地使问题成为讨论议题，提供解决问题的建议，并对政治决策形成公共压力"？② 哈贝马斯给出的答案是"对话与理解"，即通过对话实现理解，谋求共识，从而使主体能够协调一致地展开合作与行动。如此所形成的共识，是经验而非先验、选择而非必然、开放而非注定的。③ 在真理无法确定的时候，人们只能去关注不同的意见；意见世界就是政治世界，意见的问题只能用意见来解决。④ 然

① 王晓升. 从实践理性到交往理性——哈贝马斯社会整合方案[J]. 云南大学学报（社会科学版），2008(6)：29-37.
② 哈贝马斯. 公共领域[C]//汪晖，陈燕谷. 文化与公共性. 上海：三联书店，1998：445.
③ 王秀娜. 多元社会的共识理论研究[D]. 长春：吉林大学，2013：76.
④ 赵汀阳. 哲学的政治学转向[J]. 吉林大学社会科学学报，2006(2)：5-11.

而，意见的表达必须要借助话语的途径，除此之外别无他法，因此，倘若没有一定的形式规则来对语言和对话加以约束，则仍难免使公共讨论陷入自言自语的困境，从而导致交往理性依旧无所依存，由此所希冀的共识也无法最终达成。正是基于此，哈贝马斯在其思想后期开启了后形而上学的"语言学转向"，开始专注于全面分析语言的结构及其实践功能，揭示话语的交往功能和伦理蕴含，研究交往主体之间如何借助言语行为达到彼此间的相互理解①，其中，他在《交往行为理论》这本著作中系统探讨的"理想的话语环境"以及"合适的交往语言"等内容是其语用学研究的精髓。

哈贝马斯的交往理性理论对于帮助我们理解现代社会中的食品安全风险交流治理目标具有重要的意义。既然在生活世界所缔造的公共空间里，通过对话与理解来谋求共识成为对真理追求的一种替代性选择，那么，按此逻辑，我国食品安全风险交流法律治理的设计目标应当就是——不断追求实现社会主体在食品安全公共领域中的"话语共识"。尽管如前所述，食品安全风险交流从不同角度可以分成不同类别，但无论作何分类，它们在终极意义上都是为了通过交往理性来谋求实现共识。对此，我们可以雷吉娜等人的分类为例，在三种类型中，虽然只有共识性交流的目标似可被理解为"达成共识"，但实际上，保护性交流和危机性交流在最深层意义上，也可被视为具有同样目的。其区别仅在于，前者倾向对"未知的风险"达成共识，而后两者则可能着眼于对"已知的风险"或"特定的风险"达成共识；换而言之，前者所面临的风险可能更偏重客观实在性，而后两者所面对的则更强调主观建构性。例如，由生物工程科学技术应用所导致的食品安全风险交流的目的看起来就是达成共识，而针对"三高食品"或者针对有毒有害食品，风险交流的目的又似乎只是让公众减少摄入，或消除恐慌，并告知其应当采取的正确行动。后两者尽管看似与"共识"无甚关联，但事实上，其内在也同样隐含着对"共识"的追求。这是因为，之所以需要告诫人们减少"三高食品"的摄入，或有毒有害食品有关信息及所应采取的行动，恰是因为，在上述这些问题和事件中，人们可能同样存在着严重的意见、态度与行动上的分歧。也许，每个

---

① 杨洋，孙珠峰. 哈贝马斯交往行为理论的渊源、途径及评价[J]. 社会纵横，2017（10）：58-64.

人都知道"三高食品"的危害，但这并不意味着每个人都会尽可能不或者少摄入
"三高食品"。这种认知和行动上的分离在某种程度上同样意味着分歧的存在。
因此，类似告诫"吸烟有害健康"这样的保护性交流，在某种意义上也同样是为
了消除分歧，并追求大家不仅在认知上，也在行动上的最大共识。

　　既然食品安全风险交流法律治理的最终目标是为了达成共识，那么哈贝马斯
所缔造的"理想的话语环境"和选择"合适的交往语言"，就对从"话语"上实现这
一"共识"产生了重要的作用。在哈贝马斯看来，理想的话语环境，需要具备一
系列的条件，它们包括：(1)平等的对话地位和权利。(2)对任何与问题相关的
证据的重视。(3)对个体表达情感、愿望和好恶的话语的认同。(4)对个体否认、
承诺和辩护的话语的认同。(5)不为讨论设定过分局限的客观条件。(6)排除个
体话语表达中的自我中心主义。(7)排除一切强制的交往结构，让讨论只为了对
真理的追求而存在。① 另外，在选择"合适的交往语言"上，哈贝马斯还认为，首
先，日常言语行为可以分成交往式、认识式、自我表达式和规范调节式四种，而
每一种都由施行性和陈述性的双重结构构成，其中，施行性部分是缔造言听两者
关系的决定因素，它规定着陈述内容的使用意义。② 其次，对一个以谋求理解为
宗旨的言语行为而言，言谈者必须要遵守下列言语行为的基本规则：(1)可领会
性。言谈者要使用可被理解的语言和语句，遵守基本的语法逻辑。(2)真实性。
言谈者所谈论的内容必须是真实的。(3)正当性。言谈者的言辞须正当得体，符
合与听众共享的规范系统和人际关系。(4)真诚性。言谈者的态度必须真挚诚
实，以实现言听双方的相互信任。显然，如果我们认同食品安全风险交流法律治
理的根本目标就是在交往理性的基础上达成话语共识，那么哈贝马斯上述对"理
想的话语环境"和"选择合适的交往语言"的理解和设定，也就可以用来帮助指导
我们食品安全风险交流法律治理的设计与构造。也就是说，要通过积极有效的法
律制度，一方面为风险交流主体缔造"理想的话语环境"，另一方面又能激励和
约束交流主体自觉选择"合适的交往语言"，并最终在最根本的层面上，实现交

---

① 汪行福.通向话语民主之路：与哈贝马斯对话[M].成都：四川人民出版社，2002：
87-88.

② 韩红.论交往行为合理化的实现途径——哈贝马斯的交往行动理论的核心问题[J].
学术研究，2002(2)：45-50.

流各方对食品安全风险的最大理解与共识。

第二节　确立以"保障公众生命与健康" 为核心的法律治理原则

食品安全风险交流法律治理原则主要是指贯穿于食品安全风险交流法律治理的全过程，并应当始终得到遵循的根本准则。从功能性角度而言，它既可以对食品安全风险交流的法律治理产生"具有普遍意义的指导思想"的作用，也可以在一定程度上为食品安全风险交流法律制度的制定和实施提供一种手段上的指引。对于前者而言，它大致可被称为"根本原则"或者"宗旨性原则"；而对于后者，则可称之为"具体性原则"，或者"工具性原则"。

一、保障公众生命与健康——食品安全风险交流法律治理的宗旨性原则

从最普遍性的角度而言，食品安全风险交流法律治理是为了保障公众的生命与健康，这是食品安全风险交流法律治理最根本的出发点、最核心的着眼点和最终极的落脚点。因此，一切的食品安全风险交流法律治理都应当牢牢围绕这一点来进行，并把它作为最根本的指导性准则。

食品安全风险交流法律治理是食品安全风险治理的重要组成部分，而食品安全风险治理的核心目标，就是为了实现公众的生命与健康保障。这是由公民食品安全权利背后所承载的人权因素根本决定的。在 1948 年联合国颁布的《世界人权宣言》这部具有里程碑意义的历史性文件中，联合国对人权内容的第一强调，就是"人人有权享有生命、自由和安全"。该条位于所有的人权内容规则之首，因此，可以说，"生命""自由""安全"是人权保障的第一要义，而其中，生命更是处于人权保障最底线和最基本的位阶。食品安全是人类生命权益保障的重要途径，而食品安全权则是生命权的重要表现形式。"食品安全权是当代基本人权的重要内容，赋予了人权在一个创新与发展的时代新的内涵与价值。"①可见，在学

---

① 韩大元. 食品安全权是健康中国的基石［N］. 中国食品安全报，2015-11-17：E06.

者们看来，食品安全权反映了人权在新时代的重要指涉和历史功能，成为人权在历史新时期的有机组成部分。既然食品安全权是对人权中生存权和生命权内容的一种新诠释、新发展、新要求，那么，我国的食品安全风险交流法律治理也必当牢牢地树立以"保障公众生命与健康"为核心的最根本原则。

除了"生命"这样一个核心理由之外，人们对自由与安全的需求同样决定了食品安全风险交流法律治理应当秉承"保障公众生命与健康"的基本原则。首先，在当今时代，食品正在全球范围内被不断地分享和流动，因此，相对于过去，消费者在食品选择上获得了更多的自由，这不仅彰显了人们对自由生活的向往，也有助于其摆脱束缚，追求自我解放。但是，生命与健康是实现人类自由与解放的前提，人类对食品的自由选择并不能以牺牲生命和健康为代价，否则只会使人变得更加不自由。就此而言，我国的食品安全风险交流法律治理就是要使人们在享有信息自由的基础上，仍能充分地获得生命与健康的保障。其次，"安全"尽管在法律秩序中的作用只具有从属与派生性，但是，它却有助于尽可能持久地稳定和使人们享有其他如生命、自由、财产等在内的价值。① 因此，人们对安全的需求与渴望是对持久实现其他价值的一种重要保护机制。食品安全治理就是要满足人们在食品消费上的安全需求，是在食品消费上对"安全"价值的追求体现，但尽管如此，它在本质上仍然是为了更加持久稳定地去追求个体的生命与健康权益。就此而言，我国食品安全风险交流法律治理也理应以保障公众生命与健康为根本原则。

二、风险预防——食品安全风险交流法律治理的工具性原则之一

在风险规制时代，"预防原则"正在和"法律保留原则""比例原则"一样，成为行政法学最核心的原则。预防原则最早被适用于欧洲的环境法领域，但近些年来该原则的适用范围被日益推广，并逐渐扩展至食品安全领域、卫生健康领域，甚至国际安全领域。我国在2015年修订《食品安全法》时，也明确将"预防为主"纳入食品安全监管工作十六字方针之一。当前，全球风险治理对预防原则的广泛

---

① E. 博登海默. 法理学-法哲学及其方法［M］. 邓正来，译. 北京：华夏出版社，1987：289.

适用，已使得该原则引起了风险学界的广泛关注。

一般认为，按照风险的可预防程度以及所采取的预防措施力度，风险预防原则可以分为"弱""较强""强"三个意义上的版本。弱意义的风险预防，主要强调政府应在面对风险时保持审慎态度。较强意义的风险预防，主要强调在即使缺乏明确的损害事实证据之时，政府也应当加强风险监管，并积极采取措施予以应对。在此基础上，更进一步，强意义的风险预防要求，只要保有可能造成公众健康或环境损害的合理怀疑，即使该损害在性质上尚无科学证据，也要阻止该风险活动并直至该风险威胁被科学合理排除。

尽管风险预防主要是风险规制的基本原则，但食品安全风险交流法律治理作为食品安全风险规制的环节之一，也应当遵循和贯彻这一原则，具体原因如下：

首先，预防原则背后所隐含的价值和理念本身就寓意了食品安全风险交流的目的。一方面，如前所述，食品安全风险交流在本质上，就是为了通过对话，使不同社会主体能够对食品安全风险认知、政策等问题达成共识，从而为食品安全风险评估和风险管理营造更加融洽的社会环境。这一过程本身就恰恰体现出预防风险的积极姿态，这是因为，如果缺乏公众的普遍认可，政府食品安全风险评估和管理的行为本身就有可能再生风险。另一方面，如某些学者所言，预防原则也可被称作警惕原则、谨慎原则①、免于恐惧的原则②，因此，该原则的核心理念与价值，就是要保护公众免受由无法确定的风险所带来的恐惧性伤害。就此而言，食品安全风险交流也恰是对预防原则理念的一种力行实践。

其次，在食品安全风险交流法律治理中贯彻和落实预防原则，有助于指导食品安全风险交流工作的有效进行。如前所述，无论何种版本的风险预防原则，其总体意义上均是强调，即使没有明确的证据可以证明风险能够带来实质性损害，也应保持审慎的态度或采取积极的行动。就此而言，预防原则就要求我们在开展食品安全风险交流时，要特别重视对风险交流的时机、方式和策略的把握。例如，从时机来看，现代风险交流理论一般认为，风险管理者应改变过去只在风险

---

① 赵鹏. 风险规制的行政法问题——以突发事件预防为中心[D]. 北京：中国政法大学，2009：80.

② 凯文·R. 桑斯坦. 恐惧的规则——超越预防原则[M]. 王爱民，译. 北京：北京大学出版社，2011：1.

评估完成后、风险管理行动前或行动时才开始进行风险交流的做法，要转而将风险交流贯穿于风险评估和风险管理的过程始终。换而言之，风险交流的时机至少应提前至风险评估阶段，而这一理念恰是对风险预防原则的体现。又如，从方式和策略上来说，现代风险交流学界普遍认为，当风险已经成为危机时，政府应当尽可能地在第一时间内就向公众公布相关信息，以免造成社会更大的恐慌。以前述《寨卡病毒：风险交流步骤指引和社区工作》为例，在该文件中，WHO 就提出了一个"风险交流行动时间表"，并分别就危机事件发生后第一和第二个小时内官方应予完成的工作作了详尽的安排和部署。WHO 对风险交流即时性要求的高度重视正是在风险交流中贯彻风险预防原则的又一体现——风险交流只有迅速及时地得以进行，才能最终预防危机事件的升级与蔓延。

三、社会共治——食品安全风险交流法律治理的工具性原则之二

社会共治是我国在 2015 年修订《食品安全法》后所形成的又一重要食品安全监管理念和方针。鉴于食品安全是建构在一个不同时兼备不完备法律理论模型下两个剩余执法权分配条件的市场基础之上的①，因此，欲实现食品安全的长治久安，单靠行政力量显然难以为继，社会共治的理念便由此而生。它强调，食品安全治理必须以管制为逻辑起点，以信誉机制为先导，以剩余立法权与执法权的优化分配为启迪，构建市场先行，辅之以政府、第三部门、法庭与私人多元参与的合作模式。② 目前，社会共治已成为我国食品安全治理的社会共识。

社会共治不仅是食品安全治理的重要理念，也应当是食品安全风险交流法律治理的具体原则。这是因为，首先，食品安全风险交流本身就体现了社会共治的理念。如前所述，食品安全风险交流的核心要义就是强调有关的社会机构、组织和个人对食品安全风险的各种信息和观点进行意见交换。显然，这就意味着，食

---

① 不完备法律理论是指，法律通常是不完备的，必须在监管者与法庭之间合理分配剩余立法权及剩余执法权，而决定如何分配的两个重要因素分别是"标准化"以及"预期损害的程度"。详见王虎. 不完备法律理论下我国食品安全治理改革——从立法完善主义到合理分配剩余执法权[J]. 公共管理学报，2009(2)：37-43。

② 王虎. 主流范式的危机——我国食品安全治理模式的反思与重整[J]. 华南农业大学学报(社会科学版)，2008(4)：132-140.

品安全不应由政府独一负责，而应在充分考量社会各界的普遍观点和意见基础之上进行综合决策。其次，食品安全风险交流法律治理的目标也体现出社会共治的意图。如前所述，我国食品安全风险交流法律治理的核心目标，就是要使社会各界在食品安全公共领域中形成有关风险认知和决策的"话语共识"。因此，倘若我们不能在食品安全风险交流法律治理中牢牢贯彻社会共治的原则和方针，不能使社会主体广泛而有效地参与食品安全风险交流这一过程，那么，通过食品安全风险交流法律治理形成"话语共识"的根本目标自然也就无法达成，食品安全社会共治的道路也会随之受阻。最后，食品安全风险交流法律治理在方式和途径上也应当坚持贯彻社会共治这一思路。以前述《重大疫情风险交流计划指南》为例，WHO 在其所规定的七个步骤指引中，第二步就专门强调了风险交流的"合作机制"，要求在风险交流的过程中及时确认交流伙伴，充分利用各种社会资源。总而言之，食品安全风险交流是一项庞大而烦琐的工程，欲要有效有序地加以开展，必须充分进行社会动员，不断搜集相关信息，并扩大社会教育。显然，依靠任何单一主体，这些任务均难以完成。因此，食品安全风险交流法律治理必须始终贯彻社会共治这一原则，坚持依靠社会整体力量实现食品安全风险交流有序有效进行。

第三节　构建差异化食品安全风险交流法律治理模式

食品安全风险交流法律治理究竟应当采取何种模式，这一问题在我国法学领域一直备受争议，焦点即在于对法律模式的软硬选择上。以沈岿、刘飞等为代表的一些学者认为，食品安全风险交流应当采取软法或者软治理的模式。原因在于，风险交流蕴含着主体互动性、信息不确定性、感知差异性、内容传播性、目标多样性、策略因应性等一系列特征，而这些特征使得硬法在食品安全风险交流的制度建设方面可能力不从心，只能诉诸软法之维。① 不过，以孙颖、宋世勇等为代表的另一批学者却认为，食品安全风险交流是食品安全预防的重要内容，不

---

① 沈岿. 风险交流的软法构建[J]. 清华法学，2015(6)：45-61.

仅应当予以制度化的建构，还应使其具备制度构成的基本形式。①

那么，我国食品安全风险交流法律治理究竟是应诉诸软法之维，还是应借助硬法之路呢？这的确是一个两难选择。首先，从特征来看，风险交流主要是一种话语行为，语言交流的内容不仅在客观上具有强烈的不确定性，在主观上也有严重的感知差异性，因此，要通过具有强制性效力的硬法来对其进行规制，确有"强人所难"之嫌。其次，从目前有关风险交流的国际性规则和他国规则来看，绝大多数也是体现为只具有示范性和指引性效力的软法规范。因此，从上述两点来看，对食品安全风险交流的治理似乎也只能诉诸软法之维。但是，主张采取硬法模式的学者，其理由也并非毫无道理。首先，正如有些学者所强调的那样，食品安全风险交流是一个系统而非独立的问题，如果我们只是对它规定一些原则、方式、路径和程序，很难有效地改善目前的情形。因此，必须通过一系列的制度化努力，其中就包括对民事诉讼、政府信息公开等硬法进行相应的配套改革。②其次，有些学者认为，当前在我国的食品安全风险交流中，存在着较多性质较恶劣的故意侵权行为。例如，对食品安全谣言的故意传播，对食品安全风险交流主体的恶意人身攻击，这些都可能对相关的企业或个人的利益造成严重的损毁。因此，若完全只诉诸软法而不借助硬法加以威慑和惩戒，则可能不仅难以扭转这一现象，也对受害者极不公平。③

总体而言，食品安全风险交流法律治理模式两难选择的形成根源主要还在于食品安全风险交流自身的复杂性。作为一个系统性工程，食品安全风险交流具有主体多元、目标多样、内容庞杂、过程烦琐等一系列特征；同时，它还易于受到交流主体的心理动机、主观感受、知识结构等许多不可知因素的侵扰；更糟糕的是，一旦交流不畅，它还会对社会产生巨大的反身性破坏效应。因此，对其无论单一采用硬法或软法任一模式，都有可能造成治理的"不足"或"过度"现象。基于此，笔者认为，鉴于不同的食品安全问题往往存在着不同的风险成因并由此可被划分为不同的类型，因此，可考虑针对不同类型的食品安全风险交流采取具有

---

① 宋世勇. 论我国食品安全风险交流制度的立法完善[J]. 法学杂志，2017(3)：90-98.

② Chen Sirui. A reference-oriented study of the legal system of food safety risk communication [J]. China Legal Science，2015(3)：95-118.

③ 宋世勇. 论我国食品安全风险交流制度的立法完善[J]. 法学杂志，2017(3)：90-98.

相对差异性的食品安全风险交流法律治理模式，并相应进行软法或硬法资源的差异性分配，从而针对性地提高食品安全风险交流实际成效。按照这一假设，笔者借用了前述美国学者雷吉娜等人对风险交流的三种类型划分来进行具体的分析。不过，必须强调的是，由于食品安全风险交流本身的类型化也只具有相对性，因此，建构在这一基础上的食品安全风险交流法律治理模式，也同样只是辩证和相对的，而非完全和绝对的。

一、构建偏向保护性交流的硬法模式

保护性交流通常针对的是那些损害结果及防控措施已为科学所确定，同时也被公众所普遍了解与接受了的风险。在有关食品安全风险的保护性交流中，通常是由包括企业、社区、媒体、政府等在内的主体向公众提供关于某些特定食品所引发的健康风险及其应对措施的信息和建议。例如，有关部门、机构或组织，针对烟草制品、过期变质食品、不卫生食品、有毒有害食品、过量摄入会产生危害的食品，等等，就它们可能产生的危害、危害程度和大小、危害的后果、防控的措施和手段等相关信息向公众进行发布和提供，就属于典型的食品安全风险保护性交流。

食品安全风险的保护性交流宜应通过硬法模式加以规制。这是因为，首先，此种类型风险交流之一部分，即可体现为有关主体的信息公开或披露义务，因此必须通过国家强制性法施以规制。保护性交流往往是针对于发生概率相对比较确定、损害结果基本可以预期的风险进行交流，因此，为保护公众健康权益，它需要在实践中被有关主体强制性履行。针对企业而言，"吸烟有害健康"是烟草企业必须在烟草制品上进行的一种风险警示，其标识方法、位置和显著程度都受到相关法律的严格规制；再如，以预包装食品为例，生产企业必须对食品的原料、成分、产地、生产工艺、食用方式、储存条件等进行严格标识，这也是法律对食品生产经营者规定的强制性义务。针对政府而言，有关部门必须定期公开其产品质量抽检不合格的食品企业名单、产品批次、不合格原因，等等，以供消费者在日常购买食品时予以参考。这实际上体现的也是以强制政府履行信息公开义务而向公众开展保护性交流的方式。其次，保护性风险交流的信息内容相对确定，更加便于违法行为和责任的认定。保护性交流所涉及的风险信息往往已被科学所证实，因此，它基本可以避免由于风险信息的不确定性而导致的主体知识性差异，进而也不足以出现信息传递失真等问题，故一旦出现信息不实，也易于确定相应法律责任。最后，将食品安全风险保护性交流纳入国家强制法规范体系也有利于促进食品生产经营者积极开展保护性交流活动，实现公众健康保障。作为食品安全风险日常性交流活动，保护性交流所针对的风险源，往往是行业或种类食品，而非特定食品，因此，其交流目的往往也主要是对公众进行风险警示和教育。这就进一步导致，保护性交流既非如共识性交流那样可以让企业为了推广自身产品或技术而积极参与，亦非如危机性交流那样可以让企业为了挽回自己在特定事故中的声誉损失而主动促进，而总是具有被动性和搭便车效应。基于此，如果仅只将食品安全风险保护性交流纳入软法模式予以规范，则可能会由于效力匮乏而难以有效约束企业的参与责任。

那么，食品安全风险保护性交流应当如何通过硬法模式来加以治理完善呢？具体可通过以下两方面加以考量：首先，应强化信息机制规范性建设，加强有关主体信息公开和披露的强制性义务。例如，有学者认为，当前我国《政府信息公开条例》作为一部行政法规，效力相对低于法律。这使得居其上位的我国《保守国家秘密法》和《档案法》对它形成了重要制约，并可能会在一定程度上影响政府信息公开的效果。[①] 此外，对于食品生产经营者，也应当通过不断补充和完善食品标签、标识、广告、宣传等方面的立法、执法和司法工作，以促进其积极履行食品安全的信息披露义务。

其次，应强化责任机制规范性建设，特别是要加大对故意传播食品安全谣言行为的法律惩治力度。食品安全谣言既可能对相关食品生产经营者造成巨大经济损失，还可能会扰乱社会正常秩序，因此，必须对其加强法律规制，严格追究相关信息制作、散布和传播等各类主体的民事、行政乃至刑事法律责任。不过，必须指出的是，对于故意传播食品安全谣言违法行为的构成认定，应由法律设置严格要件，并予严格适用。要谦抑考量行为人的主体特征、主观过错、信息内容确定的难易程度、损害结果大小等一系列因素，避免因过度苛责而影响食品安全风

① 孙颖. 风险交流——食品安全风险管理的新视野[J]. 中国工商管理研究，2015(8)：40-45.

险交流的活动的正常进行。

二、构建偏向共识性交流的软法模式

尽管如前所述，无论何种类型食品安全风险交流在最根本意义上均有实现"共识"之根本意图，但共识性交流即使在最直观层面上就可以体现为是"致力于告知和规范各群体通过合作对风险的管理（如预防或减轻）达成共识"。① 因此，相对于另外两种风险交流类型而言，它更加强调具有不同风险感知和风险利益分配关系的主体应尽可能达成食品安全风险认知和行动上的一致，以免由于食品安全风险认知分歧而加剧食品安全社会形势恶化。总体来看，当前食品安全风险共识性交流主要发生于食品新技术、食品添加剂应用等一些场景中。例如，近年来我国针对"转基因食品""食盐加碘""面粉增白剂"等食品安全问题所进行的风险交流多属于共识性交流。

相对而言，食品安全风险共识性交流更适于软法模式。原因在于：首先，它符合软法所倡导的合作治理理念。全球化、社会利益分化和主体性意识的觉醒在一定程度上共同造就了现代社会治理的转型，而不同的社会治理模式，必然会对应不同的法律结构，统治模式向治理模式的转变，就使得软法的必要性得到了彰显。② 可见，软法是应"统治"向"治理"转变而生的一种法的新结构和新形式，它倡导的是多元主体对社会的合作治理。共识性食品安全风险交流恰恰体现了这一多元合作的理念。它强调风险管理者应当与公众一起就食品安全风险问题展开讨论，以便在风险管理方法上取得共识。同时，它还强调，利益相关者应当共同参与食品安全风险管理决策，以避免造成风险利益和风险损害在分配上的不公平。这些正是软法所倡导的合作理念在食品安全风险治理上的一种集中体现。

其次，共识性食品安全风险交流须在"虽不具有法律约束力，但却并不排斥法律效果"之间寻求恰切平衡，而这正是软法所长。软法是"一旦法律协议在一

---

① ［美］雷吉娜·E. 朗格林，安德里亚·H. 麦克马金. 环境、安全和健康风险沟通指南（第五版）[M]. 黄河等，译. 北京：中国传媒大学出版社，2016：11.
② 程迈. 转型社会治理中的法律结构[C]//罗豪才. 软法的理论与实践. 北京：北京大学出版社，2010：34-43.

个或多个维度上被削弱时开始的手段"①，因此，软法规定虽不具有法律约束力，但却无疑是在具有确定的——间接的——法律效果文本之中的行为规则；它指向并可能产生实际的法律效果。由于共识性食品安全风险交流的直接目标就是要通过对话，尽最大可能实现不同主体在风险认知和决策上的观念、态度和意见一致，因此，只有对之施以软法规范，以激励、引导和促进为主要手段，才能充分体现其"重过程不重结果"的宗旨，并最终利于共识达成。

最后，食品安全风险共识性交流所针对的"风险"通常在现代科技条件下尚不能确定，这就使得要辨明共识性交流中的信息真伪往往已超越了公众的知识和能力范围，因此，若运用强制性法律规范来严格惩戒和处罚不实信息的传递行为人则未免过于苛刻，反之以软法中的教育、评价等弹性责任方式加以规制则显得更为适切。

那么，食品安全风险共识性交流应当如何通过软法模式加以治理完善呢？具体也有以下两点可以考量：首先，应加强多元主体的参与导向。共识性交流的最大合理性来源在于主体参与的充分和广泛，因此，若要完全实现共识性风险交流效果，就必须充分发挥社会各界主体的参与积极性，努力营造良好的参与氛围。软法对此恰可起到较好作用。其次，应加强合理化程序的规范性建设。对于共识性交流的治理应当重权利轻义务、重疏导轻约束、重保护轻责任、重激励轻惩罚。面对同样的风险，不同社会主体之所以会产生巨大感知差异，多源于复杂的社会性因素，而这很难在短时间内加以改变。因此，共识性交流若要取得理想效果，必应通过长期的攻坚努力。然而，有时候基于形势需要，又必须尽快作出食品安全风险决策，这就在共识达成和决策压力之间形成张力。对此，合理化的程序引导机制可以起到一定作用。一方面，它可以避免有些部门过于急功近利，利用己方优势地位，形成未经充分讨论的风险决策意见；另一方面，它也可以舒缓交流主体紧张情绪，并使其意识到己方意见得有机会被充分表达、重视和讨论，从而在此过程中感知到主体之间的相互尊重和信任，并最终促成共识的达成。但是，囿于食品安全风险状况自身的复杂性，若完全以硬法模式对程序加以毫无弹

---

① 魏武. 软法是什么[C]//罗豪才. 软法与法律治理. 北京：北京大学出版社，2006：178.

性的设计，则可能难免使食品安全风险共识性交流陷入机械僵硬之状态，反而最终影响效果，因此，若能假以软法模式构建一些更具弹性和灵活性的引导或示范性程序，或许可更有益。

三、构建偏向危机性交流的软硬法协同模式

危机性交流通常面对的是极端、突发的危险情况，如突发的安全事故、致命的传染病暴发等。危机性交流不仅应在突发事件的发生过程中进行，还应一直持续到事件结束之后。食品安全风险危机性交流主要是指针对突发的食品安全事故而面向公众所开展的风险交流活动。这一类型的风险交流过程所涉及的信息材料通常包括风险的发生状况、风险的危害程度、风险的可逆程度、目前采取的应对措施、面向公众的风险管理建议，等等。

目前，我国《食品安全法》第七章专门规定了"食品安全事故处置"，其中对食品安全事故应急管理和食品安全事故处置措施都进行了较详细的规定。例如，在应急管理方面，针对国家机关，规定了应当组织制定食品安全事故应急预案，以及预案内容所应当包括的食品安全事故分级、事故处置组织指挥体系与职责、预防预警机制、处置程序、应急保障措施等事项；针对企业，规定了应当制定食品安全事故处置方案，定期检查内部各项食品安全防范措施落实情况，及时消除事故隐患等内容；另外，在食品安全事故处置流程方面，规定了食品安全事故发生后，各级部门、机构、组织和企业应当立即采取食品安全事故处置措施。不过，令人遗憾的是，尽管我国《食品安全法》以专章形式规定了食品安全事故处置的许多事项，但却并未针对食品安全风险危机性交流进行具体设计。这或许在一定程度上意味着，食品安全风险危机性交流并未在食品安全事故处置中引起立法者的充分重视。

食品安全风险危机性交流较适合采取软硬兼施的混合法法律治理模式。软硬兼施的混合法模式是罗豪才和宋功德教授在《认真对待软法》一文中所提出的对我国进行公域之治的基本模式。[①] 这一模式对于食品安全风险危机性交流法律治理应具有借鉴意义。原因在于：首先，食品安全风险危机性交流是具有综合性的

---

① 罗豪才，宋功德. 认真对待软法[J]. 中国法学，2006(2)：3-24.

风险交流活动，它可能兼有共识性交流和保护性交流的双重内涵。例如，针对危机事件制订应急预案所展开的风险交流，既可能是共识性交流，也可能是保护性交流。其差别主要在于主体风险认知分歧程度高低——如果分歧程度高，则可能构成共识性交流，否则只构成保护性交流。因此，作为一种综合性的风险交流活动，软硬兼施的混合法模式对其应具有更强的适应性。

其次，食品安全风险危机性交流具有长周期跨越度大等特征，因此可被划分为若干阶段，这就导致其在不同阶段可能需要采取不同的法律治理模式。例如，国家应积极鼓励负责任的食品经营者在食品安全事故尚未发生前就开始制订危机性风险交流计划，以便为可能出现的食品安全事故应急处置做好准备。这只能通过软法规范加以激励。但是，一旦食品安全事故发生后，无论政府还是企业，都应当按照信息公开和信息披露的有关法律规定，积极向社会发布事故信息，以使公众能在第一时间采取措施，避免损害进一步扩大，而这又必须通过硬法设置强制性法律义务才能得到有效落实。因此，食品安全风险危机性交流应当根据不同的风险交流阶段选择适应性法律治理模式，并最终导致其在整体上应予采取软硬兼施混合法模式。

那么，食品安全风险危机性交流应当如何采取软硬兼施的混合法治理模式呢？对此也可从以下两方面加以考量：首先，总体上应当以软法为主导，以硬法为辅助。就法律的规范性而言，软法主要侧重于为公共主体的行为选择提供导向；就法律的公共性而言，软法要反映国家意志，但在不与其抵触的前提下，也应当反映更加广泛的公共意志。[①] 因此，一般而言，软法更加注重一些抽象的价值和普遍的意志，适合起到指引和纲要性作用。硬法则相对更加注重法律规范的逻辑结构和强制效力，适合对行为加以具体约束。食品安全风险危机性交流常常需要应对公众的愤怒情绪，因此借助软法对风险交流的原则、价值等宗旨性问题加以把握，并通过硬法对交流的信息发布时机、范围和程度施以约束，是相对适当的。其次，在更加具体的层面上，应当以软法对危机性风险交流的主体参与、程序引导等制度加以构建，而以硬法对信息传递、责任惩罚制度等制度加以落

---

① 吴春庚. 社会治安综合治理的模式选择——软硬并举混合规制模式的一个例证[C]// 罗豪才. 软法的理论与实践. 北京：北京大学出版社，2010：364.

实。由于不同的食品安全危机事件在发生原因、危害程度、影响范围等具体方面差异显著，因此，食品安全风险危机性交流究竟应该主要面向哪些主体，适用何种程序，也可能需要区别对待，故不宜完全通过硬法作强制规定。但是，无论何种食品安全危机事件，都需要及时向公众传递风险信息，并强化相应法律责任，硬法恰可对此起到较好的统一和约束作用。

第四节　构建与完善我国食品安全风险交流
法律治理的制度体系

如前所述，食品安全风险交流法律治理应当构建一个具有一定内在逻辑结构的完整制度体系，并主要涵盖主体参与、程序引导，信息传递、物质保障和责任导向五个主要构成部分。这些部分应相互分工配合、彼此衔接依托，从而有机构成食品安全风险交流法律治理的整体框架。因此，我国食品安全风险交流法律治理在明确了法治目标、法治原则、法治模式以后，就应继续从上述五个部分入手构建与完善相应制度体系。当然，必须指出的是，作为一项社会系统性工程，食品安全风险交流法律治理很难仅通过若干规范性文件的修订与完善，或者几个行政部门执法能力的提升即可一蹴而就，而是必须仰仗于社会整体法治意识、能力和水平的不断提高才能最终实现。

一、完善多元化主体参与制度

实现广泛而有效的主体参与是食品安全风险交流法律治理的重要组成部分，因此，我国必须重视食品安全风险交流多元化主体参与制度建设。具体可从以下几个方面着手：

（1）通过有效制度设计充分发挥政府在食品安全风险交流中的权威导向作用。首先，政府应当充分扮演好"观念引导者"角色。健康饮食不仅体现的是现代化生活方式，也是现代化生活观念，因此，政府应该通过组织开展公益宣传、公众活动等方式积极倡导健康饮食文化。其次，政府应当充分践行"权威信息发布者"功能。一方面，政府应积极构建权威迅速的信息发布平台，并对食品安全风险传播不实信息和谣言及时进行官方认定和判断，并形成权威统一之结论；另一方面，对于一些即使在短时间内无法辨别真伪的食品安全风险信息，政府也应当第一时间作出恰当回应，并表达政府的态度、决心和欲采取的措施，避免造成更大的社会恐慌。再次，政府应当充分做好"组织协调者"工作。政府应当对公众食品安全风险感知展开积极调查，并结合食品安全风险评估和监测情况，适时确定食品安全风险议题，组织开展交流活动；与此同时，政府还应整合资源，提供必要的后勤保障，为不同主体交流活动提供必要设施和条件。最后，政府还应当切实承担"监管者"职能。政府应当积极履行监管职责，对食品安全风险交流中的违法行为依法追究相应责任。

（2）通过有效制度设计继续完善政府部门间食品安全风险交流合作机制。食品安全风险交流需要加强不同政府部门间合作，这是有关国际组织及他国和地区给我们食品安全风险交流治理带来的启示。目前，伴随新一轮机构改革，我国在市场监管体制方面已经有了切实变化，大一统的市场监管体制业已成形。进一步就是要继续在市场监管部门内部完成资源整合，形成高效机制。同时，对于一些虽不承担市场监管职能，但却与食品安全风险交流工作密切相关的政府机构，也应当加强部门间的交流与合作。例如，就我国而言，卫生部门、农业部门、教育部门、公安部门等，也应该在类似食品安全标准、农产品质量安全、食品安全学校教育、校园食品安全整治、食品安全犯罪等方面积极开展交流合作。

（3）通过有效制度设计充分激励和约束食品生产经营者参与食品安全风险交流工作。生产经营者是食品安全第一责任人，是食品信息最直接提供者，因此，应当充分激励和约束其参与食品安全风险交流。首先，应当激励其积极参与食品安全风险交流。例如，可以通过声誉奖惩、政策优惠等手段鼓励有条件的生产经营者围绕食品安全风险交流开展内部组织体系、战略规划与设计、专业化人才培养等建设工作，并积极有效付诸实施，面向消费者开展交流活动。其次，应当采取约束性手段，对符合条件的生产经营者在食品安全风险信息建设、保管和披露等方面加强规范，并要求其加强企业间信息交流与合作。

（4）通过有效制度设计充分组织公众参与食品安全风险交流工作。公众是食品安全风险的最直接利益相关者，对食品安全风险交流有着充足的参与需求和参与动力，但是，公众的相对分散以及食品安全风险知识的储备不足使其必须要通过有效的组织才能实现充分的参与。具体来说，首先，应当以法律确认公众对食品安全风险交流的平等参与权；其次，要提高公众科学素养和公民意识，特别是要提高公共参与意识；再次，要降低公众参与成本，为公众参与食品安全风险交流提供便利条件；最后，要保障公众参与公平性，特别是在共识性食品安全风险交流中，必须设计有效制度以最大化保障参与人员的合理性和广泛性，实现参与平等与公正。

(5)通过有效制度设计充分发挥专家食品安全风险交流"知识提供者"作用。作为专业人士，专家在食品安全风险交流中发挥着重要作用。首先，应当不断完善科学共同体内部管理机制，使之能有效促进专家积极参与食品安全风险交流活动，并能着力提高自身与公众的风险沟通与互动能力。其次，应当加强专家学术道德评价机制，引导和促进专家保持科学独立性，从而提高公众对专家的社会信任水平。最后，应当不断加强相关主体建设，补强专家食品安全风险交流参与力度。以我国当前的食品安全风险评估专家委员会为例，其在专家学科覆盖范围全面性、专家遴选和退出机制畅通性、专家无利害关系承诺机制实效性、专家日常工作机制便利性等若干方面均还有进一步提升空间。另外，还可进一步考虑成立食品安全风险专家咨询委员会。该委员会应与风险评估专家委员会并立，其成员应不与风险评估专家委员会成员重叠，其职能主要是参与食品安全风险重大决策。通过这些改革，既可以加大专家参与食品安全风险交流力度，又可以让专家评估委员会和专家咨询委员会相互配合，实现食品安全风险评估和风险决策在科学意见上的相互监督与制衡，从而继续强化我国食品安全风险交流中专家参与的正当性与合法性。

二、构建合理化程序引导制度

正当合理的程序引导对于促进食品安全风险交流科学有效的开展具有重要意义。因此，我国食品安全风险交流法律治理也必须充分重视构建合理化的程序引导制度。具体可从以下两方面着手：

1. 加强决策型食品安全风险交流程序引导制度建设

伴随 2018 年我国《重大行政决策程序暂行条例》的颁布，可以说，我国已在食品安全重大行政决策上有了规范化程序指引。按照该条例，政府在作出重大行政决策时，应当严格履行公众参与、专家论证、风险评估、合法性审查、集体讨论决定等具体程序。其中涉及风险交流的主要有公众参与、专家论证和集体讨论决定等，其中前两者属于商谈参与性程序，后者属于商谈结果决定性程序。

(1)商谈参与性程序。首先，应当进一步完善和细化公众参与程序性规定。具体来说，第一，应当尽可能根据食品安全风险交流议题确定公众参与范围和力度。食品安全风险成因非常复杂，因此针对不同类型的食品安全风险交流，公众参与所能起到的作用也不尽相同，故应区别对待。例如，针对事实性和价值性争议不同的食品安全风险议题，就应根据具体情况区别设计公众参与交流的范围和力度。第二，建立公正合理的公众代表筛选机制。由于不同人群存在食品安全风险感知差异，因此，面对参与决策型食品安全风险交流，应尽可能筛选出具有广泛代表意义的公众代表，以保证决策公平。第三，设计灵活多样的公众参与方式。目前，按照《重大行政决策程序暂行条例》的有关规定，我国公众参与重大行政决策的主要方式是听证会、座谈会、公开征求意见、问卷调查、民意调查等。一般而言，现实运用较多的是听证会和座谈会等相对正式的参与方式，应适度考量增添一些更加灵活多样的形式，例如公众评议、公开辩论等。

其次，应当进一步完善专家咨询程序有关规定。具体来说，第一，要加强专家遴选机制建设。一方面，专家遴选应坚持秉承公平、公正和公开三原则；另一方面，应当在国家和地方层面加强智库建设，并在重大决策时随机抽取智库成员组成专家咨询委员会；同时还应限制专家任期，并保持严进严出。第二，加强专家咨询委员会工作机制建设。专家咨询工作应保持客观中立，坚持以科学理性作为唯一原则；同时，专家咨询还应建立合作机制，做到彼此互通有无、科学辩论、理性沟通；另外，除涉及国家秘密或商业秘密等以外，专家咨询意见还应面向社会予以公开，并接受公众质询。

(2)商谈结果决定性程序。商谈结果决定性程序主要关涉当商谈不能完全达成一致时，应如何合法的形成商谈结果这一问题。在我国《重大行政决策程序暂行条例》中，它主要体现为集体讨论决定。按照该条例，决策事项应当经由决策机关常务会议或者全体会议讨论，然后由行政首长在此基础上决定。可见，我国重大行政决策的最终决定权还在于行政首长。鉴于行政效率考量和重大行政决策终身责任制保障，这一规定具有相对合理性。因此，食品安全风险重大行政决策的最终决策权也应在履行适当风险交流程序后，由有权行政部门首长负责。

2. 加强执行型食品安全风险交流程序引导制度建设

目前，我国涉及执行型食品安全风险交流程序性规定的规范性文件主要还是前述原国家卫计委于 2014 年制定的《食品安全风险交流工作技术指南》。如前文所描述，该文件虽在科普宣教、政策措施发布实施、食品安全标准、食品安全评估等一些风险交流议题方面都进行了较细致的规定，但在总体上仍有许多值得改进之处，特别表现在缺乏对执行食品安全风险交流时应有流程的具体规划与设计。为此，应当分别从风险交流计划制定、风险交流行动开展、风险交流效果评估三方面继续予以细化和完善。

三、完善闭合性信息传递制度

充分、有效、可反馈的信息传递对于食品安全风险交流信息材料及时有效传播可起到重要作用。因此，我国食品安全风险交流法律治理建设也必须进一步构建和完善闭合性的信息传递制度，具体可从以下几方面着手：

（1）加强政府信息公开和信息合作制度的建设。首先，应当进一步提高我国政府信息公开法治建设水平。目前，我国应当提高《政府信息公开条例》效力，将之从行政法规上升成为国家法律。同时，应当进一步细化政府信息公开的范围、程度、时机、方式、渠道等规定，并更加量化政府信息公开豁免范围，落实政府信息"以公开为原则，以不公开为例外"基本理念。其次，应当进一步加强我国政府部门之间的信息合作机制建设。要通过信息协调机制、标准转换机制、投资引导机制、利益激励机制和安全保障机制等机制建设来推动政府部门在食品安全信息方面的充分合作。

（2）加强企业食品安全信息披露制度建设。首先，应当通过完善相关的法律、法规，进一步推动企业强化食品安全信息披露意识，积极履行食品安全信息披露义务。首先，要通过《食品安全法》《公司法》《证券法》《上市公司信息披露管理办法》等有关法律法规，加强企业对食品安全信息强制披露义务的履行工作。其次，要进一步细化食品标签和标识制度的有关规定。要对包装食品在食品安全信息披露的内容和方式上作进一步完善；对散装食品也要尽快细化具有可操作性的食品安全信息披露规范。最后，要进一步强化食品类上市公司的食品安全社会责任意识，引导其加强对企业重大食品安全信息的披露工作。除强制性信息披露之外，还应当通过制定一些具有激励性和引导性的软法规范，来鼓励企业加强内部食品安全信息共享机制建设和外部食品安全信息自愿性披露机制建设。例如，可以考虑通过采取企业信息公开引导体系、信用评价体系、企业资质认证体系、金融和证券等激励性手段等，强化企业主动的、积极的实施食品安全信息的建设和披露工作。

(3)强化政府信息获取能力和信息获取制度建设。首先，应当进一步强化政府依职权获取食品安全信息的制度性建设。目前，按照我国的相关法律规定，政府依职权获取食品安全信息的途径主要有行政约谈和行政检查，前者是柔性的，而后者是刚性的。对于行政约谈制度，应当进一步改革，要强化它作为政府和食品企业进行信息交流的制度功能，而淡化其政府行政命令的特征和形式。对于行政检查制度，应当就检查频率、周期、时机、手段等作进一步完善，要加强常态化检查，减少运动式检查，提高信息获取的真实度。其次，应当加强对政府合作获取信息以及动员社会资源获取信息方面的相关制度建设。尤其是针对后者，应当在全国范围内进一步推广公民食品安全信息有奖举报制度，加大政府食品安全信息获取力度。

(4)强化食品安全信息传播规范性建设。食品安全信息在传播过程中会产生大量的不实信息甚至谣言，这在一定程度上影响了我国公众的食品安全风险认知，进一步造成了社会恐慌，必须通过规范性建设进行有效的治理。首先，应当加强媒体及其工作人员职业道德规范建设。要通过相关部门和组织开展面向媒体工作人员的食品安全报道专业培训工作，并加强对其职业道德和法律责任的约束力度；其次，要在传统媒体和新媒体中，加大食品安全风险报道信息审查力度，对于明显不实的食品安全信息要从源头上禁止传播；再次，要加强公众舆情监控体系建设，对处于舆情中心的食品安全风险信息要尽快组织调研，及时作出科学结论；最后，应培养一批具有社会责任感的意见领袖，为社交媒体食品安全信息传播提供有益引导。

四、构建常态化物质保障制度

充足常态的物质保障可对食品安全风险交流提供必要的基础设施与后勤保障，因此，我国食品安全风险交流法律治理也必须进一步构建常态化的物质保障制度。具体来说，可从以下两方面着手：

（1）建设多渠道、全方位、全覆盖资金投入机制。首先，应以政府为主导，以社会力量为辅助，建设多渠道资金投入机制。具体来说：第一，应形成政府常态化投入。作为社会系统性工程，食品安全风险交流如果进展顺利，会产生巨大的社会效益，因此，政府作为公共利益最终代言人和公共资源最直接掌控者，应率先对其加大财政投入力度，并保持对食品安全风险交流的人员培训、信息建设、标准制定、平台搭建、活动开展等各方面常态化投入。第二，应积极引导社会资本投入食品安全风险交流基础设施建设。例如，针对食品安全可追溯体系、食品安全标准、食品安全信息平台等方面，都可以本着公私合作、共建共享的原则，积极引导社会资本投入。

其次，应通过制度建设引导资金全方位投入。我国食品安全监管领域曾长期存在中央和地方、城市和农村财政投入的相对失衡现象。食品安全监管财政资源投入的不平衡，必然进一步影响食品安全风险交流财政资源的投入不平衡。然而，相对于发达的城市地区，农村和基层才是我国食品安全的重灾区，才更加需要常态化大规模的开展食品安全风险交流活动，以实现农村居民和基层群众食品安全意识的不断提高，从而增强抗风险能力。因此，要解决这个矛盾，必须实现食品安全风险交流资金的全方位投入，并要特别倾向于对广大基层和农村地区的投入。

最后，应通过制度建设引导资金全覆盖投入。除地域失衡外，我国食品安全财政投入还存在环节失衡现象。例如，食品安全监测和检测对食品安全监管及风险交流至关重要，但由于这两项活动成本较高，从而导致实际开展率相对偏低，进而影响我国食品安全风险交流实际效果和水平。因此，我国食品安全风险交流资金投入还必须加大对食品安全监管环节的全方位覆盖，并做到重点环节重点投入。

（2）加强食品安全风险交流技术性支撑建设。技术条件和技术能力对于食品安全风险交流开展具有重要意义。首先，建议制定《国家食品安全科学技术发展规划纲要》，积极推动国家食品安全检验、检测、控制、监视、识别等现代化食品安全保障技术，为食品安全风险交流提供必要技术支持；其次，建议制定《食品安全信息技术发展规划纲要》，大力推动食品安全大数据、物联网等信息化建设，实现我国食品安全管理数据化、信息化和现代化。

五、完善公平性责任导向制度

公平合理的责任导向可以对食品安全风险交流起到良好的引导、促进和保障作用，因此我国食品安全风险交流法律治理也必须构建公平的责任导向制度。具体可从以下两方面着手：

(1)加强我国食品安全风险交流责任激励制度建设。食品安全风险交流的有效进行离不开主体之间的充分参与与广泛互动，因此，面对公众、专家、企业、媒体和政府部门等多元主体，可考虑通过声誉奖励、政策优待、效用评价等各种方式激励其投身食品安全风险交流。

(2)完善我国食品安全风险交流责任惩罚制度建设。尽管食品安全风险交流过程中信息不确定性与信息传播扩张性之间的张力存在使得某些不实信息在制作和传播上的责任认定和追究都十分困难，但这并不意味食品安全风险交流不能适用责任惩罚制度。事实上，公平有效的责任惩罚制度对于促进和保障食品安全风险交流有序开展可以起到重要作用。对此，可主要考虑通过惩戒、修复和预防三种方式追究相关主体食品安全风险交流违法责任。首先，对于政府部门及其工作人员、食品企业，当其不履行或不适当履行食品安全信息公开或披露义务时，应对其进行适当行政问责或行政处罚。其次，当食品企业、媒体或者公众人物不履行或不适当履行食品安全信息披露、信息告知或传播行为给消费者造成经济损失时，消费者可要求其承担民事赔偿责任。最后，对于故意传播不实食品安全信息的公众人物、网络大咖，也可通过平台采取禁言、封号，或通过行政部门予以警告、罚款，严重者还可适度追究刑事责任。

第八章　结论与展望

第一节　研 究 结 论

本书从当前我国食品安全治理成效与公众食品安全风险感知之间相对落差这一社会现实出发，以提高我国食品安全风险管理水平和能力为目标，在立足于世界卫生组织和联合国粮农组织所共同提出的食品安全风险分析框架三大构成要素的基础上，系统地研究了我国食品安全风险交流法律治理的相关理论和实践问题。首先，在梳理国内外相关理论成果，并阐明有关概念和所需涉及的理论基础后，本书对食品安全风险交流法律治理的产生背景、形成要素进行了相应的考察和整合，并在此基础上，进一步对食品安全风险交流法律治理框架进行了理论设计。其次，在完成了上述理论考察和建构任务后，对我国当前食品安全风险交流法律治理需求和供给状况通过数据分析和案例研究进行了分析和讨论，并在充分借鉴和总结域外相关经验和教训等基础上，分别从法治目标、法治原则、法治模式和法律制度构成内容上，对我国当前食品安全风险交流法律治理进一步完善作出了研究。总体上，本书得出了如下一系列结论：

（1）食品安全风险交流对我国当前的食品安全治理具有重要意义和作用，而加强食品安全风险交流法律治理，是提升我国食品安全风险交流水平，不断增强我国食品安全治理成效的重要手段。国内外的食品安全发展历史和现状均表明，在多元社会日益凸显的今天，食品安全背后所承载的文化价值观念正在对各个国家的食品安全风险治理建设形成显著影响，因此，必须以法治手段充分开展积极有效的食品安全风险交流，才能增进社会主体在食品安全风险治理上的沟通与信任，并从根本上实现我国食品安全社会问题的长治久安。

(2)食品安全风险交流现象及其法律治理的产生是现代经济社会发展的产物，其背后隐含着一系列的时代背景。它们包括从食物短缺到适度充足的经济性背景、从选举民主到审议民主的政治性背景、从人际信任到制度信任的社会性背景、从客观知识到主观建构的文化性背景、从传统媒体到网络媒体的技术性背景。

(3)食品安全风险交流法律治理是由一系列可以影响制度制定和运行，并能相互发生作用的变量作为要素来构成的，它们包括主体要素、信息要素、结构要素、目标要素和形式要素。通过对这些要素进行有机的编排，可以清晰地呈现出食品安全风险交流法律治理的内部关节与脉络，并进而勾勒出食品安全风险交流法律制度的有机轮廓。

(4)食品安全风险交流法律治理应当在理论上形成一个可以贯通整个食品安全风险交流实施过程的制度框架体系，它主要由主体参与、程序引导、信息传递、物质保障和责任导向五个方面予以系统构成。

(5)我国食品安全风险交流法律治理应当明确基于话语共识的法律治理目标，这是以哈贝马斯的交往理性理论为指导，以多元社会的现实状况为依据而得出的结论。食品安全风险交流无论是保护性交流、共识性交流，还是危机性交流，其最根本目标都是为实现受不同社会历史和现实条件制约的主体在食品安全风险公共问题上的"话语共识"。而要想实现这个目标，就必须通过制度建设来促进理想话语环境形成和合适交往语言选择。

(6)我国食品安全风险交流法律治理应当确立以保障公众生命与健康为核心的基本原则体系。其中，保障公众生命与健康是食品安全风险交流法律治理的价值取向性和宗旨性原则，是食品安全风险交流法律制度构建的核心根源与理念；风险预防和社会共治是食品安全风险交流法律治理的手段性和工具性原则，是实现食品安全风险交流制度核心宗旨与理念的主要方式和途径。这些食品安全风险交流法律治理的原则体系共同对我国食品安全风险交流法律制度建设和运行形成指导性作用。

(7)我国食品安全风险交流法律治理应当从软法与硬法的二元划分理论出发，并结合不同食品安全风险的成因及风险交流的具体目标和功能，构建差异化的法律治理模式。其中，针对食品安全风险的保护性交流，应当主要构建偏向于硬法的法律治理模式；针对食品安全风险的共识性交流，应当主要构建偏向于软法的法律治理模式；针对食品安全风险的危机性交流，应当主要构建偏向于软硬法协同的法律治理模式。

(8)我国食品安全风险交流法律制度构成内容应当分别从多元化主体参与、合理化程序引导、闭合性信息传递、常态化物质保障、公平性责任导向五个方面予以构建和完善。

第二节　研究展望

食品安全是工业社会向后现代社会进行转折和发展过程中所形成的一个巨大历史缩影，凝聚并呈现了这个被时代裹挟而滚滚向前的社会洪流中所反映出来的许多共通性风险问题。它是人类历史长河中的一朵小小浪花，也是令现代人无法释怀的生存之觞。食品安全风险交流是当代民主政治在食品安全治理中的重要体现，是现代社会在"食物选择"这样一个既充分饱含了个人偏好又深刻凝结了公共价值的问题上，人类予以沟通与理解的过程。它的背后，既深入潜藏着工具主义的理性精神，又着力勾勒出交往理性的基本气质。这无疑意味着，它不仅是一个饱含时代气息的实践性问题，也是一个深富理论内涵的哲理性话题。因此，未来进一步充分汲取心理学、传播学、社会学、管理学、法学等多学科多领域知识，对它进行更加全面深入、系统完整的理论性探索，是十分必要的；同时，作为一个与时代共舞的现实性问题，后续对它进行更多的实践调查，深入了解其实际运行的机理与状态，以支撑与反馈理论研究，也是十分必要的。显然，这两点，都是未竟的事业。

参 考 文 献

[1]Barbara Adam, Ulrich Beck, Joost Van Loon. The Risk Society and Beyond: Critical Issues for Social Theory[M]. SAGE Pubulication, 2000.

[2]Charles. Perrow. Normal Accidents: Living with High-risk Technologies[M]. Princeton University Press, 1984.

[3]Defleur, M. L.. Theories of Mass Communication[M]. NewYork: D. Mckay, 1966.

[4]Douglas, M. and A. Wildavsky. Risk and Culture[M]. Berkeley: University of California Press, 1982.

[5]Douglas, M.. Risk and Blame: Essays in Cultural Theory[M]. Routledge, 1992.

[6]Damasio, A.. Descartes'error: Emotion, Reason and the Human Brain[M]. Macmillan, London Papermac Edition, 1996.

[7]D. P. Attey. Food Safety in the 21st Century[M]. Academic Press, 2017.

[8]Giddens, A.. The Consequences of Modernity[M]. Cambridge: Polity Press, 1990.

[9]Gunter B.. News and the Net[M]. Lawrence Erlbaum Associates, Inc., 2003.

[10]Hacking,I.. The Taming of Chance[M]. Cambridge University Press, 1990.

[11]Jaeger, C. J., Renn, O., Rosa, E. A., Webler, T.. Risk, Uncertainty, and Rational Action[M]. London: Earthscan, 2001.

[12]Jovchelovitch, S.. Knowledge in Context: Representations[M]. Community and Culture. London: Routledge, 2007.

[13]Krimsky,S. and A.. Plough. Environmental Hazards: Communicating Risk as a Social Process[M]. Dover, MD: Auburn, 1988.

[14]Klinke, A., Renn, O.. A new Approach to Risk Evaluation and Management: Risk-based Precaution-based, and Discourse-based Strategies [M]. Risk Analysis, 2002.

[15]O'Neill, O.. A Question of Trust: The BBC Reith Lectures[M]. Cambridge, UK: Cambridge University Press, 2002.

[16]Perelman C, Olbrechts-Tyteca. The New Rhetoric: A Treatise on Argumentation [M]. University of Notre Dame Press, 1969.

[17]Regester, M., Larkin, J.. Risk Issues and Crisis Management: A Casebook of Best Practice[M]. London: Sterling, 2005.

[18]Shannon, C. E., W. Weaver. The Mathematical Theory of Communication[M]. Chicago: University of Illinois Press, 1949: 117.

[19]V. O. Key. Public opinion and American Democracy[M]. New York: Knopf, 1961.

[20]Allen, F. W.. Towards a holistic appreciation of risk: The challenge of communicators and policymakers[J]. Science Technology, and Human Values 1987, 2 (3/4): 138-143.

[21]Artur Albach, Johannes Gamroth, et al.. Trust-building risk communication in the post-trust era[J]. Revista Lberoamericana de Truismo, 2016: 103-146.

[22]Begley, S.. The contrarian press: How the press decides which issues of environmental risk and food safety to cover[J]. Food Technology, 1991, 45(5): 245-246.

[23]Bovens, M.. New forms of accountability and EU-governance[J]. Comparative European Politics, 2007: 104-120.

[24]Cannel, W. and H. Otway. Audience perspectives in the communication of technologica l risks[J]. Futures, 1988, 20 (5): 519-531.

[25]Celio Ferreira. Food information environments: Risk communication and advertising imagery[J]. Journal of Risk Research, 2006, 9(8): 851-871.

[26]Chen Sirui Liu Zhihui. A reference-oriented study of the legal system of food safety risk communication[J]. China Legal Science, 2015(3): 109.

[27] Chess, C.. Organizational theory and the stages of risk communication[J]. Risk Analysis, 2001(2): 179-188.

[28] Chih-Wen Wu. Facebook users' intentions in risk communication and food-safety issues[J]. Journal of Business Research, 2015(68): 2242-2247.

[29] Clifford W.. Scherer and Napoleon K. Juanillo, Jr.. Communicating food safety: Ethical issues in risk communication[J]. Agriculture and Human Values, 1992: 17-27.

[30] Covello, V. T., J. Menkes, and J. Nehnevajsa. Risk analysis, philosophy, and the social and behavioral sciences: Reflections on the scope of risk analysis research[J]. Risk Analysis, 1982, 2 (2): 53-58.

[31] Covello, V. T., D. von Winterfeldt, and P. Slovic. Risk communication: A review of the literature[J]. Risk Abstracts, 1986, 3 (4): 171-182.

[32] Crossman S. J., O. D. Hart. Disclosure laws and takeover bids[J]. Journal of Finance, 1980, 35(2): 323-334.

[33] Deng, L., Poole, M. S.. Affect in web interfaces: A study of the impacts of web page visual complexity and order[J]. MIS Quarterly, 2010, 34(4): 711-730.

[34] Ding, H.. Rhetorics of alternative media in an emergence epidemic: SARS, censor-ship, and extra-institutional risk communication [J]. Technical Communication Quarterly, 2009(18): 327-350.

[35] Fessenden-Raden, J., J. M. Fitchen, and J. S. Heath. Providing risk information in communities: Factors influencing what is heard and accepted[J]. Science, Technology, and Human Values, 1987, 12 (3/4): 94- 101.

[36] Fiorino, DJ.. Technical and democratic valuesin risk analysis[J]. Risk Analysis, 1989, 9 (3): 293-298.

[37] Fiorino, D. J.. Citizen participation and environmental risk: A survey of institutional mechanism[J]. Science, Technology, and Human Values, 1990, 15(2): 226-243.

[38] Fischhoff, B.. Decision research strategies[J]. Health Psychology, 2005, 21 (4): S9-S16.

[39] Frank O'Sullivan MVB MSc. Effective risk communication for the food industry [J]. Veterinary Ireland Journal, 2013(7): 609-613.

[40] Frank. E. X. Dance. The concept of communication[J]. Journal of Communication, 1970(20): 201-210.

[41] Giulia Mascarello a, Stefania Crovato et al.. Communicating chemical risk in food to adolescents. A comparison of web and print media[J]. Food Control, 2014 (35): 407-412.

[42] Goodman, J. R., and B. P. Goodmand. Beneficial or biohazards? How the media frame biosolids[J]. Public Understanding of Science, 2006(15): 359-375.

[43] Han Wena, Junehee Kwon Restaurant servers' risk perceptions and risk communication-related behaviors when serving customers with food allergies in the U. S[J]. International Journal of Hospitality Management, 2017(64): 11-20.

[44] Hans M Bosse et al.. Peer role-play and standardised patients in communication training: A comparative study on the student perspective on acceptability, realism, and perceived effect[J]. BMC Medical Education, 2010, 10(27): 1-9.

[45] Hayners, R. P.. Food safety: Perspectives of a philosopher[J]. Choices, 1991, Third Quarter: 32-33.

[46] Heath, R. L., Bradshaw, J., Lee, J.. Community relationship building: local leadership in the risk communication infrastructure [J]. Journal of Publish Relations Research, 2002(14): 317.

[47] Holmstrom, S.. Reframing public relations: The evolution of a reflective paradigm for organizational legitimization[J]. Public Relations Review, 2005(31): 497-504.

[48] Hornibrook, S. A., McCarthy. Consumers' perception of risk: the case of beef purchases in Irish supermarkets[J]. International Journal of Retail &Distribution Management, 2005, 33(10): 701-715.

[49] James Flynn, J Paul Slovic, C. K. Mertz. The nevada initiative: A risk communication fiasco[J]. Risk Analysis, 1993, 13(5): 497-502.

[50] Jamie K. Wardman. The constitution of risk communication in advanced liberal societies[J]. Risk Analysis, 2008, 28(6): 1619-1637.

[51] Kasperson, R. E., Renn,, O., Slovic, P., Brown, H. S., Emel, J, et al.. The social amplification of risk: A conceptual framework [J]. Risk Analysis, 1988, 8(2): 178-187.

[52] Kasperson, R. E., Golding, D., Tuler, S.. Social distrust as a factor in sitting hazardous facilities and communicating risks[J]. Journal of Social Issues, 1992, 48(4): 161-187.

[53] Luis González Vaqué, et al.. Food risk communication in the EU and member states: Effectiveness, transparency and safety[J]. EFFL, 2016(5): 388-399.

[54] MaryMcarthy. Media risk communication-what was said by media and how was it interpreted[J]. Journal of Risk Research, 2008(11): 375-394.

[55] Michio Murakami, Masaharu Tsubokura. Evaluating risk communication after the Fukushima Disaster based on nudge theory [J]. Asia Pacific Journal of Public Health, 2017, 29(2S): 193-200.

[56] Mummalaneni, V.. An empirical investigation of web site characteristics, consumer emotional states and on-line shopping behaviors[J]. Journal of Business Research, 2005, 58(4): 526-532.

[57] Nam Hee Kim et al.. Implications for effective food risk communication following the Fukushima nuclear accident based on a consumer survey[J]. Food Control, 2015(50): 304-312.

[58] Nobuyuki Hamada, Haruyuki Ogino. Food safety regulations: What we learned from the Fukushima nuclear accident[J]. Journal of Environmental Radioactivity, 2012(111): 83-99.

[59] Noelle McAfee. Three models of Democratic Deliberation [J]. Journal of Speculative Philosophy, 2004, 18(1): 44-59.

[60] R. A. W. Rhodes. The new governance: governing without government [J]. Political Studies, 1996 (l44): 652-667.

[61] Renn, O.. Risk communication consumers between information and irritation[J]. Journal of Risk Research, 2006, 9(8): 833-850.

[62] Renn. O., W. J. Burns, J. X. Kasperson, R. E. Kasperson, P. Slovic. The social

amplification of risk: Theoretical foundations and empirical applications[J]. J. Soc. Issues, 1992(48): 137-160.

[63] S. Crovatoa, A.. Pintoa et al. Food safety and young consumers: Testing a serious game as a risk communication tool[J]. Food Control, 2016(62): 134-141.

[64] Sandman, P. M.. Risk Communication: Facing public outrage[J]. EPA Journal, 1987, 13(9): 21-22.

[65] Sanjay G. Reddy. Claims to expert knowledge and the subversion of democracy: The triumph of risk over uncertainty[J]. Economy and Society, 1996(2): 229.

[66] SC Green. Risks associated with corporate social media communication-Time for internal auditing to step-up[J]. Southern African Journal of Accountability and Auditing Research, 2016(18): 73-91.

[67] Scherer, C. W.. Communicating water quality risk[J]. Journal of Soil and Water Conservation 45, 1990(2): 198-200.

[68] Schinkel, W.. Sociological discourse of the relational: The cases of Bourdieu & Latour[J]. Sociological Review, 2007: 55(4), 707-729.

[69] Shoemaker, P. J.. Mass communication by the book: A review of 31 texts[J]. J. Commun., 1987(37): 109-131.

[70] Slovic, P.. Informing and educating the public about risk[J]. Risk Analysis, 1986 (4): 403-415.

[71] Slovic, P.. Trust, emotion, sex, politics, and science: surveying the risk assessment battlefield[J]. Risk Analysis, 1999(19): 689-701.

[72] Smith D., Riethmuler P. Consumer concerns about food safety in Australia And Japan[J]. International Journal of Social Economics, 1999, 26(6): 724-741.

[73] Stuart G. Reid. Perception and communication of risk, and the importance of dependability[J]. Structural Safety, 1999(21): 373-384.

[74] Susanna Hornig Priest. Risk communication for nanobiotechnology: To whom, about what, and why[J]. Journal of Law, Medicine & Ethics, winter, 2009: 759-769.

[75] Sylvain Charlebois, Amit Summan. A risk communication model for food

regulatory agencies in modern society[J]. Trends in Food Science &Technology, 2015(45): 153-165.

[76]Tae Jin Cho, Nam Hee Kim et al. Development of an effective tool for risk communication about food safety issues after the Fukushima nuclear accident: What should be considered[J]. Food Control, 2017(79): 17-26.

[77]Thomas O. Mcgarity. Some thoughts on "deossifying" rulemaking process[J]. Duke Law Journal, 1992(41): 1391.

[78]Urich Beck. From industrial society to the risk society: questions of survival, social structure and ecological environment[J]. Theory, Culture and Society, 1992(9): 99.

[79]Witt, W.. Communication concepts for science and environmental communications [J]J. Environ. Educ. , 1973(5): 58-62.

[80]Carolina García, Ricardo Mendez-Fajury. If i understand, i am understood: Experiences of volcanic risk communication in colombia [C]. Advances in Volcanology, IAVCEI, Springer, 2017: 1-17.

[81]Covello, V. T.. Informing people about risks from chemicals, radiation, and other toxic substances: A review of obstacles to public understanding and effective risk communication [C]//W. Leiss (ed.). Prospects and Problems in Risk Communication. Ontario, Canada. 1989.

[82]Fishkin, J. S.. Deliberative democracy [C]//R. L. Simon (ed.). Social and politic philosophy, Oxfird: Blackwell Publishers, 2002: 221-238.

[83]Fischhoff, B.. Risk perception and communication [C]//D. Kamien (Ed.). Handbook of Terrorism and Counter-Terrorism. New York: McGraw-Hil, 2005: 463-492.

[84]Krauss, R. M., Fussell, S. R.. Social psychological models of interpersonal communication [C]//E. T. Higgins, A. Kruglanski (Eds.). Social Psychology: Handbook of Basic Principles. New York: Guilford Press, 1996: 655-701.

[85]Kasperson, R. E.. The social amplification of risk: Progress in developing an integrative framework of risk [C]//S. Krimsky and D. Golding (eds), Social

Theories of Risk, Westpon, CT: Praeger. 1992: 153-178.

[86] Krauss, R. M., Morsella, E.. Communication and conflict [C]//M. Deutsch, P. Coleman (Eds.), The Handbook of Con- structive Conflict Resolution: Theory and Practice. San Francisco, CA: Jossey-Bass, 2000: 131-143.

[87] Palmer, J.. News values [C]//The media: An introduction, ed. A. Briggs and P. Cobley, London: Longman, 1998: 377-392.

[88] Rip, R.. Experts in public arenas [C]//H. Otway and M. Peltu (eds.). Regulating Industrial Risks -Science, Hazards, and Public Protection. London: Butterworths, 1985.

[89] S. Rose, H. Rose. The myth of the neutrality of Science [C]//R. Arditti et. Ed., Science and Liberation, Montreal: Black Rose Books, 1986.

[90] Sandman, P. M.. Mass media and environmental risk: Seven principles [C]// R. Bate (ed.). Science Politics and Public Health. London: Butterworth Heinemann, 1999.

[91] Sandman P. M.. Responding to community outrage: Strategies for effective risk Communication [A]. America Industrial Hygiene Association, 1993.

[92] National Research Council. Improving Risk Communication [R]. National Academy Press, 1989.

[93] Lynn Frewer. Risk perception and risk communication about food safety issues [N]. British Nutrition Foundation Nutrition Bulletin, 2000(25): 31-33.

[94] Nelkin, D.. The scoop on science journalism [N]. The Scientist 1, 1987(10): 24.

[95] 埃莉诺·奥斯特罗姆. 公共事物的治理之道——集体行动制度的演进 [M]. 余逊达, 陈旭东, 译. 上海: 上海译文出版社, 2012.

[96] 埃姆·格里芬. 初始传播学 [M]. 展江, 译. 北京: 北京联合出版公司, 2016.

[97] 艾伯特·O. 赫希曼. 转变参与: 私人利益与公共行动 [M]. 李增刚, 译. 上海: 上海人民出版社, 2018.

[98] 安东尼·吉登斯. 失控的世界 [M]. 周红云, 译. 南昌: 江西人民出版社,

2001.

[99]安吉拉·吉马良斯·佩雷拉,[英]西尔维奥·芬特维兹.为了政策的科学
[M].宋伟等,译.上海:上海交通大学出版社,2015.

[100]贝克.风险社会[M].何博闻,译.南京:译林出版社,2003.

[101]比尔·科瓦齐,汤姆·罗森斯蒂尔.新闻的十大基本原则[M].刘海龙,
连晓东,译.北京:北京大学出版社,2011.

[102]比尔·科瓦奇,汤姆·罗森斯蒂尔.信息超载时代如何知道该相信什么
[M].陆佳怡,孙志刚,译.北京:中国人民大学出版社,2014.

[103]布鲁斯·史密斯.科学顾问:政策过程中的科学家[M].温珂,李乐旋,
周华东,译.上海:上海交通大学出版社,2010.

[104]狄波拉·勒普顿.风险[M].雷云飞,译.南京:南京大学出版社,2016.

[105]古斯塔夫·勒庞.乌合之众——大众心理研究[M].冯克利,译.北京:
中央编译出版社,2000.

[106]加布里阿尔·A.阿尔蒙德.公民文化——五国的政治态度和民主[M].马
殿君,译.杭州:浙江人民出版社,1989.

[107]康德.康德说道德与人性[M].高适编,译.武汉:华中科技大学出版社,
2012.

[108]雷吉娜·E.朗格林,安德里亚·H.麦克马金.环境、安全和健康风险交
流指南(第五版)[M].黄河等,译.北京:中国传媒大学出版社,2016.

[109]罗伯特·A.达尔.现代政治分析[M].王沪宁等,译.上海:上海译文出
版社,1987.

[110]罗伯特·阿列克西.法 理性 商谈[M].朱光,雷磊,译.北京:中国法
制出版社,2011.

[111]马克·H.穆尔.创造公共价值[M].伍满桂,译.北京:商务印书馆,
2016.

[112]马克·埃里克森.科学、文化与社会——21世纪如何理解科学[M].孟凡
刚,王志芳,译.上海:上海交通大学出版社,2017:3.

[113]皮特·凯恩.法律与道德中的责任[M].罗李华,译.北京:商务印书馆,
2008.

[114]让-诺埃尔·卡普费雷. 世界最古老的传媒：谣言[M]. 郑若麟，译. 上海：上海人民出版社，2018.

[115]斯蒂芬·戈德史密斯，威廉·埃格斯. 网络化治理：公共部门的新形态[M]. 北京：北京大学出版社，2008.

[116]韦博·比克. 科学权威的矛盾性[M]. 施云燕，朱晓军，译. 上海：上海交通大学出版社，2015.

[117]希拉·贾萨诺夫. 第五部门[M]. 陈光，译. 上海：上海交通大学出版社，2011.

[118]伊丽莎白·费雪. 风险规制与行政宪政主义[M]. 沈岿，译. 北京：法律出版社，2012.

[119]尤斯图斯·伦次. 政策制定中的科学咨询[M]. 王海芸等，译. 上海：上海交通大学出版社，2015.

[120]朱迪·弗里曼. 合作治理与新行政法[M]. 毕洪海，陈标冲，译. 北京：商务印书馆，2010.

[121]陈振明. 政策科学[M]. 北京：中国人民大学出版社，1998.

[122]陈潭. 公共政策学原理[M]. 上海：上海交通大学出版社，2017.

[123]蔡东伟. 社会信息论域下的社会真相[M]. 北京：社会科学文献出版社，2013.

[124]崔开华. 组织的社会责任[M]. 济南：山东人民出版社，2008.

[125]冯柳堂. 中国历代民食政策史[M]. 北京：商务印书馆，1934.

[126]高宣扬. 结构主义[M]. 上海：上海交通大学出版社，2017.

[127]何增科，陈雪莲. 政府治理[M]. 北京：中央编译出版社，2015.

[128]江国华. 中国行政法（总论）[M]. 武汉：武汉大学出版社，2012.

[129]李大东. 信息革命[M]. 郑州：河南科学技术出版社，2013.

[130]李文彬，郑方辉. 公共部门绩效评价[M]. 武汉：武汉大学出版社，2010.

[131]马俊峰. 当代中国社会信任问题研究[M]. 北京：北京师范大学出版社，2012.

[132]刘路. 风险社会的政府话语[M]. 北京：中国国际广播出版社，2017.

[133]穆向阳. 信息的演化[M]. 南京：东南大学出版社，2016.

[134]王振海．公众政治论[M]．济南：山东大学出版社，2005．

[135]吴林海，等．中国食品安全发展报告(2015)[M]．北京：北京大学出版社，
2016．

[136]吴逊，饶墨仕．公共政策过程：制定、实施与管理[M]．上海：上海人民
出版社，2016．

[137]伍启元．公共政策[M]．香港：商务印书馆，1989．

[138]颜海娜．食品安全监管部门间关系研究[M]．北京：中国社会科学出版社，
2010．

[139]杨海．风险社会：批判与超越[M]．北京：人民出版社，2017．

[140]杨兴凯．政府部门间信息共享模式与决策方法[M]．北京：科学出版社，
2014．

[141]曾祥华．食品安全法治热点事件评析[M]．北京：法律出版社，2017．

[142]张富．公共行政的价值向度[M]．北京：中央编译出版社，2007．

[143]张乾友．社会治理的话语重构[M]．北京：中国社会科学出版社，2017．

[144]周敏．阐释·流动·想象：风险社会下的信息流动与传播管理[M]．北京：
北京大学出版社，2014．

[145]庄友刚．跨越风险社会——风险的历史唯物主义研究[M]．北京：人民出
版社，2008．

[146]陈思，许静，肖明，等．北京市公众食品安全风险认知调查——从风险交
流的角度[J]．中国食品学报，2014(6)：176-181．

[147]陈通，青平，涂铭．论断确定性对食品安全风险交流效果的影响研究[J]．
管理学报，2018(4)：577-585．

[148]陈虹，潘玉．社交媒体在自然灾害事件中的风险沟通——以飓风"厄玛"为
例[J]．当代传播，2020(3)：66-70．

[149]程惠霞，丁刘泽隆．公民参与中的风险交流研究——一个失败案例的教训
[J]．中国行政管理，2015(2)：109-113．

[150]曹海军，薛喆．惯习再生产：风险沟通如何促成防控型集体行动——对一
个社区风险沟通的过程追踪分析[J]．新视野，2021(3)：45-52．

[151]杜建勋．交流与协商：邻避风险治理的规范性选择[J]．法学评论，2016

（1）：141-150.

[152]董向慧. 舆情视角下的突发公共卫生事件风险沟通框架建构[J]. 理论与改革，2020（4）：14-23.

[153]范敏. 修辞学视角下的食品安全风险交流——以方舟子崔永元转基因之争为例[J]. 国际新闻界，2016（6）：97-109.

[154]冯强，石义彬."结构性失衡"：我国食品安全议题的消息来源与报道框架分析[J]. 现代传播，2016（5）：36-42.

[155]方付建. 把脉网络舆情——突发事件网络舆情演变研究[M]. 武汉：华中科技大学出版社，2017.

[156]郭雪松，陶方易，黄杰. 城市居民的食品风险感知研究——以西安市大米消费为例[J]. 北京社会科学，2014（11）：19-28.

[157]韩永红. 美国食品安全法律治理的新发展及其对我国的启示——以美国《食品安全现代化法》为视角[J]. 法学评论，2014（3）：92-101.

[158]胡卫中，华淑芳. 杭州消费者食品安全风险认知研究[J]. 西北农林科技大学学报，2008（4）：43-47.

[159]黄河，王芳菲，等. 心智模型视角下风险认知差距的探寻与弥合——基于邻避项目风险沟通的实证研究[J]. 新闻与传播研究，2020（9）：43-63.

[160]贾鹤鹏，范敬群，闫隽. 风险传播中知识、信任与价值的互动——以转基因正义为例[J]. 当代传播，2015（3）：99-101.

[161]金自宁. 跨越专业门槛的风险交流与公众参与——透视深圳西部通道环评事件[J]. 中外法学，2014（1）：7-27.

[162]李佳洁. 风险认知维度下对我国食品安全系统性风险的再认识[J]. 食品科学，2016（9）：258-263.

[163]李腾飞，王志刚. 美国食品安全现代化法案的修改及其对我国的启示[J]. 国家行政学院学报，2012（4）：118-121.

[164]梁哲，许洁虹. 突发公共安全事件的风险交流难题——从心理学角度的观察[J]. 自然灾害学报，2008（2）：25-30.

[165]刘飞. 风险交流与食品安全软治理[J]. 学术研究，2014（11）：60-65.

[166]刘金平，等. 风险认知的结构、因素及其研究方法[J]. 心理科学，2006

（2）：370-372.

[167] 刘毅，李鹏，王雅南.欧盟食品安全风险防控体系的启示[J].价格理论与实践，2012（7）：52-53.

[168] 刘波，杨芮，王彬."多元协同"如何实现有效的风险沟通？——态度、能力和关系质量的影响[J].公共行政评论，2019（12）：133-153.

[169] 罗豪才，周强.软法研究的多维思考[J].中国法学，2013（5）：102-111.

[170] 罗云波，陈思.创新风险交流模式 提升食品安全社会治理效能[J].行政管理改革，2020（1）：21-23.

[171] 马缨，赵延东.北京公众对食品安全的满意程度及影响因素分析[J].北京社会科学，2009（3）：17-20.

[172] 庞祯敬，将鼎汗.客观知识的科技风险沟通作用真的失效了么——兼论转基因技术科普策略的选择[J].中国科技论坛，2020（12）：144-153.

[173] 庞祯敬."理性-制度-行动"框架下的转基因技术风险治理模式研究[J].自然辩证法研究，2021（3）：28-34.

[174] 戚建刚.论基于风险评估的食品安全风险行政调查[J].法学家，2013（5）：55-69.

[175] 强月新，余建清.风险交流：研究谱系与模型重构[J].武汉大学学报（人文社会科学版），2008（4）：501-505.

[176] 全燕.信任在风险交流中的角色想象[J].学术研究，2013（11）：58-62.

[177] 汝绪华.邻避冲突中风险沟通的认知偏差及其治理[J].管理学刊，2020（5）：73-81.

[178] 沈岿.风险交流的软法构建[J].清华法学，2015（6）：45-61.

[179] 宋世勇.论我国食品安全风险交流制度的立法完善[J].法学杂志，2017（3）：90-98.

[180] 孙颖.社会共治视角下提高食品安全风险交流的制度建设[J].中国市场监管研究，2016（4）：50-54.

[181] 孙志斌，林晓伟，叶蔚云.广州市消费者食品安全风险认知及对风险来源关注度调查[J].中国食品卫生杂志，2014（1）：78-82.

[182] 王诗宗.治理理论与公共行政学范式进步[J].中国社会科学，2010（4）：

87-100.

[183]王建华，沈旻旻．食品安全治理的风险交流与信任重塑研究[J]．人文杂志，2020(4)：96-103.

[184]王雅楠，等．突发公共事件中的风险交流[J]．中国应急管理，2008(8)：22-25.

[185]吴元元．食品安全共治中的信任断裂与制度因应[J]．现代法学，2016(4)：60-72.

[186]谢晓非，郑蕊．风险交流与公众理性[J]．心理科学进展，2003(4)：375-381.

[187]谢晓非，等．怎样才会让我们感觉更危险——风险交流渠道分析[J]．心理学报，2008(4)：456-465.

[188]杨建顺．论食品安全风险交流与生产经营者合法规范运营[J]．法学家，2014(1)：43-55.

[189]姚国艳．论我国食品安全风险交流制度的完善——兼议《食品安全法》第23条[J]．东方法学，2016(3)：96-105.

[190]应飞虎．我国食品消费者教育制度的构建[J]．现代法学，2016(4)：36-48.

[191]张明华．食品安全风险交流：食缘关系良性运行的机制保障[J]．学术论坛，2016(2)：75-79.

[192]郑春燕．基本权利的功能体系与行政法治的进路[J]．法学研究，2015(5)：28-38.

[193]钟凯．中国食品安全风险交流的现状、问题、挑战与对策[J]．中国食品卫生杂志，2012(6)：578-586.

[194]张海柱．食品安全风险治理中的科学与政治：欧盟经验与启示[J]．自然辩证法通讯，2019(4)：85-91.

[195]张志安，冉桢．风险的社会放大视角下危机事件的风险沟通研究——以新冠疫情中的政府新闻发布为例[J]．新闻界，2020(6)：12-19.